瑞典经验与治理创新

RUIDIAN JINGYAN YU ZHILI CHUANGXIN

郑德涛　林应武　主编

·广州·

版权所有　翻印必究

图书在版编目（CIP）数据

瑞典经验与治理创新/郑德涛，林应武主编.—广州：中山大学出版社，2016.3

ISBN 978 - 7 - 306 - 05624 - 5

Ⅰ.①瑞…　Ⅱ.①郑…②林…　Ⅲ.①公共管理—广东省—文集　Ⅳ.①D63 - 53

中国版本图书馆 CIP 数据核字（2016）第 038101 号

出 版 人：徐　劲
责任编辑：赵　婷
封面设计：林绵华
责任校对：廖丽玲
责任技编：何雅涛
出版发行：中山大学出版社
电　　话：编辑部 020 - 84111996，84113349，84111997，84110779
　　　　　发行部 020 - 84111998，84111981，84111160
地　　址：广州市新港西路 135 号
邮　　编：510275　　　　　　　传　真：020 - 84036565
网　　址：http://www.zsup.com.cn　　E-mail：zdcbs@mail.sysu.edu.cn
印 刷 者：广州中大印刷有限公司
规　　格：787mm×1092mm　1/16　13.5 印张　257 千字
版次印次：2016 年 3 月第 1 版　2016 年 3 月第 1 次印刷
印　　数：1~1000 册　　定　价：36.00 元

如发现本书因印装质量影响阅读，请与出版社发行部联系调换

编 委 会

主　　编：郑德涛　林应武
副 主 编：陈康团　李善民
编　　委：郑德涛　林应武　陈康团
　　　　　李善民　谭　俊　肖　滨
　　　　　李　华　何艳玲　应国良
执行编辑：李　华　应国良

第五期广东省公务员公共管理瑞典研究班开班合影 中山大学 2011.5.9

访问欧盟组织

在中山大学学习期间租用公共单车上课,成为校园一景

下课后与教授合影

在瑞典进行社区调查

篮球友谊赛

目　录

第一部分　公共预算与民主问责

瑞典财政管理及预算编制审批程序对我国的启示 …………… 黄　瀛（1）

借鉴瑞典经验，提高我国政府部门预算管理水平 …………… 吴治钢（8）

借鉴瑞典公共管理经验，完善我国行政问责制度的若干
　　思考 ……………………………………………………… 陈小京（16）

瑞典公务员管理制度的分析与启示 …………………………… 卓晓媛（28）

瑞典电子政务和电子民主考察及思考 ………………………… 卢传智（38）

试论当前广东省公路管理体制及其改革对策 ………………… 李　强（47）

瑞典公共服务部门改革对推进我国公共服务体制改革的
　　启示 ……………………………………………………… 凌传茂（53）

第二部分　社会福利与社会治理创新

瑞典和谐劳动关系对中国的启示 ……………………………… 黄伟鹏（63）

加强和创新社会管理，努力构建和谐劳动关系
　　——瑞典经验对我国构建和谐劳动关系的启示 ……… 谭景全（70）

社会福利服务：国际比较与中国实践 ………………………… 张东霞（78）

浅谈社会福利制度建设 ………………………………………… 朱泽平（88）

国外公务员养老保险制度改革对我国的启示 ………………… 尤洪文（98）

瑞典公共养老金制度的发展及其对我国的启示 ……………… 赖建华（104）

瑞典经验对促进广东省妇女儿童发展的经验启示 …………… 张　琼（111）

关于农村殡葬改革政策执行异化的思考
　　——兼论农村政策制定、执行模式的转变 …………… 梁剑辉（118）

瑞典产业转型升级经验启示 …………………………………… 张自旺（127）

第三部分　幸福生活与合作治理

欧盟一体化经验对泛珠三角区域合作之启示 …………… 顾万君（134）
欧盟跨境区域合作对粤港澳合作的启示 ………………… 韩建清（143）
浅析瑞典经验对建设幸福广东的借鉴意义 ……………… 陈欲晓（151）
广东文化创意产业评价指标体系的构建研究 …………… 肖延兵（158）
瑞典幸福生活之本土思考 …………………………………… 徐　特（167）
瑞典的环境保护工作及其对我国的启示 ………………… 谢　昕（177）
从瑞典经验看创新型国家建设 ……………………………… 刘备良（186）
瑞典公共管理对建设幸福广东的启示 …………………… 杨　荣（196）

后　记 ……………………………………………………………（205）

第一部分 公共预算与民主问责

瑞典财政管理及预算编制审批程序对我国的启示

黄 瀛

一、瑞典概况

瑞典位于北欧斯堪的纳维亚半岛东部,国土面积约45万平方公里,居民约942万人。瑞典国土多为丘陵和湖泊,由本土和哥特兰岛组成,临接芬兰和挪威,海岸线7624公里。首都斯德哥尔摩为瑞典最大城市,哥德堡和马尔默分别为瑞典第二、三大城市。

瑞典是北欧最大的经济体,瑞典的货币是瑞典克朗。在混合高科技资本主义和广泛的社会福利制度下,瑞典达到了令人羡慕的生活标准。它有现代化的配送体系,良好的内部和外部的通信,以及熟练的劳动力。受世界金融危机影响,从2008年第三季度开始,瑞典经济逐渐衰退。2011年瑞典的GDP达到34950.66亿瑞典克朗,比2010年同比增长4.9%。按平均汇率计算,2011年,瑞典名义GDP折合5380.83亿美元,比上年增长16.4%,人均名义GDP约合56954美元。

瑞典的政体是君主立宪制和议会民主制,现任国王是卡尔十六世·古斯塔夫。瑞典不设总统,设有总理。国家行政机构由中央政府和21个省政府以及290个县政府组成。瑞典中央政府拥有很大的权力,地方政府的自主性非常有限。瑞典中央政府分13个部,下设300个署。瑞典的部很小,主要任务是制定政策,下属的各署执行具体的工作,各署受部的控制较小。

二、瑞典财政税收管理基本情况

(一) 财政管理组织架构

瑞典财政部通过履行经济稳定发展、保证充分就业、保持价格稳定、实现高增长和稳健的公共财政等职责,实现议会和政府设定的经济政策目标。瑞典财政部约有500名雇员,95%是非政治性的职员(即不隶属于任何政党),10%负有管理责任,25%负有行政事务责任,65%负有决策执行责任,大多数职员为经济学家、律师或者社会科学家。瑞典财政部设有两位大臣。财政大臣安德士·博格的职责范围包括经济政策、国家预算、财政立法和关税、欧洲联盟(以下简称"欧盟")内的经济合作,地方政府与金融市场大臣梅茨·奥德尔的职责范围包括金融市场、地方政府立法、地方政府财政、省行政委员会、政府部门行政管理政策、住房问题、公共采购法等。

瑞典财政部下设预算司、经济事务司、税收和关税司、金融市场和机构司、公共行政司、国际司、法律秘书处、信息司、协调和支持司。预算司负责中央政府活动的预算政策及财政管理,包括公共部门和欧盟的预算跟踪、支出预测的审核、经济的长期结构性问题和经济环境分析等。经济事务司通过监控、分析和预测国内和国际经济,承担经济政策责任,包括对公共财政进行估算、分析社会中各项资源的分配、提供经济政策建议、参与欧盟和经济合作与发展组织(以下简称"经合组织")的经济政策合作等。税收和关税司负责税收、关税、人口登记和社会保险费的立法等,包括公司税、增值税、资本税、消费税、关税、国际税收、税收政策分析和机构治理、个人税收和社会投入等。金融市场和机构司负责金融领域的立法和发展情况监测,包括银行业和金融服务、保险服务、证券市场、国债政策、货币政策等。公共行政司负责中央政府的行政管理政策和地方政府事务,包括控制和组织中央政府各部门、负责中央政府人员编制、中央政府职业养老金、欧盟和国际统计、地方政府立法和财政、省行政委员会、住房问题、公共采购法等。国际司负责国际经济和金融合作,包括处理瑞典与国际金融组织(世界银行、国际货币基金等)的关系,协调欧盟与欧盟财政经济大臣理事会问题,监控、分析国际经济政策的发展等。法律秘书处作为为财政部及其领导层提供法律事务咨询服务的律师,其主要职责包括起草法律和其他法令的提案、负责财政部档案管理和公共采购等。信息司负责对内对外宣传财政部的工作信息,包括内部传播顾问、管理政府各办事机构的外部网和内部网、安排研讨会和考察访问等。协调和支持司的职责范围包括战略规划制定、内部预算、安全防范、人事及工资管理、卫生防护和工作环境、财务和行政管理、信息技术、办公场所和用品、预算协调、财务管理和机构管理、中央政府财产管理、外部人事问题等。

(二) 税收管理体系

瑞典有完善的税收法律体系，所有的税法都由议会通过并颁发，议会设有税收委员会，专门负责审议税收议案。税法一经颁布，就具有法律上的权威性，成为各税征收共同依照和遵循的法律依据。除了各个单行税法外，瑞典还有统一的征管法对税收的征收管理工作进行全面规范。税务机关向法律负责，具有相对独立性，政府、议会都不能干预税收执法。

瑞典实行以所得税、增值税和社会保障税为主，直接税和间接税并重的税收制度，税收收入以直接税为主。近年来，为了提高企业竞争力，防止人才外流以及适应加入欧盟的需要，瑞典在税制改革上不断降低企业税收，降低和简化个人税收，相应地增加增值税、消费税等间接税的比重。总体来说，瑞典税制属于多税种、高税收，直接税与间接税并重的税制模式，具有"个人高税收，企业低税负"的特点。

在个人所得税方面，瑞典个人劳动所得需先向所在地政府缴纳地方个人所得税，税率为29%～34%。高收入者还要向中央政府缴纳全国统一的中央政府个人所得税，中央政府个人所得税实行累进制，年薪低于38万瑞典克朗的不用缴纳，年薪在38万～54万瑞士克朗的部分需缴纳20%的中央个人所得税，年薪超过54万瑞典克朗的部分需缴纳25%的中央个人所得税。对资本利息、股息、资本增值收入等净收入不征收地方个人所得税，只需征收30%的中央个人所得税。企业所得税率为26.3%。

在增值税方面，瑞典所有商品和服务的增值税的基本税率是25%，食品的税率是12%，书籍、报刊、公共交通的税率为6%，处方药实行零税率，对于卫生、医疗服务免征增值税。

作为高福利国家，瑞典还开征社会保障税，雇员的基本养老金缴费费率为7%，雇主社会保障缴费费率合计为31.42%，加上职业养老金、基于集体协议的补充失业保险等，瑞典的实际社会保障缴费费率将更高。此外，瑞典还有能源税、二氧化碳税、财产税、印花税等。

瑞典经验与治理创新

三、瑞典预算编制和审批程序

（一）瑞典预算编制程序

瑞典采取了自上而下的预算编制程序，财政年度与公历年度一致。瑞典政府预算编制分为三个阶段，分别为确定预算总体收支计划、召开内阁预算会议、各部门编制预算。瑞典预算编制的时间从每年1月份开始。

1. 确定财政政策目标和预算总体收支计划

瑞典采用滚动预算作为年度预算编制的基础，预算编制的范围为三年。确定预算总体框架工作通常在每年1—3月进行，主要由财政部负责。首先，财政部对下一年度的宏观经济前景进行预测，确定预算编制政策，主要是从宏观经济角度明确国家财政政策目标、设定预算总支出水平上限、根据预算总支出水平上限具体确定各个支出领域的指导性支出预算；与此同时，政府各部门也着手研究滚动预算框架内与本部门各指导性支出水平，在2月上旬向财政部提交下一年的预算提案以及未来四年的预算预测。财政部将对各部门提交的预算提案进行审核，并就具体的技术问题与各部门官员进行讨论。

2. 召开内阁预算会议，确定各领域支出水平

3月下旬召开内阁预算会议。内阁预算会是政策性会议，主要是对资源进行宏观配置、确定政府预算目标以及确定各部门预算总额，会期一般为两天，参加会议的包括各部部长、财政部副部长以及首相办公室副主任。在会议前几天，由财政部将预算建议提交给内阁成员（但不包括政府各部门的部长）。内阁预算会议讨论的焦点通常是各部门为各自负责的支出领域争取更多的额外资金，但是，财政部明确规定，除了有重大政治意义的项目外，只有价值5000万瑞典克朗以上的项目才可在内阁预算会议上提出讨论。这一要求确保了会议讨论的内容主要集中到重点支出上来，同时也可使各部门更加关注预算限额，确保支出总额不超过财政政策目标。内阁预算会议结束时，批准通过财政年度内总支出水平和各个不同领域的支出水平，并将会议达成的有关预算决定正式写入内阁会议记录以及春季财政政策草案，春季财政政策草案将在4月15日前提交议会审议。

3. 各部门在预算限额的控制下编制预算

在内阁预算会议结束后的两个月内，具体执行预算的各个支出部门就开始编制各个领域的预算，并于5月中旬向财政部提交相关支出领域的初期预算草案，财政部有权就资金分配问题提出质询。由于各部门总的预算限额已经确

定,而各支出领域内的有关决策由各部门负责,所以财政部在这一步骤中已基本退出预算编制程序。这一阶段实质上就是已经确定的部门支出水平在不同支出领域内的各项拨款的调剂,这使各部门对各自的预算提案有了更大的自主权,使他们能够在相关的支出领域确定首选的拨款项目,并有权从相对次要的项目中调拨资金支援重点项目。

在议会审批春季财政政策草案后,各领域支出限额就已通过立法而不再予以修改,各部门只能在此基础上形成自己的预算提案,于8月底交财政部审核,然后由内阁于每年9月上旬审议批准各部最终的预算提案,并于9月20日向议会提交下一财年预算草案。预算草案由12个部分组成:1份总纲和11份有关27个支出领域的预算文件。

(二)瑞典预算审批程序

预算审批主要是指瑞典议会对预算的审批。瑞典的预算审批程序是自上而下讨论并审批政府预算草案的程序:首先由议会审批通过政府支出总水平,再审批各个支出领域的预算限额,接着再进一步批准各个单项拨款。整个预算审批程序分为如下几个步骤:

1. 审批春季财政政策草案

每年4月15日前,政府向议会提交春季财政政策草案。春季财政政策草案主要包括有关宏观经济情况的信息、年度预算总支出上限、各个支出领域的指导性预算限额。议会就这些总限额进行辩论,并在6月上旬审批通过春季财政政策草案,从而使之成为正式法案。

2. 正式审批下一年度的预算草案

9月20日,政府向议会提交下一年度的财政预算草案。预算草案将政府总支出分成27个支出领域,然后再细分成500个单项拨款项目,其支出总额必须与6月份经议会批准的春季财政政策草案中的数额吻合。在预算草案提交到议会后,议会将用3个月的时间专门讨论预算案相关问题。只要预算草案中政府支出总额符合春季财政政策法案中的有关规定,议会就有权对预算案作任意修正。到11月底,议会将进行投票,决定收支总额如何分配给27个支出领域。

3. 批准通过预算草案

12月底,瑞典议会将通过审议,确定在27个支出领域总额下的500项拨款的分配数额,以及在各自支出领域的内部支出项目间的建议数额。议会审批通过的各支出领域内单项拨款的数额不能超过预算草案确定的支出总水平。

4. 预算草案向社会公开

瑞典十分重视预算的透明性，从预算编制到执行都在议会及社会公众的监督下进行。如预算提交议会审议时，各部部长要接受议员们的咨询，就预算编制中的具体问题作出解释，公众可以旁听，并可以通过一定方式进行提问，有关新闻媒体进行报道和直播。预算案在议会通过后就在有关报刊及互联网上公布，公众可以随时查询。由于预算透明度高，新闻媒介广泛介入，加上社会公众的监督，政府各部门正确使用财政资金的自觉性很高。如果发生预算编制、预算执行的违规情况，政府及部门领导要冒巨大的政治风险。瑞典政府认为，透明性是保证其预算准确和恰当执行的最重要保障。这种既民主又公开透明的预算能够得到纳税人的充分理解和广泛支持，纳税人对政府如何使用自己缴纳的税款比较放心。

四、启示和借鉴

瑞典是西方发达国家，其财政管理和预算编制审批程序都较为完备，较好地保证了预算编制的科学性，对我国财政和预算管理主要有以下启示和借鉴。

（一）预算编制的合理性

预算编制时间较长，从而保证了预算编制各方有充足的时间研究论证预算的合理性。瑞典预算编制从每年1月开始，12月底审批通过，在长达一年的预算编制时间里，财政部门有充足的时间研判宏观经济走势，科学确定财政政策目标和收支水平，认真审核各部门提交的预算支出项目；政府各职能部门有充足的时间对本部门（领域）下年度的工作开展进行科学、合理的计划，编制出客观、翔实、可执行的预算；议会也有充足的时间审议政府预算，并根据实际对预算进行修正、调整，确保预算安排符合议会多数代表的意愿。相比之下，我国财政预算编制时间较短，大部分地方的部门预算采取"二上二下"的基本流程，财政部门确定各部门支出控制数的时间较晚，各部门真正可以研究提出具体预算项目的时间不多，由于时间仓促，预算编制的科学性难以保障。同时，人民代表大会对预算审查的时间也较短。每年人民代表大会召开的时间仅有十几天，人大代表需要在这十几天内审查政府工作报告、财政预算草案、国民经济发展计划以及法院和检察院的工作报告，真正用于审查预算草案的时间往往仅有几天，由于审查时间较短，也难以较好地发挥对财政预算编制的监督作用。因此，借鉴瑞典的经验，适当地延长预算编制和审批的时间，将有利于促进预算编制更加仔细、预算审批更加严格，为提高政府预算的科学性和合理性奠定基础。

（二）预算编制的沟通和协商

瑞典的预算编制程序较为完备，保证了预算编制和审批过程中各方有充分的沟通和协商。瑞典预算编制遵循"自上而下"和"自下而上"相结合的管理理念。财政部首先根据国家宏观调控需要确定财政政策目标，以此确定财政预算收支总额，并在各部门报送支出项目的基础上确定各个领域的支出限额，经过议会批准后再由各部门提出具体、明细的支出项目预算。这种上下结合的预算编制程序是传统渐进式预算编制和零基预算编制的结合，将预算的总额控制、分项控制融入具体项目预算审批之中，可以将预算过程中最难处理的预算项目取舍化繁为简地分解到总额控制和项目审批两个环节，这样就由原来的只注重单项拨款改为在处理单项拨款之前注重总额达成一致的方式，财政部门可以更加注重对国家重大政策的把握，各职能部门也可以更加注重对本部门（领域）主要工作的安排，通过财政部门和职能部门的充分沟通协商，减少预算过程中的争吵和"内耗"。同时，在确定支出限额后，以部门为主编制预算，可以有效地调动部门的积极性，将预算资金优先安排到最需要的地方。相比之下，我国财政部门的预算编制工作尚缺乏部门之间的充分沟通协调，财政部门、职能部门对预算项目的取舍往往不能达成一致意见，只能由行政首长拍板解决。这样，预算编制工作耗费在部门之间讨价还价的时间较多，不利于预算编制效率的提高。因此，我国财政部门要更加"主动编制"预算，及早根据国家政策确定财政收支总额，及早根据部门工作实际确定各部门的支出控制限额，及早协助部门开展预算编制工作，提高预算编制的效率和效益。

（三）预算的公开透明，促进了预算编制的科学性

瑞典是世界上第一个执行政务公开的国家，政府预算编制的信息公开程度较高，在这种公开透明的环境下，瑞典政府的预算行为受到广泛监督，较好地保障了公民对财政预算的知情权和监督权。近年来，我国不断完善财政预算制度，大力推进预算公开透明，取得了明显的成效，但预算信息的明细程度和公开程序与西方发达国家相比还有一定的差距。借鉴瑞典的经验，我国应进一步推进财政预算信息公开，不断扩大预算信息公开的范围，创新预算信息公开的方式和方法，落实预算信息公开中各行为主体的责任和分工，全面、详细、真实地公布预算编制的各种信息，保证社会公众对预算编制有民主参与的机会，使政府的收支行为自始至终处于立法机关和社会公众的监督之下，防止财政预算中浪费和缺乏效率以及贪污腐败等现象的发生。

借鉴瑞典经验，提高我国政府部门预算管理水平

吴治钢

政府预算管理体制是处理一国财政体系中各级政府间财政分配关系的一项基本制度，其核心是探讨国家财力在中央与地方及地方各级政府间如何分配的问题，以及各级政府预算收支范围及管理职权的划分和相互间的制衡关系。为使我国的预算管理改革跟上市场经济改革的步伐，本文在介绍瑞典政府在预算管理方面可借鉴经验的基础上，针对我国预算管理实务中存在的问题和不足，对我国当前的政府部门预算管理改革提出了建设性意见。

一、预算管理的内涵

政府部门预算是政府活动货币化、书面化、程序化、法制化的正式表达形式。其管理体制是国家预算编制、执行、决算以及实施预算监督的制度依据和法律依据，是财政管理体制的主导环节。它的主要内容包括：①确定预算管理主体和级次，一般是一级政权即构成一级预算管理主体；②预算收支的划分原则和方法；③预算管理权限的划分；④预算调节制度和方法。

政府预算管理体制是处理一国财政体系中各级政府间财政分配关系的一项基本制度，其核心是探讨国家财力在中央与地方及地方各级政府间如何分配的问题，以及各级政府预算收支范围及管理职权的划分和相互间的制衡关系。而预算管理职权是各级政府在支配国家财力上的权限和责任问题。建立政府预算管理体制的根本任务，就是通过正确划分各级政府预算的收支范围，规定预算管理权限及相互间的制衡关系，使国家财力在各级政府及各区域间合理分配，保障相应级次或区域的政府行使职能的资金需要，提高财政资金管理和使用的效率。在此基础上，部门预算将预算管理的出发点和着力点转移到部门，取消了财政与部门的中间环节，财政预算从基层单位编起，并落实到每一个具体部门，预算管理以部门为依托，改变财政资金按性质归口管理的做法，财政将各类不同性质的财政资金统一编制到使用这些资金的部门；对"部门"本身有严格的资质要求，限定那些与财政直接发生经费领拨关系的一级预算会计单位

为预算单位。政府部门预算管理是一个综合预算管理体制，以部门编制的预算建议计划为依托，以单位所有收入统筹安排、所有支出预算编制到项目为主要内容，融零基预算、综合财政预算为一体的一种预算管理组织形式。编制政府部门预算有利于实现政府预算管理的统一性，提高预算的透明度；有利于保证政府预算的完整性，建立完整、全面的政府预算收支管理体系；有利于统一预算编制标准，采取科学的预算分类方法，细化预算编制；有利于提高预算编制的科学性，使预算资金的分配更加合理、有效。同时，作为政府财政政策的主要手段之一，通过政府预算可以实现对国民经济运行的调节。

二、瑞典政府部门预算管理的概况和特点

瑞典在预算编制改革方面有着成功的做法和经验，被誉为"OECD 国家预算改革的大实验室"。瑞典的预算结构是：政府有一个总预算，总预算下又按不同的内容和性质分为 27 个开支领域，由 13 个政府职能部门分别负责相关的开支领域。这些开支领域对应 300 个机构，大约有 500 个拨款项目，主要分成政府日常运转支出、转移支付项目和资本项目开支三类。在 500 项拨款项目中，约有 300 项是政府机构运转支出，150 项用于转移支付项目的拨款，50 项用于资本支出项目。

（一）瑞典政府部门预算管理制度

瑞典采取了自上而下的预算编制程序，财政年度为日历年度。预算管理制度将预算分为五个阶段，即收入预测阶段、更新滚动开支预算框架阶段、部门磋商阶段、议会审议阶段、各部门确定自己的预算及终审阶段。

1. 收入预测阶段

1 月份，财政部根据经济发展形势预测次年预算收入，在进行相关分析后起草预算收入草案并提交给首相，作为下一阶段与各部门协商的依据。

2. 更新滚动开支预算框架阶段

瑞典政府采用滚动预算作为年度预算编制的基础，其范围为 3 年，即下一预算年度以及随后的两个预算年度。这一阶段的工作通常在收入预测完成之后至 3 月期间，主要由财政部负责。各预算开支部门在 2 月上旬向财政部提交下一年的预算提案及对未来 4 年的有关预测，财政部对各部门提交的预算提案进行严格审核，于 3 月中旬开始起草向内阁提交的预算建议，内容包括下一预算年度和后续两个年度内政府总开支水平以及 27 个开支领域各自的指导性开支水平。

3. 部门磋商阶段

3月下旬召开内阁预算会议,会议讨论的焦点通常是各部为各自负责的开支领域争取更多的额外资金,如果达不到这一目的,则各部将只能在各自的开支领域进行项目的重新安排。内阁会议结束时,批准通过财政年度内总支出水平和27个不同领域的支出水平。会议达成的有关预算决定将正式写入内阁会议记录以及春季财政政策草案,该草案将于4月提交议会审议。

4. 议会审议阶段

在议会审计过程中,财政部要提供预算草案的依据资料,其中新增支出项目还要提供详细的论证资料,一般每年12月中旬议会批准国家预算。

5. 各部门确定自己的预算及终审阶段

该阶段强调"各部部长都是各部自己的财政部长"的概念,这一阶段实质上就是已经确定的部门支出水平在不同支出领域的各项拨款的调剂,这使得各部门对各自的预算提案有了更大的自主权。在内阁会议结束后的两个月内,具体执行预算的各个开支部门就开始起草所辖单个拨款项目之间最初的资金分配方案,并于5月中旬向财政部提交相关开支领域的初期预算草案。在议会审批春季财政政策草案后,各支出水平就通过立法予以确定,不再修改。各部门在此基础上形成自己的预算草案,于8月底交财政部审核,然后由内阁于每年9月上旬审议批准各部最终的预算提案,并于9月20日向议会提交下一财年预算草案。预算草案由12个部分组成:1份总纲和11份有关27个开支领域的预算文件。

(二)瑞典政府部门预算管理特点

1. 总额预算

瑞典预算程序将预算外资金(主要是社会保障领域)纳入预算管理,采取总额预算编制原则,即将收入与开支分列,用于提高一些特定项目如社会保障领域项目的透明度。

2. 零基预算

瑞典实行零基预算,即上年基数不作为本年度编制预算的依据,而是根据本年度的实际需要编制预算。

3. 项目预算

瑞典按项目编制预算,一般由国会提出各行业发展前景、发展策略和发展目标,然后由政府各部门提出实现这一目标的具体项目任务。

4. 部门预算

瑞典按部门编制预算,政府各部门根据本部门的任务拟定后3年的预算报财政部，财政部根据综合经济预测和国民收支的各项数据资料，研究制定预算草案，报首相并由首相下发给各部部长征求意见。

5. 滚动预算

预算一般要编制三次。N 年的预算在 N－3 年第一次编制预算，在 N－2 年第二次编制初步预算，在 N－1 年编制详细预算。因此每年都要滚动编制今后 3 年的预算。

三、与瑞典相比我国政府部门预算管理存在的问题

我国改革开放前的预算管理制度是在计划经济体制上建立起来的中央集权模式。随着经济体制改革深化和经济快速增长，这种制度的诸多缺点日益暴露，例如，弱化了财政分配职能，财政部门对预算单位的监控能力下降。我国预算管理体制随之进行了多次改革，并将改革重点从收入管理转向了支出管理，并于 2000 年首先在中央部门实施了部门预算，通过延伸预算层次、改革预算编制时间、细化政府预算编制、实行政府采购制度和国库集中支付制度等做法，在预算编制形式、编制内容、编制方法、编制时间、预算监管方面均取得了一定进展，从而拉开了我国全面实施部门预算改革的大幕。部门预算改革是与国库集中收付制度改革、政府采购改革等改革齐头并进的三项改革之一，而部门预算改革在其中处于基础地位。现在，我国实行完善的分级分税预算管理体制。由于受到经济发展水平、利益格局、预算法制等因素的困扰，目前部门预算管理上存在许多问题。

（一）预算编制制度不完善

瑞典预算编制有一套严密的规程，对必须通过的环节和送审时间都有明确规定，对收入的确定要考虑上一年度国家的经济和财政收入水平、本年度已通过的预算收入数，对未来的经济发展和收入预测进行测算和调整；对支出数的确定更要逐个部、逐个项目地进行，有些支出的安排还要同一些部门进行艰苦的马拉松式的谈判。预算支出确定必须经过的程序有：内部编制预算支出草案—分部核定支出限额—汇总各部要求交各部长审阅—与有关部门商榷—修改预算草案报政府审阅—政府裁决各部门与财政部门的矛盾—最后修改支出预算草案—提交国会审批—向社会公布。

与瑞典相比，我国的预算编制法规不完善，相关的会计制度、财务管理制度改革滞后。在收入预算的编制上，往往存在较多的人为因素和长官意志，或者是国家已经确定了当年财政收入的增长比率，地方就只需执行。在支出预算

编制上、细化项目、量化分析和科学论证做得很不够。人民代表大会审议政府部门预算的时间很短,很难做到逐条详细审议,导致制度流于形式。预算年度起始日先于人民代表大会审批日的情况也致使预算开始执行在前、审批在后,而这个时间差长达1/4年。

在预算的编制方法方面,由于收支的测算方法过于简单,缺乏科学论证,导致财政收支的测算结果与实际情况相去甚远。现行预算编制制度的主要缺陷是:①复式预算划分粗糙,覆盖范围不完整;②预算科目体系分类不规范,没能准确、全面反映政府事权和收支全貌;③采用基数法编制方法,存在不科学、不规范、不公平问题,"基数法"的实施,使各预算单位对"基数"重视有余,而对资金使用效益却过问甚少,也易于形成支出刚性,不利于预算支出总量与结构的调整;④国库分散支付制度存在效率不高、易于脱离财政监管和信息反馈滞后等问题。因此,完善预算编制方法,主要是完善复式预算编制制度,完善现行预算收支科目的基本框架,制定科学合理的预算分类,细化预算编制,稳步推行零基预算,健全国库集中收支制度,使预算能够全面准确地反映政府收支活动,是预算管理改革亟待解决的问题。

(二)预算审批中存在的问题

收支科目的粗糙,造成我国财政部门编制的预算草案太粗略、项目不细,预算报表所列科目级次太少,所列内容太粗,透明度太低。而人民代表大会的审批时间相对较短,只能进行宏观把握,使得审批效果大大降低。且由于各预算部门不能进行有效反馈,审批往往变成了各部门"伸手就要,一要就给"的局面。

(三)预算执行方面的不足

瑞典政府部门预算一旦通过,执行非常严肃,轻易不做改动。在通货膨胀率较低的前提下,瑞典年度预算支出安排数基本上是固定的。在年度预算执行中,虽然安排有预算支出追加的规程,但在一般情况下只做略微的调整,不会引起年度预算执行的大幅度波动。

与瑞典相比,我国预算执行时间先于预算审批时间,使预算的严肃性受到影响。同时,缺乏对预算执行情况的分析,部门预算难以有效地发挥作用。另外,预算执行质量难以保证,存在预算下达晚、资金调度不力和使用效率低下的状况。同时,财政资金按预算单位隶属关系逐级划拨,致使在预算执行过程中资金过于分散,并大量沉淀在各级行政事业单位,预算执行慢,从而出现年初资金拨付不到位、年底突击乱花钱的状况。

（四）预算监督方面存在的问题

瑞典的财权相对集中，中央税收占较大比重，对支出的控制也采取非常严格的做法。在财政部核定的支出总数限额以下的资金，总部有权自主安排使用。但较大的项目或者追加预算部分，则必须通过逐项审议，之后要做到专款专用。瑞典制定公共采购法，条目齐全，执行严格，严防营私舞弊等行为。财政部下设公共采购局，行使监督职能，每年对下属的 4000 个部门进行日常采购监督，有效地实现了对财政支出的监督控制。

与瑞典相比，我国预算的制约机制不健全，预算约束软化：一是预算监督体系下各监督主体之间的关系尚未理顺；二是预算监督的方法不能完全适应市场经济条件下加强财政管理的需要；三是由于人民代表大会审议时间很短，不能起到有效的监督作用，使得审查最终流于形式；四是预算指标不够具体，监督缺乏切实可行的依据，在具体的预算执行中，财政部也不能对收入和支出预算的执行情况进行有效跟踪，从而不能进行认真的考核评价，使得对预算执行的监督工作力不从心。

四、提高我国政府部门预算管理水平的意见和建议

（一）预算编制方法的改革

早日废除收付实现制，实行权责发生制的政府会计方法。权责发生制与收付实现制的主要区别在于会计确认的时间不同，收付实现制以会计期间款项收付为标准入账，会计记录方法较为简单。而权责发生制的会计记录方法较为复杂，但是它较好地克服了收付实现制的缺陷，能够比较正确地反映各期费用水平和盈利情况。

应建立财政性资金国库统一账户管理体系，提高资金的使用效率，强化预算约束，财政部应及时掌握收支信息，推广零基预算，增强预算支出的透明度。

（二）预算执行制度的改革

将应上缴收入及时足额上缴国库；按规定及时、足额拨付预算资金，并加强监管；各级预算必须设立国库；各级政府预备费的动用要报本级政府决定，周转金不准挪作他用；预算的调整必须经各级人民代表大会常务委员会的审查和批准。此外，有必要实行财政违纪问责制，严格按照《财政违法行为处罚

瑞典经验与治理创新

处分条例》的有关规定，坚决惩处包庇纵容预算乱执行行为。

在配套法规方面，应全力落实《中华人民共和国政府采购法》，不得随意改变采购方式和程序，进一步完善规章制度。这首先要求全面清理政府以前颁布的与现行法律规定不一的规章制度，适时废止。在此基础上，结合实际，制定具体的实施办法，要包括政府采购的预算和计划编制、信息发布、采购范围、采购方式及程序、机构设置和权责划分、资金拨付、监督管理、质疑和投诉等等。中央、地方应积极互相协调配合。

（三）预算监管制度的改革

事前审查把关，就是财政监督关口前移，强化部门预算编制审核、重大财政支出项目论证、定员定额等政策制定的科学性；事中跟踪监控，就是充分利用财政管理信息系统，逐步形成财政监督检查信息与业务管理信息共享互动，力争做到预算编制、执行和监督各业务主体之间信息沟通便捷，实现对部门预算执行情况的实时分析和监控；事后检查稽核，就是统筹安排和组织对预算执行情况的财政监督检查，通过事后监督检查，研究分析预算执行中存在的问题。不断创新和完善财政监督机制，目的是增强财政监督效果，逐步形成一个相对有效率的财政监督机制，提升财政管理整体水平。

落实人民代表大会的监督权及预算审批权。人民代表大会审批预算相当于部门预算的一道"阀门"，如果能够提高审批的质量，则有利于减轻后续的监督任务。延长预算审批时间，让人大代表们有充分的时间仔细审查；开展培训，让人大代表们有必要的专业知识进行审查；建立分项审批制度，让人大代表们切实地行使民主权利；拓宽预算修改的具体规定，让人大代表们的权利得到落实；等等。在预算执行环节，也要提高人民代表大会的监督力度。目前，人民代表大会在预算执行过程中的监督作用非常弱，这一方面与制度有关，另一方面也与人大代表自身的专业水平不高有关。因此，在修改预算法时，要完善预算调整的有关内容，明确规定预算调整应经过人民代表大会常务委员会的批准，而不能由财政部门随意调整。人民代表大会可聘请专家学者、中介机构（如会计师事务所）帮助监督部门预算的执行，以提高预算监督的效率和效果。只有实行政府和民间双重监督的体制，才可能使预算的执行真正有所改善。

参考文献

[1] 黄仰玲. 完善我国政府预算管理体制的探讨 [J]. 广州广播电视大学学报, 2006 (2).

[2] 上海市财政局考察组. 芬兰、瑞典、摩洛哥财税和债务管理鸟瞰 [J]. 他山之

石，1996（7）.

[3] 刘方，等. 关于我国政府预处编制若干问题的思考 [J]. 财政研究，2001（8）.

[4] 张梦雯. 深化我国政府预算管理体制改革研究 [J]. 前沿，2004（6）.

[5] 宋立根. 提升财政监督管理成效的思考 [J]. 理论探讨，2008（2）.

[6] 翟海燕. 完善中国政府部门预算改革措施研究 [D]. 复旦大学，2007.

瑞典经验与治理创新

借鉴瑞典公共管理经验，完善我国行政问责制的若干思考

陈小京

自 2003 年"非典"事件中张文康、孟学农因"工作不力"被免职以来，问责制进入了国人的视野，并在我国的行政体制内逐渐建立起来。问责制在西方社会早已实施，它是一个国家政治制度和国家监督体系的重要组成部分，是成熟法治国家的重要标志。我国行政问责制正处于起步阶段，对存在的问题进行有针对性的改进和完善，实现行政问责制的规范化、法制化和常态化，是值得我们研究和思考的问题，也是目前我国行政体制改革的重要内容。

有关行政问责制的界定，1985 年，美国学者 Jay. M. Shafritz 在《公共行政实用辞典》一书中，明确规范了行政问责（Administrativ Accountability）的概念，并将问责的范围界定为"由法律或组织授权的高官，必须对其组织职位范围内的行为或其社会范围内的行为接受质问，承担责任"。目前，我国学界对于行政问责制主要有两种界定。一种认为，所谓行政问责制，是指为保障行使公共权力、保护公共利益的行政机关和公职人员正确、高效地行使其权力，认真履行其职责，行政机关内部和外部的各种主体对行政机关和公职人员的行为进行监督和审查，对违反法律法规和规章制度的有关行政机关和公职人员加以惩处的一种责任保障与责任追究制度。另一种则认为，行政问责制是指一级政府对现任该级政府负责人、该级政府所属各工作部门和下级政府主要负责人在所管辖的部门和工作范围内，由于故意或者过失，不履行或者不正确履行法定职责，以致影响行政秩序和行政效率，贻误行政工作，或者损害行政管理相对人的合法权益，给行政机关造成不良影响和后果的行为进行内部监督和责任追究的制度。这里的问责主要是指内部问责，或者说是同体问责，是在我国现有政治体制范围内的含义解析。笔者认为，前一种界定中的问责主体更加广泛，由此涵盖问题的内容更为全面和系统，也更能体现行政问责的威慑力和有效性。

第一部分 公共预算与民主问责

一、我国行政问责制的现状及存在的问题

(一) 我国行政问责制的推行现状

新中国成立以来,我国也有一些非常有影响的问责案例。例如,1987年5月6日,黑龙江省大兴安岭发生森林火灾,过火面积100万公顷,毁林面积65万公顷,造成193人死亡、211人受伤,直接财产损失5亿多元,林业部部长杨钟、副部长董志勇被撤职;1999年11月24日,烟台"大舜"号客轮从烟台驶往大连途中在烟台附近海域倾覆,造成282人遇难,直接经济损失9000万元,山东省省长李春亭受到警告处分、副省长韩寓群受到记过处分,交通部部长黄镇东受到警告处分、副部长洪善祥受到记过处分。囿于当时的信息传播条件和认识水平,这些个案也只能被视为非常特殊的事件而没有为人们所广泛了解。目前,学界普遍认为2003年"非典"事件是我国行政问责制实践正式启动的标志性事件。

中国(大陆地区)出台的第一部具有法规性质的高官问责制度《重庆市政府部门行政首长问责暂行办法》于2004年7月1日起正式施行。由那时起,从中央到各级地方政府纷纷出台有关问责的综合或专门性规范性文件,并开始"动真格"问责。据初步统计,至2008年8月,中国(大陆地区)共有12个省级政府出台了行政问责的相关规定或办法,先行试点或推行问责制的市、县级政府更多。被问责的政府官员不胜枚举:2005年松花江水污染事件,国家环境保护总局局长解振华引咎辞职;2008年4月28日,胶济铁路发生重大交通事故,济南铁路局主要领导被停职审查;在2008年9月后的"官员问责"风潮中,仅在9月14—22日的短短9天中,因"襄汾溃坝事故"、"三鹿奶粉事件"、"深圳特大火灾"等一些重特大责任事故,全国各地共有20多名不同级别的官员被问责而失去了原有的职务;2010年,广东省纪委、省监察厅通报了10起党政领导干部或因校园暴力事件,或因对辖区内赌场失察、打击不力,或因扶贫不力等原因被问责的个案。

2009年,中共中央办公厅、国务院办公厅印发的《关于实行党政领导干部问责的暂行规定》(以下简称《暂行规定》),对问责的原则、适用情形、问责方式、问责的程序等作了详尽的规定,成为当前中国全面规定行政问责制的最高位阶的规范文本。2010年出台的《党政领导干部选拔任用工作责任追究办法(试行)》,对领导干部任用的责任和问责干部的复出规则进行了明确规定。此外,散见于《中国共产党党内监督条例》、《中华人民共和国各级人民

代表大会常务委员会监督法》、《中华人民共和国公务员法》、《中华人民共和国行政监察法》、《中国共产党纪律处分条例》、《行政机关公务员处分条例》以及《中华人民共和国刑法》中关于失职、渎职等的处罚条款等，也都可以视为行政问责的规定，也是行政问责制的重要组成部分。

（二）我国行政问责制存在的主要问题

直到2009年7月12日《暂行规定》发布施行，我国行政问责制的运行才有了较为规范化、法制化的依据。在此之前，由于各地各部门的问责依据、事由、程序不一，加上执行力度不同，监督体系不健全，使得问责的后果不一，难以形成统一和有说服力的效果。

1. 问责事由不规范

长期以来，各地启动问责依据的标准不一，问责范围较为狭窄，通常仅限于涉及群众生命财产的重特大安全生产事故以及造成社会恶劣影响的群体性事件，如山西矿难、云南瓮安群体性事件等。但对于其他一些现象，如地方决策失误、"带病提拔"、用人失误、行政不作为、官员有违社会公德私生活不检点的行为、大吃大喝以及其他铺张浪费的现象并没有纳入问责的范围，是否问责完全取决于"民愤"，问责成为平息群众情绪的工具。此外，性质不同的错误或失误却同样被问责，受到同样的处罚，导致问责的效果模糊，难以服众。例如，深圳市"9·20"特大火灾事故中责任人被问责免职，而巴中市政府工作人员却仅仅因放假通知笔误就遭到问责也同样被免职。而随意性更大的问责案例是，2009年2月，河北省某县11名干部仅仅因在该县干部作风建设年活动动员大会上打瞌睡，11人中7人被免职，1人遭全县通报批评，3人受黄牌警告处分，处理决定当晚在县电视台播出。这种处理的速度之快令人称道，我们也可以由此看到该县领导整顿机关作风的决心和力度，但面对这种随意性大、责过不相称的问责，我们不禁要问，问责的依据何在？目前《暂行规定》第5条明确规定了对党政领导干部实行问责的具体情形主要有两大方面：一是造成了重大经济损失，二是造成了恶劣社会影响。而如何界定重大和恶劣，还有待于在实践中制定更为细化的规则以强化问责事由的科学性、统一性。

2. 问责主体单一

这些年来我国官员问责的实践表明，一般情况下，我国官员问责的启动是在系统内部由上级党委或政府作出的。虽然我们也越来越多地看到一些被媒体尤其是互联网披露出来而被问责的个案，而且这种党政系统外的力量正在不断地被人们重新认识和放大，以至于一些官员感叹没有互联网的时代是多么的好，但是这毕竟只是个案。内部问责，或者说是同体问责，是在我国现有政治体制范围内的含义解析,这也成为目前学界比较普遍认为我国行政问责制存在的一大诟病。无可否认,这种系统内部的问责也有其积极的一面,它体现了国家建立责任政府的基本导向,体现了公民主体地位的回归,同时,这种系统内主动问责体现了纠错的勇气,在一定程度上也是非常有效率的。但是自己监督自己的缺陷也是显而易见的。

3. 问责对象不明确

从理论上说,行政问责的制度基础来源于行政首长负责制,因此,行政问责的对象应主要是负有直接或间接领导责任的领导者,即各级政府的首长以及各职能部门的领导者。但是由于我国长期以来党政不分,政府各部门间权力交叉、多头管理,单位内部正副职之间相互推诿,而民主集中制又往往成为一些不负责的官员推卸责任的借口,现行的相关问责规范性文件也绝大多数是地方性法规,照此规定被问责的一般来说都是地方官员。在这种权责不相称的复杂情形下,问责制往往难以企及真正有"权力"的人,有些相对低级别的官员则成为"牺牲品"和"替罪羊",问责对象的不明确直接影响了问责的效力和结果。

4. 问责方式多样化

在《暂行规定》颁布之前,各地都有自己的问责规范性文件或不成文的规定,其中规定的问责方式不一,有取消当年评优评先资格、公开道歉、公开谴责、诫勉谈话、责令作出书面检查、通报批评、限期整改、调整工作单位、停职检查、行政处分、建议免职、责令引咎辞职等等,甚至还有在市政府常委会议上"作出书面检查"、"通过市级主要新闻媒体向社会公开道歉"等形式。换句话说,同样性质的错误或失误可能会受到"不平等待遇",这对被问责的官员来说是不公平和不合理的,对整个国家问责体系来说是极不严肃的,从法治国家的角度来看也是极不规范的。

5. 问责程序不规范

曾有学者作过不完全统计,我国官员被问责的原因和内容构成中,工作失职是主要原因,占总数的84%。同时,因突发公共事件引发的工作失职又占了工作失职总数的92%,这表明,我国官员问责主要针对的是突发公共事件中领导所承担的工作失职责任。鉴于此,我国启动的官员问责往往是随突发公共事件而来的"问责风暴",这种暴风骤雨式的问责的执行程序往往是极有效率的,而且对于问责的对象来说,其政治生涯所受到的打击往往也是毁灭性的,其获得救济的权利和申诉的机会微乎其微。结果往往是特事特办,为了效率而牺牲公平,更何况是程序正义。因此,在一定程度上问责程序往往也是不规范的。

6. 问责的监督体系不健全

在推行问责制的过程中，问责事由爆发后，究竟应该对哪个部门及其党政干部问责，如何认定和追究责任，最后依据什么给予相应的处分，并没有十分客观的标准，往往是少数人说了算，弹性大，而此类信息往往又是不公开的，透明度不高，如果监督体系不健全，可操作的空间可想而知。长期以来受官场文化的影响，官员能上不能下似乎成为不成文的规则，高调问责，低调复出，问责的后果无人跟进，监督体系再一次缺失。从媒体报道的一些典型事例看，有的官员被问责后两个月、五个月、九个月就复出，更有甚者在受处分期间还被提升职务，如在"非典"事件中被免职的孟学农的复出，瓮安"6·28"事件中被撤销一切党政职务的原县委书记王勤的复出，"三鹿奶粉"事件的责任者直到2009年受记大过处分，却早在2008年年底出任安徽出入境检验检疫局局长，以至于官员问责制被人戏称为"无牙的老虎"。

二、我国行政问责制推行过程中存在问题的原因

问责制的实践我国早已有之，从不成文的规矩到一系列规范性文件的出台，从偶发重大事件的问责到全方位的问责，尤其是近年来问责力度不断加大，问责方式、程序逐渐完善，可以说我国的行政问责制还是处在良性发展的轨道上。但为何还存在如此多的问题？不能说我们的制度设计不完美，也不能说我们的法律法规不健全，究其原因，还是公民意识、问责意识没有真正树立起来。

（一）权力本位的主导

经过几千年来政治治理经验的积累，我国形成了一整套内涵和底蕴博大精深的官场文化，"官本位"思想深深扎根在行政管理系统的运作中，权力本位更是占据了主导地位。

行之有效的问责制是责任政府的重要标志。中国人民大学张成福教授对责任政府的理解是："责任行政或责任政府既是现代民主政治的一种基本理念，又是一种对政府公共行政进行民主控制的制度安排。"也就是说，责任政府是民主政治发展的目标和理想，一个责任政府是为全体社会成员服务，维护全体社会成员的利益，并要对自己行政行为的后果承担政治责任、行政责任、法律责任和道德责任的政府，同时，责任政府又是人民对行政权力进行监督和控制，防止行政权力走出边界的一种制度设计。这就需要政府由权力本位向责任本位转变，由统治者向管理者最终向服务者转变。这一转变的过程需要建立在

一个义务本位、责任本位、规则本位、服务本位的基础之上,而这恰恰是现代行政管理的灵魂,也正是我国的行政文化所缺失的。

(二) 人情社会的阻碍

传统社会是熟人社会,各种人情世故使每一个人都无法完全理性地游离在外。所谓"父为子隐"、"子为父隐"、"亲亲相隐不为罪"的论调与现代民主法治观念更是背道而驰。官员与官员之间则更是兔死狐悲、惺惺相惜,"血缘"、"地缘"、"学缘"、"业缘"所组成的人情网,在问责制推行的过程中也扮演着不可忽视的重要角色,发挥了一定的阻力作用。

(三) 问责意识的缺乏

长期以来,由于民主传统、公民社会的不发达,我们的公民意识还处在一个觉醒的阶段,对社会的责任感和参与社会管理的意识并不十分强烈,以至于人们对自己有问责官员的权力都一无所知,常常抱着漠然或一味反对而不是有建设性的态度来对待问责,这是问责制难以真正实施的民众基础因素。但问责意识的缺乏并不单指民众的意识缺乏,问责对象自身问责意识的缺乏,存在于官员队伍中的无为而治、争功诿过的风气以及考核评价体系的不科学,也成为问责制难以真正发挥效用的原因。

三、有关瑞典行政问责制的经验及其启示

(一) 实现问责主体的法律化、制度化

瑞典创立了一项极为特殊的制度——Ombudsman 制度,通常译为监察专员制度。1809 年,瑞典议会通过《政府组织法》,为充分保障公民的权利,需要建立一项独立于政府的、监督行政官员履行职责的制度。监督各级官员活动的职责由议会选举的 1 名监察专员担任,监察专员根据议会发布给他的指令,监督法官与政府官员是否遵守法律,并按照法律的正当程序,对在履行职责过程中采用暴力、基于个人私利或其他原因违法或未履行与其职务相关职责者进行追诉,从而创立了世界上最早的议会专职监察专员制度。自 1809 年到现在,瑞典议会监察专员制度逐步得到完善。根据《政府组织法》第 12 章第 6 条的规定,议会应选出 1 名或数名监察专员,根据议会的指示,负责对公务员执行法律与其他法规的情况实施监督。1810 年,瑞典议会依法设置了 1 名监察专员,后来为防止专员缺位,又任命了 1 名候补专员。1976 年,议会监察专员

瑞典经验与治理创新

增至4名。在这4名议会监察专员中，1名为首席专员，负责监督税收、文官和文书档案，1名负责监督司法机关和监狱行政，1名负责监督军事和地方政府，1名负责监督企业、事业单位和社会福利部门。监察专员根据指令，在分派给他的职权范围内对某一案件进行调查或决定时，首席监察专员不得干涉。每一位监察专员对自己的行为向议会承担责任。

（二）明确问责的对象，划定公务员责任

行政问责要解决的问题是：依据什么及对谁问责。瑞典公共管理局把瑞典的政府部门及其官员的责任分为三类，即法律责任、政治责任和道德责任。法律责任又具体分为刑事责任、赔偿责任和纪律责任；政治责任主要是指民选官员应对其政党和选民负责，内阁成员应对议会负责；道德责任主要是指官员必须具备优秀的职业道德，严格自律，树立良好形象。行政监察专员监督的对象：①中央及地方的行政机关及其工作人员；②拥有行政权的公司、社团和基金会，这些机构行使行政职权时视为行政机关；③对于军事部门，监督权的行使对象仅限于经过授衔的中尉以上及其他同等级别的官员；④法院及法官。他们认为："瑞典的议会监察专员对法院的监督是基于法院依法独立，但不能凌驾于法律之上这一基本假设。法院独立原则不能阻止采取这些维护司法领域公众信心的必要措施。"议会监察专员有权就案件审判的程序和期限进行监督，也可以对法院的某一个判决发表不同意见，当然，为保持司法的独立性，法律也同时规定监察专员无权就法院在个案中如何适用法律或认定证据的效力等问题提出异议。

（三）设立专门监督机构保证行政问责的实行

瑞典对政府的监督主要通过议会进行，具体是通过监察专员办公室和宪法委员会来实施。监察专员办公室的监察范围包括法院及所有从中央到地方的行政机关及其官员。它接受来自机构和个人的投诉，不管投诉人本身是否是当事人。监察专员根据投诉展开调查，如果发现某个机构或官员违反法律或有失职行为，监察专员将公布提醒书，而当某官员确有犯罪行为时，监察专员可作为特别检察官对其进行法律起诉。宪法委员会则是对内阁成员的履行职责行为及处理政府事务进行审查。宪法委员会有权力检查内阁的所有文件和记录，包括涉及国家机密的特殊文件，并每年向议会提供相应报告。除议会外，瑞典政府也有自己的监察机构，如国家审计署审查国家机构、国有企业及国家经济部门的商业活动，政府设有与议会监察专员相对应的监察办公室。

（四）实施政务公开，发挥公众和传媒的监督作用

瑞典2003年官员问责制现状报告强调，只有坚持政务公开，公众和传媒才能有效地监督，问责制才能真正地生效。因此，瑞典制定了全面、规范的政务信息公开制度，广泛而真实的言论及新闻自由也让公众和媒体发挥了民间"监察专员"的作用。

（五）建立有利于官员自律的外部条件

问责意识的培养对于行政问责的实行具有推动作用，而杜绝官员失责或腐败行为的制度建设也是必不可少的。20世纪80年代以来，西方各国相继掀起了大规模公共行政改革运动，其核心就是将市场机制引入公共服务领域，打造企业型政府，实行公共服务市场化，从而打破原有的政府垄断公共服务供给的局面，给予公共服务的消费者在多元的公共服务供给者之间进行选择的权力。瑞典也不例外。在瑞典，国家制定了完备的政府采购制度，如政府采购法，通过引入预算报告、量化考核等方法，铲除官员自利根基。在以高福利著称的瑞典，全民享受着国家给予的比"从摇篮到坟墓"更加慷慨的福利，可以实现政府官员合理的自利需要的满足与激励，在一定程度上也有利于减少官员失责和腐败现象的发生。

四、完善我国行政问责制的对策

（一）建立多元化的行政问责主体

要解决目前问责主体单一的问题，避免纯粹内部问责的弊端，应尽快建立健全系统外的问责主体，这也是目前许多学者所赞成和主张的。

综合起来，主要的观点有：一是建立健全以全国人民代表大会为主体的最高权力机关的问责机制，其依据是由谁任免、对谁负责的理论，例如，由全国人民代表大会产生了行政机关、审判机关、检察机关，那么这些机构及其官员就要对全国人民代表大会负责，受全国人民代表大会监督。从理论上说，这种监督应该是最有权威，而且也是比较容易实现的，但现阶段只有为数不多的个案是由全国人民代表大会来问责的。实际上，审查权、质询权以及罢免权等本来就是全国人民代表大会问责的主要方式，对失职、渎职、违法行政行为可采用不信任票、质询、罢免和主要责任人引咎辞职等方式进行问责。二是建立以司法机关为问责主体的司法问责。为政府权力设置应有的边界，使政府依法行

政是现代法治政府的基本特征。对不合法的行政行为或行政不作为，可以通过司法审查程序予以追究和处理。引入并加大司法追责的力度，扩大司法对行政行为的审查受案范围，可以在一定程度上解决司法介入落后于行政处理，以及用行政处理代替司法处罚的问题。三是建立新闻媒体及网络舆论监督。在现实中，由新闻媒体尤其是网络发掘出来的问责事例越来越多，连续报道也有助于事件得到公平公正的解决，对于加大政府工作的透明度，其发挥的作用越来越大。四是增强人民的参政意识，使其加入监督政府的行列。从理论上说，人民完全有权力监督政府的行政行为，因为国家的一切权力属于人民，国家的最高权力机关也是由人民选出的代表组成的，因此，人民最应该成为问责的主体，而不仅仅是参与者。

在上述全方位问责主体中，笔者认为还需要加入制度性的保障机制。例如，在全国人民代表大会问责中，可以适当加大事前和事中的问责机制，不要一味地采用事后问责的方式，如对政府预算案的审议可以有效预防地方政府决策失误，政府某些政策失当时在事中就可以采用质询的方式尽早纠错。在司法问责中，可以制定相关的法律制度，更加详细地规定司法审查的范围、受案范围和对行政行为失当的损害赔偿追究。而在人民监督政府这一层面，更加需要制度化的保障机制，可以在公共政策尤其是涉及民生的重大政策出台前，规定必须经过一定的有利害关系的民众的听证制度和抽样调查，达不到一定比例的政策不允许出台，同时赋予民众质询、建议和要求政府信息公开的权利。

（二）规范问责事由

解决为什么问责的问题，是完善问责制中非常重要的一环。目前按《暂行规定》及其他各地所制定的问责规范性文件来看，问责的主要事由是造成了重大的经济损失和恶劣的社会影响，应该说这两个方面占据了应问责事由的重头。但在这种问责制推行过程中，我们不难发现它的"隐忧"，即把矛盾的焦点放在对"错误或失误"问责，让一些地方官员为了避免自己成为问责的对象，产生了"不求有功，但求无过"、"无为而治"的消极心态，不把主要精力放在如何改善民生、提升服务水平和执政能力方面，只关注不要"出事"就好，导致扭曲的政绩观，没能真正履行好自己的职责和使命。因此，除了传统的问责事由外，我们还应当适当地、逐步地引入绩效问责以及用人失察问责。前者以消除不良政绩观所带来的负面影响为目的，通过设定政府及其工作人员所应当履行职责的目标和任务，在目标任务的理想状况和最低目标之间，规定问责范围，为完成或超额完成目标任务设定一定的激励机制，而一旦没有达到最低目标，则由问责主体根据问责范围来启动问责。如果说绩效问责是启动问责的依据和事由，它同样也可以成为激励政府创造良好政绩的手段。当然，绩效问责要建立在科学设定工作目标和客观评估的基础上才能真正发挥作用。用人失察问责的引入针对的是目前官员升迁过程中"带病提拔"，导致更大腐败的现象。之所以说用人腐败是最大的腐败，是因为用人失察会放纵不良官员，给一方发展带来灾难，损害党和政府在人民群众中的形象，同时也会在当地公务员队伍中形成不良的风气，而这种用人失察又往往以集体决策来逃避责任，因此有必要专门引入用人失察的问责。

（三）明确问责对象

明确责任对象，就是解决对谁问责的问题。对机构的问责相对容易，但要具体到个人的问责，实践中界定的标准并不是十分明确。以目前《暂行规定》来看，问责对象是"领导成员"，但究竟谁是领导成员，是党委书记还是行政首长，都很难找到依据。行政机关实行首长负责制，而一级党委又负有领导一切的职责，长期以来的党政不分更加大了界定的难度。因此，有必要通过制定专门的地方性法规或在已有的问责办法中进一步细化问责的对象，将责任分清，如分清是机构的责任还是机构的责任和直接领导者的连带责任、是党委领导的责任还是政府首长的责任、是主要领导的责任还是分管领导的责任、是直接责任还是间接责任等。各单位可以通过制定一定的内部规章制度来厘清本单位各位党政领导的职责任务，"对号入座"既是明确责任，更是一种警示和鞭策。

（四）规范问责程序

马丁·路德金曾说过："手段代表了正在形成之中的理想和正在进行之中的目的，人们不可能通过邪恶的手段来达到美好的目的，因为手段是种子，目的是树。"在问责的过程中，我们同样需要规范问责的程序、官员复出的程序，同时保障被问责官员享有救济的权利，只有这样，才能解决问责过程中程序正义的问题，才能实现正义的问责。《暂行规定》指出，被问责的官员有向问责主体提出书面申诉的权利，但这种既当裁判员又当运动员的做法，其正当性难免受人质疑。可考虑设立专门受理申诉的机构，同时制定规范性文件，规定问责主体回避、质询答复时限、问责人员组成、罢免通过人数、问责客体申辩程序、听证程序、复议程序等。应当保障被问责的官员不但可以向问责主体申诉，同时也可以选择直接向专门的申诉受理机构提出申诉或控告。对于被问责官员的复出，同样需要完备的程序规定，先不论其应否复出，至少有必要首先在程序上保证其合法性，规定完备的复出程序，如复出的提请、同意复出的人数比例、异议的受理、复出的考察等，减少操作的空间和内幕交易。

（五）强化问责的监督和执行力度

强化问责的监督和执行力度，是为了确保问责制落到实处。问责制的出台和实施体现了现代责任政府发展的必然趋势，也是政府重塑诚信形象的制度保障。保证和监督问责结果的坚决执行是至关重要的一环，否则，问责制只会沦为所谓现代民主的摆设，因此，监督机关的监督和制度化的保障就成为必要。要加大现有体制内的监督机构（如各级纪委、监察部门、司法部门、人事部门、组织部门）的监督力度，如果这些部门监督和执行问责不力，也可以对负责监督和执行的机构和直接责任人进行问责。此外，还应当在体制外设置相应的监督力量来保障问责结果的落实。其中非常重要的一条就是实现政府信息公开，尤其是人事任免信息的公开，保证权力在阳光下运行，应当在现有政府信息公开条例的基础上，对信息公开的范围、程序、形式等内容再做进一步的细化，若统一制定有难度，各地可根据实际情况先制定本地的实施细则，在信息对称的基础上保证公众的知情权，同时重视保障公民所享有的检举、控告和申诉的权利，保证媒体有报道监督权，建立网络回应体系。此外，加大监督力度也同样适用于备受争议的官员复出问题，根据《暂行规定》，对于引咎辞职、责令辞职、免职的被问责干部，一年内不得重新担任与原任职务相当的领导职务，可以由党委、政府酌情安排适当岗位或者相应的工作任务。一年后如果重新担任与原职务相当的领导职务，应当征求上一级党委组织部门的意见。《暂行规定》只规定了不得复出的时间和如果复出应当由谁来决定，只有加大监督的力度，才能给复出一个合法、合理的说法。

（六）实现问责的法制化、制度化和常态化

完备的问责制是现代法治社会和责任政府的重要特征，它不应当是一场暴风骤雨式的革命，而应当是一种制度设计和安排，应该贯穿于政府施政的各个领域和各个时间、空间，法制化、制度化和常态化才是它应有的本质特征。所谓法制化，即问责的实施应当以一定的规则形式表现出来，它应当具有规范性、公开性、约束性，并由国家的强制力来保障其执行，因此有必要制定统一的问责制的法律，对问责的主体、问责的启动事由、问责的对象、问责的程序、问责的执行、问责的监督和救济等相关制度和标准做统一规定，为问责的法制化设计合理的制度安排。制度化则是指问责制的理想状况是由多种相关制度和问责形式组合而成的制度体系，是一个系统化的工程，要配套改革现行的人事考核制度、任免制度、信息公开制度等，建立绩效评估制度、官员能上能

下的任免机制和完备的信息公开制度等。而当法制化、制度化实现后，现代公民意识的培育也势在必行。只有这些条件都具备了，行政问责才能真正实现其常态化。

作为一种重塑诚信政府与责任政府的制度，问责制承载了人们太多的对于建立一个民主、廉洁、高效、务实和责任政府的愿望。正如诺思所说，"制度在社会中起着根本性的作用，它们是决定长期经济绩效的基本因素"，从目前来说，合理而有效的制度安排是问责制得以实施的关键。因为责任政府是民主政治的重大回归，但并不表示这是一种自发发展的结果，它的实现需要民主政治力量的推动和民主政治制度的保障，前者需要一个过程，而首先从制度层面完善并加大监督和执行的力度，也可以从客观上为行政问责制的真正实现起到保障作用。

参考文献

[1] （美）理查德·B. 斯图尔特. 美国行政法的重构［M］. 北京：商务印书馆，2002.

[2] （美）道格拉斯·诺思. 制度、制度变迁与经济绩效［M］. 上海：上海三联书店，1994.

[3] 哈耶克. 自由秩序原理（上卷）［M］. 邓正来，译. 北京：生活·读书·新知三联书店，1997.

[4] 周佑勇. 行政法基本原则研究［M］. 武汉：武汉大学出版社，2005.

[5] 刘星. 服务型政府：理论反思与制度创新［M］. 北京：中国政法大学出版社，2006.

[6] 胡建淼，等. 领导人行政责任问题研究［M］. 杭州：浙江大学出版社，2005.

[7] 周亚越. 行政问责制研究［M］. 北京：中国检察出版社，2006.

[8] 李阳. 权力监督与制约的制度安排——《关于实行党政领导干部问责的暂行规定》的解读［J］. 北京公共行政，2010（3）.

[9] 朱立言. 从绩效评估走向绩效管理——美国经验和中国实践［J］. 北京公共行政，2010（7）.

[10] 张玉琳. 全面推进行政问责制面临的问题及解决方法探析［J］. 法制与社会，2010年（10）.

[11] 王春福. 公共精神与政府执行力［J］. 理论探讨，2007（1）.

[12] 李立周. 行政问责制在中国的运行困境及改进思路［J］. 中共云南省委党校学报，2010（2）.

[13] 余晓芳. 试论行政问责制［J］. 学术园地，2010（3）.

[14] 胡本春. 浅议我国行政问责制的发展理路［J］. 公共管理理论，2010（1）.

[15] 宋涛. 中国官员问责发展实证研究［J］. 公共行政，2008（6）.

瑞典公务员管理制度的分析与启示

卓晓嫒

瑞典被誉为西方福利国家的典范,是当今全球经济社会发展最成功的国家之一,多年来,其经济发展速度、社会福利制度、政府廉洁高效、科学技术创新、信息化建设、环境保护等许多方面都走在了国际社会前列。这些成就的取得,除了得益于瑞典资源丰富、人口较少、长期处于和平时期,以及政府一贯倡导的廉洁勤政、精英治国的理念外,更得益于其健全、有效而且颇具特色的人力资源管理制度,特别是公务员管理制度。

公务员是党和国家的重要人才资源,是国家和社会的组织者、管理者,是公共权力的代理人、执行人。公务员队伍素质的高低,直接关系到党和国家路线方针政策的最终执行,直接关系到区域经济与社会发展的成败,直接关系到党和政府的服务效率与服务质量。我国公务员制度建立的时间不长,仍处于"摸着石头过河"的阶段,因此在许多方面还不够完善。党的十七大报告提出:为了造就高素质干部队伍和人才队伍,必须深化干部人事制度改革,完善公务员制度。所以,当前学习和借鉴他国公务员管理的成功经验,对于完善我国公务员管理制度显得尤为迫切和重要。

一、瑞典政府公务员的基本情况

瑞典位于北欧,面积约45万平方公里,总人口929万(2009年6月统计数据)。瑞典是君主立宪制国家,实行中央、省(郡)、市三级行政管理体制。

中央政府机构由内阁、首相府、12个部以及各部下属的执行局等附属机构组成,共同履行中央政府职责。内阁不负责具体行政事务,主要处理全国社会、经济、政治上的重要事务,如制定全国性计划、编制法案和国家预算提案并提请议会通过、执行议会各项决议等;首相府是辅佐首相,协调、指导各部以及各大臣之间事务的机关;中央政府各部属于宏观管理层,不处理具体的行政事务,主要负责政府政策的制定及监督政策的执行,共有4400多名工作人员,其中,150多名高级政务官(包括部长、国务秘书、新闻秘书、顾问等)

是政府任命的，随政党的更迭而更迭，属于政客，其他则是事务类公务员；各部下属的执行局、中央执行委员会等附属机构，是大量行政事务的实际承担者，主要职能是向主管部汇报本机构的情况，上报本单位的预算报告，直接处理大量的日常行政事务，有权就具体政策的实施向有关部提出建议、协助决策，现在瑞典中央政府共有250个委员会、管理局等行政事务管理机构，约24万名公务员。全国划分为21个省（郡）和290个市，省长由政府任命，市级领导机构由选举产生，省、市均有较大自主权。

中央、省、市三级政府的职责非常明确，中央政府主要负责外交、军事与国防、公安、对外贸易、海关、中央税收、移民事务、金融货币政策、高速公路建设等事宜；省政府主要负责与人们日常生活息息相关的事宜，如医疗卫生、道路维修、自然资源、社会保障、地方税收等；市政府主要负责城市的基础设施建设及维护、环境卫生、基础教育等。三级政府几乎没有重叠的职责，没有重叠的机构，也就没有了由职能交叉产生的推诿扯皮现象。各级政府各负其责，各为其政，协同配合。

瑞典公务员队伍分为政务、管理、聘用三类，范围较为宽泛，不仅有政府官员及普通工作人员，也包括军队、司法部门工作人员，还涵盖了大专院校教师、卫生系统医护人员、国家研究机构人员、社会福利人员、公职系统的工勤人员。除部分机构的政务官员由政府任命外，绝大多数公务员都按照市场机制雇用。政府通过预算控制公务员的人数。一般运作方式是，上级政府或预算部门给某一政府部门一定数额的预算，同时核定与预算相匹配的工作任务，各部门接到预算和任务后，由各署首长自行决定到市场上雇用多少人员、钱怎么花。这种通过预算和任务控制机构，通过市场化雇用人员的方式，避免了政府机构无限膨胀、因人设事的弊端。

二、瑞典政府公务员管理制度的主要特点

瑞典政府认为，公务员队伍的素质影响到国家政治、经济和社会的发展，直接影响着一个国家的政务水平。20世纪80年代末，瑞典经济严重衰退，瑞典政府围绕增强活力、适应经济全球化要求、提高行政效率、建立创新型政府等方面，积极推行公务员制度改革，并取得了明显的成效，目前已基本形成了一整套健全、有效、具有瑞典特色的公务员管理制度。

（一）公开透明

瑞典政府被国际社会称为"透明政府"，政务运作和经济运作都是非常透

明的，并且通过法律的规定要求公务员树立公开和透明的行政原则。早在1766年，瑞典议会通过的《新闻自由法》（又名《出版自由法》）就明确规定：所有进入、保存和离开一个行政机构的文件，或者作为机构活动结果而产生的文件（涉及国家安全的除外）都是公共文件，并且对于任何想要看到它们的人来说都必须是可用的。瑞典因此成为世界上第一个执行政务公开的国家。目前，公开透明的政务已在瑞典社会形成了一种风气，政府或公共机构的书面公务资料、公函、财务报告等，只要不属于国家机密，都必须向社会公众和媒体开放；任何一个瑞典公民都有权查阅任何官员、企业高层管理人员，甚至王室成员的资产和纳税情况；等等。瑞典政府对公务员从招聘录用到绩效考核、工资奖励，以及公务员进行公共服务的工作过程、政府对公务员的管理过程，都是公开、透明的；公务员管理部门制定的人力资源管理政策、具体的人力资源规定、操作程序等，都要求在政府相关网站上公布，接受社会公众和媒体的监督。

（二）平等诚信

瑞典是一个极其平等、讲究诚信的社会。一方面，人与人之间相互平等的意识比较强。瑞典公务员甚至是高层政客与普通工作人员之间是平等的，没有什么特权。瑞典政府的领导人大多住在普通住宅区内，工作时使用公车，下班后只能开私家车。例如，瑞典一位女大臣的孩子放在家庭自助的托儿所，由家长轮流看管，排到她时也照样到托儿所负责看管孩子。瑞典公务员的平等意识使他们能够正确看待手中的职权是服务而不是特权，同时，也使得瑞典的制度设计渗透着平等的烙印。另一方面，诚信意识普遍比较高。瑞典所有公民包括公务员，在社会生活和经济活动中，一般都能自觉遵守信用道德，较少出现言而无信、行而不实的情况。对于政治家，如有失信事件被披露，在朝的很有可能下台，在野的要想争取选票上台则基本不可能。公务员的录用，诚信也是必备条件之一。据了解，政府在招录新公务员时要对应聘人员的社会诚信情况做专题调查，诚信有问题，其他方面再好也不会被录用。

（三）公开、公平、灵活的选人用人机制

瑞典在公务员选拔任用方面有三个特点：一是公开竞争。当公务员职位出现空缺时，瑞典政府一律采取公开竞争的方式，向全社会公布所需人员的条件，符合要求的均可参与竞争。包括公务员晋升职务也采取这种开放透明的方式，而不是以职业性体制形式由内部晋升，内部在职人员必须与社会上的其他参与者同等竞争，优者胜出。二是强调公平。没有最低年龄与性别的限制，只要在退休年龄以前（瑞典退休年龄男女均为65岁），无论男女，符合条件者均可参与竞争；参与竞争的内部在职人员并不具有优先权，其唯一优势在于他熟悉所竞争岗位的工作，具有一定的经验。三是方式灵活。瑞典政府在招录公务员时严格按照职位能力需求选人，通常有统一的录用考试，对一般岗位人员的招录，主要以资格审查、了解专业能力背景为主，重视专家推荐和面试，但针对不同部门、不同领域的特殊情况，也会采取有针对性的考试考核等方式。例如，招录警察时，要进行笔试、面试、体能测试、心理测试等多个环节；招录外交官时，要进行特别的考试；等等。此外，瑞典的公务员与私营系统之间的雇员可以相互流动，瑞典公务员在政府机关工作的平均年限为10年。这种公开竞争、科学灵活的选人用人方式，既打开了政府的选择视野，为社会公众参与公共事务管理提供了良好的渠道，也使政府公务员队伍的能力结构、知识结构不断得到更新和完善，更加符合社会发展的管理要求。

（四）以结果为导向的绩效管理

20世纪90年代，瑞典把私人企业实行的绩效管理办法引入公务员管理中，实行以结果为导向的绩效管理，其目的是通过引入竞争、效率意识，创建高绩效组织，提高政府的公共服务质量。瑞典政府公务员的绩效管理过程，包括计划制定、计划实施和跟踪、绩效评估几个环节，特别重视绩效信息的沟通及绩效评估程序的科学性。

一是制定部门的年度目标。每年的9月份，政府部门先根据职能和政府的战略计划制定第二年度的工作目标，在拟定年度目标时，领导者与公务员进行协商，反复研究论证，达成共识，目标确定后，本部门任何人都要无条件地执行。二是制定公务员个人的年度岗位目标。包括个人要达到的经济效益和社会效益、基本要求和最高要求、定性指标和不定性指标等等，在制定过程中，公务员要与领导者进行充分协商，经过反复的讨价还价，最后在双方都同意的基础上以合同方式进行确认。三是年中检查。领导者年中要对照公务员个人年度岗位目标落实情况进行跟踪检查。四是绩效评估。年底，公务员先对照本人年度岗位目标的落实情况写出评估报告，再由领导者对本部门的每个公务员目标完成情况进行综合评价，并与公务员反复沟通后，形成正式的评估报告，报本单位内部审计委员会通过，并与公务员的工资奖励、问责和处罚挂钩。

绩效评价管理模式的推行，促使瑞典政府各部门在维持良好福利待遇的基础上，自觉建立起以效率为导向，绩效管理和问责制、评价与考核相结合的长效激励机制，各政府部门和公务员权责明确、管理到位、各司其职、公开透明、运行有序。

（五）健全完善的培训体系

瑞典政府十分重视公务员的学习培训，把加强公务员通用能力的培养看作增强国家经济竞争实力的关键，为公务员的成长提供大量的培训机会。

一是注重培训的针对性。瑞典政府要求公务员必须按岗位要求接受培训，目的是提高公务员的工作能力和绩效，且培训较少进行大班次、多人数的共性集中培训，多以提高履职能力和专业技能为主。不仅可以由上级建议或安排下属参加指定的培训学习，也可以由公务员结合自身实际提出培训需求。一般公务员每年有10天的岗位培训，领导层公务员的培训机会比一般公务员的多。二是实行市场购买。在瑞典，没有设立专门的公务员培训施教机构，没有供养专职的公务员培训师资队伍，而是把公务员培训推向市场，政府花钱直接向社会购买专业培训服务。这种花钱买服务的培训方式收到了很好的成效，不仅降低了成本，而且有利于提高培训的专业化水平，各类培训机构只有符合培训需求、提高培训服务质量，才能拿到培训订单。目前，各专业培训机构已形成了研讨式、项目式、教练式、网络式等以参与互动式为主导的多样化培训方法，并与之相适应地建立了一套比较完善的培训评估体系，如学员满意程度评估、学员掌握程度评估、组织满意程度评估、公众满意程度评估等。三是用制度保证培训效果。目前瑞典职业教育联合会正争取与雇主签订一份终身学习的协议，以便进一步推进培训学习；针对有些单位或公务员往往借口工作忙，或没有经费等原因不参加培训，瑞典目前正努力把培训写入工作职责，努力把培训变成工作本身的一部分，以便解决好工学矛盾。

（六）有效的监察专员制度

瑞典公务员队伍的清正廉洁，一直在国际上享有很高的声誉。瑞典廉政建设成功的原因是多方面的，除了政务公开、严厉的法律规定以及公众和舆论监督外，还在于有一套有效的监察专员制度。瑞典的行政督察机构——行政督察专员公署由4名督察专员和50名工作人员组成，是直属议会领导的独立机构。4名行政督察专员由议会投票，从具有杰出法律才能和秉性正直的人士中选出，每届任期4年，连任期不得超出两届。任职期间，督察专员享受最高法院法官的待遇，除议会外，任何机构和个人均无权对其进行罢免。4名行政督察专员各自负责一个不同的领域，其中1名为首席专员。起初，督察专员的主要职责是对行政和司法机构进行监督，现在则侧重于监视法律法令在公共事务中的执行，以及受理公民对于行政机关及公务员在公权力行使过程中出现的不合法、不公平行政行为的申诉案件。根据瑞典现行宪法及有关法律规定，督察专员监督范围极为广泛，几乎可以对所有政府部门、所有文武官员（除内阁部长、大法官、联邦和地方议会议员等）的工作进行督察。任何公民若感觉自己受到不公正待遇，均可向督察专员投送书面申诉，督察专员亦可主动就某事进行调查。督察专员每年处理约 4000 件申诉，对其中大约 500 件申诉案件作出犯有错误或失职的决定。对于议会督察员的决定和裁断，任何人不得上诉。经过较长时期的实践，瑞典的督察专员制度已较为完善，在监督行政机关和公职人员方面、在监督立法和执法方面以及在维护和保障公民合法权益方面，都取得了良好的成效，当今世界上有 120 多个国家借鉴了瑞典的议会督察专员制度。

三、瑞典相关经验对我国公务员管理的启示与借鉴

1987 年，中国共产党第十三次全国代表大会明确提出实行公务员制度。2006 年 1 月，中国颁布实施了《中华人民共和国公务员法》，这是我国 50 多年来关于干部人事管理的第一部总章程性质的法律，它的颁布实施，使公务员管理的科学化、规范化和法制化有了法律上的依据和制度上的保障。但是，与瑞典完善的公务员制度相比，我国的公务员管理体制仍存在一些亟待解决的问题。瑞典在公务员管理方面的一些做法，顺应了经济社会的发展需要，在实践中取得了较好的效果。我国和瑞典的国情不同，在政治制度、社会制度、文化背景和思维方式等方面有较大的差异，但建设高素质的公务员队伍、创建廉洁高效政府的任务是相同的，他们的一些做法和经验，对我们完善公务员管理制度有一定的借鉴意义。

（一）加强公务员职业道德教育

公务员的职业道德不仅关系到他们能否正当地行使公共权利、高效地履行国家公务、建立廉洁奉公的公务员队伍，而且关系到整个社会的道德建设以及国家的兴衰成败。瑞典政府廉洁高效的成功经验，是他们有一支符合经济与社会发展需要的具有平等、民主、竞争、法制、效率观念并自觉实践公共行政、公共管理以及公共服务的公务员队伍。而我国正处在经济高速发展的时期，各种社会问题，包括公务员的腐败和道德失范现象不可避免地会发生。对此，我们要学习瑞典公务员的职业精神，应采取适当方式，促进广大党员干部不断陶冶与修炼道德情操，提高道德修养。

首先，提高公务员对职业道德的认识。使公务员深刻理解和把握"以为人民服务为核心"的行政职业道德要求，形成服务人民、服务国家的职业道

德观念，提高区分善恶是非、选择正确的行政方向的道德认识能力或道德判断能力。其次，陶冶公务员职业道德情感。以良好的职业道德情感作为公务员道德教育和道德修养的目的，培养公务员具有与权力相关的高度责任感和履行职责应有的高度正义感，以及高尚道德情怀和不贪、不占的高尚情操。最后，造就坚定的公务员职业道德意志。坚定职业道德意愿和意向的决心、勇气和毅力，是构成职业道德素质的决定性内容。要适应社会管理形式变革所产生的变化，重新确立公务员的职业准则和道德规范，积极探索落实公务员精神的有效载体，自觉用"公务员精神"规范行为，指导工作，建立一支"忠于国家，服务人民，恪尽职守，公正廉洁"的公务员队伍。

（二）加大公开性竞争选任干部力度

公开，是扩大选人用人视野、平等公正地选拔任用干部的前提；竞争，是增强干部队伍活力、选贤任能的重要保证。瑞典政府注重公开、强调平等竞争的选人用人机制，对于我们录用、选拔德才兼备的优秀人才具有借鉴意义。

一是扩大竞争范围。首先在录用方面，放宽报名条件，除基本学历和专业外，一般不再设置其他限制条件，为更多人提供参与考试竞争的机会，包括为广大工人、农民和外来务工人员提供机会。其次在晋升方面，积极探索开放性的竞争制度。目前，我国公务员的晋升任用基本上实行系统内考核竞争形式，排斥了大量的优秀人才，容易形成"矮子堆里拔将军"的现象。应借鉴瑞典的做法，加大领导职位面向全社会的公开选拔、公推公选、公推遴选力度，积极推行基层公务员遴选机制等，形成内外部的竞争环境，扩大选人用人视野。二是加大干部工作的公开力度。将干部选拔任用工作的全过程，包括选拔干部的条件、职位要求、人选基本情况和选拔的程序向广大干部职工公开；对不宜向公众完全公开的干部会议推荐、谈话推荐得票数等具体情况，采取公布民意是否集中的方式进行适度公开。通过增强干部工作的透明度，增强群众民主参与干部工作的热情，促进选人用人的准确性和公信度的提高。三是创新竞争性干部选拔方式。在录用公务员时，实施分类招考，从资格条件的设置、考试科目和内容、考试的组织规程等方面考虑不同职位类别的特点，着力提高考试的科学性和公平性；在干部选任工作中，推行"差额提名、差额推荐、差额测评、差额考察、差额票决（差额酝酿）"层层差额选拔的方式，通过逐轮筛选，实现优中选优；在开展公开选拔时，注重加大各环节综合遴选的差额比例，以更好地发现和掌握优秀人才等，充分体现比较鉴别、竞争择优的原则。

（三）加快推进公务员绩效考核工作

科学完善的考核评价机制是促进各级公务员自觉履行岗位职责、积极干事创业的"助推器"。我国的公务员年度考核方式，因考核标准过于笼统、评价过程不科学等问题，大多时候都是走形式，公务员干多干少一个样，体现不出工作实绩。近几年，虽然我国很多地区已自发地对公务员绩效考核制度进行了一些改革和尝试，也取得了一定的成效，但与实行真正的公务员绩效管理还有很大的差距。我们可借鉴瑞典政府以结果为导向的绩效管理模式，制定符合我国国情的公务员管理的绩效考核制度。

一是科学设定公务员的绩效目标和考核指标。在综合分析公务员所从事工作的性质、内容、责任、环境以及完成岗位工作所应具备的条件的基础上，建立适应各自岗位特点的、各层次公务员有所不同的绩效目标以及具体的考核量化标准，逐步实行分类量化考核，变软指标为硬指标，变弹性指标为刚性指标，实现考核指标的量化，让每个公务员不仅清楚"干什么"，更清楚"干成什么样"。二是建立公务员绩效沟通机制。传统公务员管理关注的只是绩效的考核，事实上，真正有助于提高绩效的是绩效管理过程中沟通的质量和水平。绩效考核仅是回顾性地对绩效进行评估和总结，而绩效沟通则是贯串绩效管理全过程的，因此，无论是年初确定绩效目标和考核指标时，还是年中进行跟踪检查时，甚至是年底进行绩效评估时，都必须建立良好的沟通机制，必须在主要领导和责任人之间进行双向交流的基础上确定。三是合理使用绩效考核结果。将考核结果真正与公务员的晋升、工资津贴紧密结合起来，注重考核结果的公开性、奖惩性，加大对优秀公务员的奖励力度和对不称职公务员的处罚力度，真正发挥考核制度鼓励先进、鞭策落后的激励作用。

（四）进一步完善公务员培训制度

在国际竞争日趋激烈的环境下，公务员培训是一种不可或缺的开发公共人力资源、提高公务员整体素质的"能力开发手段"。目前，我国公务员培训以组织安排为主，个人选择的自由度不够；培训内容千篇一律，实用性不强，缺乏吸引力；培训机构以各级党校、行政学院为主，教师的水平存在一定的局限性；培训制度不健全，培训时间、效果都难以得到保障。要加强公务员能力建设，可以借鉴瑞典的做法进一步完善我国的公务员培训制度。

一是进一步增强培训的针对性。有针对性的培训是取得实效的关键所在。要继续改变传统意义上不分战线、不分层级的共性、笼统、落后的培训方式，把培训的规模和质量、效益有机统一起来。根据不同类别、不同级别公务员的工作性质、工作任务和特点，确定能力建设标准框架，并实行分级分类培训。二是注重运用市场机制。按照政府宏观调控与引入市场竞争相结合的原则，打破培训资源部门所有、地区分割的现象，探索依靠市场来提高培训质量的有效方式，对培训的项目争取、课程设置、培训软件的开发等都基本实行市场化运作，使现有的培训资源发挥出最大效益。三是建立公务员终身学习机制。鼓励公务员在职学习和培训，对各个级别公务员的培训时间给予硬性规定，并将公务员培训与部门绩效考核、公务员个人切身利益紧密联系，把培训期间的学习成绩作为工作成绩，把参不参加培训、培训合不合格作为职务晋升、年度考核、工资晋级的必要条件，将培训的效益延伸到政府公共管理的过程之中。四是切实加大对公务员培训的投入。将每年公务员培训经费列入各级政府财政预算，以保障公务员的学习和培训。

（五）建立健全科学有效的监督约束机制

《中华人民共和国公务员法》规定了公务员的16项纪律，而且实行的是多种监督系统并存和建立专门的防腐肃贪职能部门的体制，应该说，权利监督体系网络还是比较庞大的，但从实践的效果看却不尽如人意，还存在力度不够、渠道不畅、体制不顺等问题。瑞典的廉政管理模式是世界各国学习的楷模，也有许多可供我们借鉴的地方。

一是强化群众监督和舆论监督。瑞典的法律赋予了公众及媒体很大的权力，如瑞典的公务人员（不管是政府高官还是普通公务员人员）都要将购买房屋等大宗家庭资产"广而告知"。相比之下，虽然我们也有领导干部重大事项报告制度，但有些领导不按事实填报，纪检监察部门也没有去认真核实，最重要的是因为缺少公开环节，普通老百姓和媒体很难发现问题。所以，必须要进一步重视和依靠广大人民群众的民主监督，要敢于运用舆论监督改进和推进工作，使"意见箱"、群众举报奖励制度、群众评议政府等监督措施真正发挥作用。二是加快权力监督立法。要抓紧建立健全有关法律法规，充实公务员管理制度中的行政监督内容，重点是加快操作性强、实践迫切需要的《行政监督程序法》、《新闻法》、《公职人员财产申报法》、《政务公开法》、《舆论监督程序法》等的制定，尽可能缩小执法的裁量范围，保证公平、公正、严格执法。三是设置独立的专门监督公务员纪律的督查机构。我国目前政府机关内外各种监督主体之间的关系尚未理顺，特别是监督主体经常置于监督客体的领导之下，缺乏独立性和权威性。可借鉴瑞典的模式，设置独立的专门监督公务员纪律的督查机构，直属于中央高层管辖，确保其行使职权时不受地方政府的干扰和影响。

四、结论

他山之石,可以攻玉。瑞典政府透明公开、平等竞争、注重实效、廉洁高效的公务员管理经验,有许多值得我们学习和借鉴的地方。但是必须看到,我国与瑞典的国情截然不同。首先,从国家整体情况及发展阶段看,瑞典疆域小、人口少、土地多,是经济发达国家;我国疆域大、人口多、土地少,还处于社会主义初级发展阶段,是发展中国家。其次,从政治体制来看,瑞典是君主立宪制议会民主制国家;我国是由中国共产党领导的人民民主专政国家,在政策制定、决策实施、行政管理模式等方面都不同。因此,笔者认为,对瑞典政府公务员管理制度,我们不能照抄照搬,但可以从中了解、吸纳有益的做法、经验和理念,根据我国干部人事管理的实际,制定有中国特色的公务员管理制度,建立廉洁高效的服务型政府。

参考文献

[1] [美] 埃文·M. 伯曼,詹姆斯·S. 鲍曼,等. 公共部门人力资源管理 [M]. 萧鸣政,等,译. 北京:中国人民大学出版社,2008.

[2] Paul Levin. 瑞典公共行政——分权化单一制国家中的治理 [J]. 聂勇浩,张照,译. 公共行政评论,2008 (6).

[3] 姜海如. 中国公务员管理机制研究 [D]. 华中师范大学,2002.

[4] 李晨华. 从西方人事行政改革趋势看我国公务员制度的中国特色 [J]. 哈尔滨市委党校学报,2006 (3).

[5] 叶凤吉. 芬兰、瑞典国家公务员制度的分析与启示 [J]. 北方经贸,2010 (5).

[6] 傅兴国,吴文武,张仁峰. 瑞典公务员能力建设及启示 [J]. 中国人才,2007.

[7] 喻立新. 瑞典中央政府行政体制及机关事务管理体制基本情况 [J]. 中国行政管理,2002 (12).

[8] 马森述. 瑞典的行政组织和行政改革 [J]. 政府法制,1999 (7).

瑞典经验与治理创新

瑞典电子政务和电子民主考察及思考

卢传智

利用参加第五期广东省公务员公共管理瑞典专题研究班学习培训的机会，笔者全方位、深层次地了解了瑞典的政治、经济、社会、文化、公共管理等情况，特别是关于电子政府、电子政务、电子民主等方面的发展现状和运行机制，并结合自身网络信息资源管理工作实践，对广东省电子政务、网络问政等有关工作进行了思考，提出了粗浅的意见建议。

一、瑞典经济社会发展特点

通过学习了解，笔者认为瑞典的经济社会发展有以下几个特点：

（一）政治民主有序

瑞典是君主立宪制的单一制国家，政府组织形式采用议会内阁制，政府由议会产生并对议会负责。坚持以法立国，主张政府通过法律的制定和实施来实现对国家的治理的宪政民主是瑞典实现政治社会民主和谐的基础。宪政民主主要通过《政府组织法》和《出版自由法》得以体现，并充分保证了各政党、社会组织和公众的生存和自由权利，保护政党在各种投票中的权利。宪政民主保证了公众观点自由和选举的公开、公平、公正，并强调一切权力来自人民，人民定期以普遍、平等的选举产生自己的代表。瑞典的民主社会主义通过宪政民主得以发展并保持旺盛的生命力。现代科技发展、信息通信技术和互联网的发展，又为促进瑞典民主发展提供了新途径、新渠道。

（二）政府运作高效

瑞典建立了行之有效的行政体制和决策执行相分离的运行机制，保证了政府的高效运转和专业管理。瑞典拥有中央、省和自治市三个管理层级。各管理层级拥有明确的职责分工，职能分布呈现"两头大、中间小"的特点，中央主要通过立法对地方进行授权和规划。其中，中央主要负责外交、军事以及各类全国性事务，省级政府主要负责医疗保险、交通补贴等事务，自治市则承担教育医疗、城市规划、住房供应、公共交通、环保、消防、市政、老年人和残疾人福利等大量面向市民的公共服务职责，并享有与其职责相匹配的征税权。瑞典行政管理体制的特点是责任清晰，管理层级少，事权、财权相匹配，政府运作高度信息化、网络化，这在很大程度上避免了效率低下和推诿扯皮现象的发生。此外，瑞典社会组织数量众多并发育完善，众多社会管理和服务事务由社会组织承担，或者通过政府购买服务的方式转移给企业和社会组织，这成为政府履行社会管理和公共服务职能的重要补充。

（三）经济实力雄厚

经过一个世纪的努力，瑞典克服了自然资源匮乏、气候条件恶劣、经济基础薄弱等困难，一跃成为世界最发达的国家之一。根据世界银行公布的2011年世界人均GDP排名，瑞典人均GDP为61098美元，排名第八。瑞典还拥有沃尔沃、萨博、爱立信、伊莱克斯、ABB、宜家、H&M等一大批国际一流的跨国公司。同时，信息技术在经济领域的广泛应用和深度融合，对机械制造等传统产业进行改造升级，培育了信息网络产业等一批战略性新兴产业，推动了瑞典产业升级和结构优化。瑞典在新一轮国际金融危机中所受影响较小，一个重要的原因是其大力发展信息通信技术产业等战略性新兴产业。

（四）社会和谐稳定

瑞典实行高税收、高福利，建立了一套"从摇篮到坟墓"的庞大的社会保障体系。自1928年社会民主党提出"人民家园"理念以来，社会福利普遍享用的原则得到贯彻和落实。瑞典逐渐形成了内容具体、体系全面、高度信息化的庞大的社会保障体系，包括儿童津贴、病假补助、医疗保障、住房补贴、失业救济、养老保险等社会保障制度。此外，信息化技术在社会保障体系中广泛应用，提高了社会保障管理和服务的精细化、个性化水平。因此，瑞典人民生活水平普遍较高，贫富差距小，平等观念深入人心，绝大多数瑞典人都具有较高的职业满意感和生活幸福感，极少发生阶级、阶层对立等群体性事件。

（五）信息高度发达

瑞典政府高度重视信息社会建设，在宽带建设和应用、互联网使用、电子政务、电子商务、企业信息化等领域发展水平较高，很多指标居于世界首位。据欧盟2010年统计，瑞典DSL宽带覆盖率为100%，宽带普及率为31.5%，接入互联网的家庭的百分比为86%，接入宽带的家庭的百分比为79%，使用

瑞典经验与治理创新

（有线）宽带接入的企业占89%，经常使用互联网的人口（一周至少使用一次互联网）占86%，频繁使用互联网的人口比例（每天或几乎每天都使用互联网）为73%，网上寻找货物或服务的比例为77%，阅读在线报纸/杂志的比例为50%，网上银行使用比例达71%。2010年，瑞典在世界各经济体信息化程度中得分5.65，位居全球第一。

当然，瑞典在取得一系列成绩的同时，也面临着很多问题和挑战。例如，高税负、高工资、高福利导致企业负担过重，面临国际投资进入减少、国内企业和资本向国外转移的危险；随着瑞典加入欧盟，越来越多的东欧和南欧的贫困移民的移入将对瑞典的高福利体制产生很大挑战，种族融合、社会治安等问题也随之产生。

二、瑞典电子政务和电子民主的基本情况和特点

瑞典政府实施政府主导的信息化和电子政务发展战略，实现了信息化快速发展，实现了电子民主的广泛普及，推动了经济社会全面转型升级，具有较强的借鉴意义。

（一）构筑强有力的信息化管理体系

瑞典高度重视信息化机构建设，建立了一系列的管理机构来推进相关工作。1994年，瑞典就成立了由信息技术、学术界专家组成的全国信息技术委员会，其职能主要是受政府委托研究并向政府提出促进信息化发展的政策建议。1995年，政府赋予该委员会更加广泛的任务，包括向政府提供战略咨询、向公众传播推广信息技术等。2003年，瑞典成立了信息技术政策战略小组，为政府提供信息化战略咨询并组织落实。2004年，战略小组又成立了面向医疗卫生、教育、基础设施和宽带、信息技术和电信四个领域的小组。2006年，瑞典政府在财政部下专门成立了行政事业委员会，明确由瑞典财政部牵头电子政务建设，负责制定电子政务发展政策和策略。这样，瑞典中央政府层面建立了统一、有力的电子政务管理机构。

由于电子政务涉及部门多、协调难度大、专业性强，瑞典还成立了专门的电子政务协调机构和执行部门。2009年3月，成立了由主要公务机构领导人组成的电子政务代表团，其主要职责是：制定政府信息化发展战略；协调电子政务项目，开展电子政务绩效评估；参与电子政务标准规范的制定，并参与国际信息化标准的制定；促进政府、公共事业部门、各地方和企业之间的互动；协助瑞典政府与欧盟其他国家在电子政务领域开展合作。瑞典还通过法律规定

金融及行政服务局负责管理信息化领域的采购,并推进公共部门采购电子化。中央政府还设置专门的执行部门负责推进政府和社会的信息化,构筑电子政府和无所不在的信息社会。例如,瑞典公共管理局负责为各政府部门信息化提供技术支持;瑞典工业就业与通信部下面的国家邮政电信局的主要职责是实现所有公众享受高效、廉价、安全的信息化服务。此外,地方议会和政府具有地方电子政务事务的立法权和行政权,具体负责本地的电子政务协调和执行。

（二）打造全面的信息社会

瑞典政府很早就提出全面实现信息化,建设数字瑞典。从20世纪90年代开始,瑞典就积极推进信息化在政治、经济、社会等各领域的广泛应用,率先由工业社会进入信息社会。2000年,瑞典议会通过了中央政府提交的《一个为每一个瑞典人的信息社会》,明确提出要从政策法规、信息技术培训、信息基础设施建设三个领域推进信息化建设,建设全面信息化国家,并保证所有公民平等使用信息化技术和享受信息化成果。瑞典政府还积极推进信息化融合和放松对通信产业的管制。2002年,瑞典全面推进电信、交通、传媒等行业的融合发展,并出台了《进一步促进移动通信市场竞争法案》。这些措施推动信息技术应用领域迅速扩大,信息产业投资快速增长,通信价格下降90%。2005年,瑞典加大了宽带网络建设,在政府办公中推广电子签名和网上办公。瑞典通过法律手段推动信息通信技术对传统工业进行改造。ABB、伊克莱斯等制造业企业通过应用信息技术保持了自身的国际领先地位,并带动了信息产业的发展。瑞典政府还不断加大对基础性、公共性信息技术研发的财政投入。近年来,全社会研发投入占GDP的4%,其中80%投入了信息技术等重点产业部门。

瑞典政府主导下的信息化推进措施使瑞典整体信息化水平居于国际前列。世界经济论坛（WEF）发布的《2009—2010年全球信息科技报告》显示,瑞典网络就绪指数（Networked Readiness Index,NRI）居全球第一,国家整体环境、基础设施建设等单项指标也获得了最高分。信息通信技术在经济、社会领域广泛应用,基本实现了任何人在任何时间、任何地方都能实现人与人之间的信息共享,并尽可能地实现物体之间在任何时间、任何地方互联。信息通信领域也成为瑞典最具吸引力的外商投资领域。根据波士顿咨询公司发布的《互联网改变瑞典经济》报告显示,2009年瑞典互联网产业达2050亿瑞典克朗（约合400亿美元）,占GDP的6.6%,预计2015年将占GDP的7.8%。

（三）建设服务高效的电子政府

瑞典各级政府部门都把信息化作为提高工作效率、推进信息公开、方便企

瑞典经验与治理创新

业和公众办事的重要手段。根据《24小时公共管理战略》提供无时不有的电子政务服务的要求，政府各部门采取积极措施提供多渠道的7×24小时服务，推动了部门信息化水平的迅速提高。进而，为解决部门信息系统的互联互通和融合问题，瑞典地方政府和金融部又启动了电子政务行动计划，致力于建立协调运作、信息共享、标准统一、功能齐全的满足公众和企业需求的公共管理体系。2009年10月，瑞典电子政务代表团又组织实施《电子政府领域有关公务机构工作的战略安排》，主要包括推动电子识别应用、电子数据交换立法、政府部门电子政务服务、推进电子签名和电子服务等措施，全面建设电子政府。

目前，瑞典已经建成集网上信息发布、网上信息服务、网上电子交易、网上办事为一体的电子政务服务体系，并向推动行政体制改革领域纵深发展。《出版自由法》对政府文件的公共属性进行了规定，并明确"每个瑞典的公民都有权知晓政府文件"。各政府部门按照"统一标准、更新及时、信息共享"的要求推进政府文件电子化，并通过政府网站进行信息发布和服务。企业或公众只要向一个部门提供信息需求就可以获取所有部门的相关信息，真正实现"让数据跑路而不是让公民跑路"。瑞典还积极推动签证、就业、助学金、纳税、失业、养老保险等事项的网上办理，提供"一站式"服务，例如，公众可以通过税务部门的信息系统获取需要纳税的金额并在网上进行纳税。根据欧盟2010年的统计，瑞典面向公民的基本公共服务可以完全在线使用的比例为92%，面向企业的基本公共服务可以完全在线化的比例为100%，使用电子政务服务的人口比例为57%，使用电子政务服务的企业比例为86%。特别是，瑞典政府在推进网上办事的同时，对各部门的业务流程进行整合、优化和再造，加快了相关政府部门职能转变和整合，推动了行政体制改革。

（四）推进广泛有序的电子民主

信息化为瑞典的广泛民主提供了更加有效的手段。除极个别情况外，各级议会、政府的决策必须向公众开放，公众可以旁听议会辩论，议会辩论情况及结果在网上实时公布，为民主发展提供了更加快捷、廉价、及时的渠道。同时，信息化也为公民参与重大决策制定创造了条件。由各政党、公众团体、专业顾问等代表组成专门的调查咨询委员会，对重大决策问题进行全面的调查研究，并提出相关建议报告。调查咨询委员会在以调查、听证、专题研究等形式进行重点调研时，通过媒体、网络等方式使公众及时了解进展情况。建议报告提交到有关政府部门之后，除了要征求其他部门的意见外，还要通过政府网站、论坛等充分听取社会组织和公民的意见。例如，瑞典国家邮政电信局（PTS）官方网站就专门为将要出台的文件和法规开辟咨询栏目，广泛征求社会意见。主管部门对公众意见进行搜集、汇总和整理后，进行筛选，充分采纳公众的合理性建议。信息化进一步推进了政府决策的公开性、科学性、民主性。

很多政府部门网站开通了网上论坛，鼓励公众通过互联网参政议政，对政府的各项决策和行政行为进行监督和批评。瑞典政府也积极创建有利于民主的网络舆论环境，支持媒体"网络自由"、"言论自由"的主张，支持公众和非政府组织参与民主建设。为了解决地形狭长、北部地区人口稀少等带来的民主问题，瑞典下大力气推进北部地区宽带建设，充分发挥电子政务在发扬民主方面的优势。瑞典还积极推进选举电子投票，降低民主的经济成本和时间成本。

（五）完善信息化的政策环境

瑞典通过制定一系列的政策措施和法律法规来推进信息化和电子政务发展。瑞典专门制定了《一个为每一个瑞典人的信息社会》、《24小时公共管理战略》、《电子政府行动计划》、《电子政府领域中有关公务机关工作的战略安排》等相关政策措施来推进电子政府建设。瑞典还通过相关法律规定来为信息化发展创造良好的法律环境。瑞典关于信息化发展的法律法规主要分为三类：一是国内专门的信息化立法，如《电子通信法》、《合格的电子签名法》等；二是通过有关法律和条例对信息化领域进行规定和管制，如《出版自由法》、《公共采购法》等；三是将欧盟的相关指令转化为国内法，如《个人数据法》、《电子商务和其他信息社会服务法》等。瑞典信息化相关政策法规除了体系完备外，根据信息化迅猛发展的特征及时对相关政策法规作出相应调整也是一个重要特点。

整体而言，瑞典信息化和电子政务水平较高，在提高政府办事效率、方便公众办事、提高民主水平、推进行政体制改革等方面发挥了积极作用。但是，由于瑞典特殊的政治、行政体制制约，使得电子政务缺乏顶层设计和统一规划，各级各部门信息化水平发展参差不平，信息共享和互联互通较难，为跨部门、跨区域的信息服务带来极大不便。

三、对广东省电子政务和网络问政工作提出初步意见建议

我们可以充分借鉴瑞典信息化和电子政务建设以及电子民主的经验，把信息化和电子政务建设、应用与推动网络问政、创新社会管理和建设幸福广东有机结合起来，在推进电子政务、网络民主建设领域积极探索，建设高效、公平、透明、廉洁的服务型政府，走出社会建设创新的新路子。

（一）加强对电子政务和网络问政的统一领导

瑞典的成功经验充分证明，强有力的统一领导在推动信息化和电子政务、电子民主建设中起着必不可少的积极作用。目前，广东省网络问政工作主要由省委领导和省委办公厅带头推动，而电子政务管理职能则主要归口广东省经济和信息化委员会（以下简称"省经信委"）。由于信息技术和互联网的发展推动了网络民主、网络监督等新形态的出现，广东省很有必要借鉴瑞典成立由主要公务机构领导人组成电子政务代表团的做法，建立由省级党委领导负责、各党政部门主要领导为成员的联席会议制度，统筹全省电子政务和网络问政工作，加强统一的顶层设计、规划、管理和协调力度，全面推进党委政府信息化和网络问政、网络信访、网络监督等电子政务发展和网络民主政治建设。

（二）全面构筑无所不在的信息网络社会

较高的社会信息化水平无疑为信息化和电子政务普及应用夯实了基础。因此，要积极打造无所不在的信息网络社会。一是加强电子政务资源整合。加强统筹规划和顶层设计，统一标准规范，整合电子政务资源，形成"横向到边"、"纵向到底"的信息网络体系。建设全省统一的电子政务数据中心，按需提供各部门弹性化信息基础资源服务，逐步消除部门分散、重复、低水平建设和"信息孤岛"。二是充分整合利用社会资源。鼓励电信运营商、高校、科研机构、IT企业等参与电子政务建设。电信运营商要在宽带网络、无线城市、非涉密主机托管等方面发挥自身优势，积极推动云计算、物联网、下一代互联网、智慧城市等信息化新技术新理念的应用。三是要推动信息化向基层和社区延伸。推进以数字化、网络化、智能化为特征的城乡信息服务体系。推进智慧城市建设，实施光纤入户，推进宽带进社区。加快建设信息乡村，推进信息技术在农村集体资产管理、公共事务、村务党务财务公开等方面的应用。

（三）积极打造一体化的电子政务平台

坚持"以公众为中心"的理念，推动广东省电子政务建设由注重党政内部办公向业务协同、社会管理和公共服务转变，打造运行顺畅、执行高效、监督有力的阳光型、服务型电子政务平台。一是加强电子政务基础设施建设。加大政务外网和党政内网（政务内网）的建设力度，提高安全保障水平，推动各党委政府部门业务系统依托政务网络建设。二是推进信息共享和业务协同。进一步建立和完善省、市、县三级政务信息交换共享平台，推进信息共享和业务协同。建立多方联动的信息共享机制，实行信息"分头采集、关联使用"，建立人口、法人、信用等基础信息资源库。建设统一的业务协同支撑平台，促进各部门业务系统互联互通和充分融合，真正实现协同办公和联合监管的网络化、无纸化、无缝化。三是建设网上办事大厅。对现有的行政审批事项进行全面的精减、梳理和优化，实现各类社会管理和服务事项网上"一站式办理、一条龙服务"，建设全省网上办事大厅，推动各级各类政务服务中心业务功能向网上办事大厅迁移。四是推广应用"公民网页"。逐步实现全省城市常住人口开通公民网页，实现从"人找信息"到"信息找人"的转变，为企业和公众提供全方位、一体化、个性化服务。

（四）深入推进网络民主和监督

建设政民互动平台，积极推动和开展网上政民互动，实施网络民主监督，实现"网"听民声、"网"汇民智、"网"监公权。一是加强网络信息资源整合、共享和开发利用，提高决策支撑水平。要继续深入推进网络问政常态化、制度化建设，积极组织网民开展建言献策活动，拓宽公众参政议政渠道，加大重大决策透明度和公众参与度，真正实现"问政于民、问需于民、问计于民"。建立健全网民意见办理运行机制，加快将网民意见建议转化为支撑党委政府科学决策、民主决策的信息资源。建立党政领导干部定期在线访谈制度，主动应对社会热点问题。二是推动网上监督监察。要充分利用博客、微博、论坛等推进党务政务公开，加强电子监察对行政审批的全过程监督，实现公共权力的行使和公共资源的使用在阳光下进行。进一步推进广东省网上信访大厅建设，实现省市网上信访大厅互联互通和全面铺开，力争将各类矛盾纠纷和信访问题化解在萌芽、解决在基层。同时，要充分利用互联网加强对干部违法违纪、廉政情况和作风问题的监督检查。三是加强对网络舆情的监测。要加强对国内外重点网络舆情动态和网民言论的搜集、整理、提炼和分析，选择针对性强，参考、指导价值大的信息供主要领导和各级党委政府参考，提高决策的针对性、前瞻性和科学性。既要及时解决各类民生问题，也要避免各类政治性、群体性和公共安全事件的发生，实现社会公平正义和促进社会和谐，建设幸福广东。

（五）进一步优化发展环境

在电子商务、政府信息公开、个人信息保护、信息安全保护及互联网治理等领域，我们的法律法规和政策措施建设不仅落后于瑞典，还远远滞后于应用需求。要加快制定广东省信息化发展政策和地方法规，实施依法行政，完善监督措施和办法，健全行政责任制。加强顶层设计，统筹整体与局部、行业与地方、建设与应用、统一与分散、管理与服务的关系，促进广东省信息化和电子政务、网络民主、网络问政全面协调发展。加快制定相关规范性文件和技术标准，制定符合广东省实际的业务工作规范和服务标准化，规范网络、信息、应用、队伍等方面的建设。特别是，我们要从法律、政策、人才、技术等方面入手，切实提高信息安全防护水平，避免黑客入侵、网络诈骗、信息泄密等安全问题的出现。

第一部分　公共预算与民主问责

试论当前广东省公路管理体制及其改革对策

李　强

截至2011年底，广东全省公路通车总里程达19.07万公里，其中，高速公路5049公里，一级公路10339公里，二级公路19050公里，三级及以下公路15.6万公里，公路密度为106.1公里/百平方公里，公路桥梁43760座/2660488延长米。全省共1508个乡镇、21557个建制村，均已实现公路通达。整体而言，与改革开放前相比，广东省公路事业发展实现了巨大的飞跃，高等级公路里程、高等级公路密度、投资额等多项指标均居全国前列，产生了巨大的经济和社会效益。在如此显著的成绩面前，我们也要清醒地看到，受制于体制，广东省公路事业发展在取得巨大成就的背后，已经积累起了相当多的问题。这些问题不仅成为公路未来发展的严重障碍，也使得公路事业的发展与社会公众的期待产生了巨大的鸿沟，现行管理体制下的公路行业正面临越来越大的挑战。要破解当前存在的一系列难题，变革行业管理体制势在必行。

一、广东省公路管理体制改革历程及现状

1989年以前，广东省公路管理体制逐步形成省、市、县三级公路局的建制，实行垂直管理。1989年底，广东省政府批准了《广东省公路管理体制改革方案》（粤府〔1989〕133号文），改革的基本设想是：在加强宏观管理、统一规划、统收统管规费的前提下，把市、县公路部门下放给当地政府，归口当地交通主管部门管理，行政上接受当地政府和上一级公路局的双重领导，并以当地政府领导为主。养路费等公路规费征收及公路各项业务、技术工作以条条为主，接受省级公路管理部门领导。这一体制保持至今，除了有部分业务调整之外，基本上没有大的调整。

作为省级公路部门的广东省公路管理局，自新中国成立以来，经历了曲折的变革历程。1950年1月，广东省交通厅成立，设省公路局隶属省交通厅，同年4月省公路局并入省交通厅设公路处。1952年12月，广东省公路管理局正式成立，但1954年6月又被撤销并入省交通厅设公路处，1955年1月又撤

销公路处，恢复省公路管理局。1968年12月，省交通厅、省公路局、汽车运输公司均被撤销，成立省交通运输公司革委会；1970年，省交通运输公司改为省公路运输管理局；1972年10月，恢复成立广东省公路管理局。2000年8月，省路政管理局与省公路管理局合并，重新组建省公路管理局，该局为省交通厅管理的副厅级事业单位。到2010年2月，省公路管理局负责征收管理公路养路费、公路客运附加费两项交通规费，而公路路政的行政处罚及相关的监督检查、行政强制职能划给省交通运输厅。

二、当前广东省公路管理体制存在的障碍

广东省目前在公路行政管理体制方面存在多头管理、分散管理和交叉管理的问题，致使全省公路行业管理难以统一，由此带来一系列的消极后果。

（一）资源浪费突出与工作效率低下并存

广东省目前国道、省道和地方公路建设体制是"条块结合、以块为主"，除部分重点的国道项目由省公路管理局负责组织建设外，其他国道、省道公路建设项目基本由市、县公路局负责组织实施；县、乡公路的建设则由各市、县交通局及地方公路站负责组织实施；乡村公路由乡镇管理。但亦存在公路局管理部分县、乡公路，交通局管理部分省道的现象。收费公路中的非经营性项目由于有省公路管理局投资，因而由省公路管理局管理，经营性项目则由投资者经营，交通厅进行行业管理；公路部门行使路政管理职能，承担路产路权的保护职责，却没有执法权。多部门管理与职能交叉，不但造成人力、财力、物力的极大浪费，还造成不同部门在业务上经常出现推诿、扯皮的现象，使行业管理效率大打折扣，集中统一的行业管理和质量监督无法到位，行业管理效能低下。

（二）交通公路发展的结构性矛盾日益突出

1. 区域交通结构失衡

珠江三角洲与东西两翼、粤北山区间公路区域发展不平衡，加之管理分割、地方垄断、地方政策不统一，致使统一、有效的公路网络难以形成。目前尚需改造的国道、省道公路多在山区欠发达地区，且工程难度大，现行的以地方为主的建设体制已难适应，应按《中华人民共和国公路法》和道路的功能确定科学合理的管理权限。

2. 网络的层级结构和点线结构失衡

干线公路、集散公路和地方公路缺乏有效衔接，尤其是处于中间层的国省干线公路发展滞后。应全面系统地进行路网规划，尤其是要加强对国省道主干线的规划，加大资金投入，提升国道、省道路面质量，以便更好地发挥路网的整体效益。

3. 出省通道不畅，亟待改造升级

2008年，罕见的大范围低温雨雪冰冻灾害充分暴露了广东省出省通道少、等级低、通行能力差和抗灾能力弱等问题。

（三）人力资源整体水平难以有效提升

按照粤府〔1989〕133号文规定，市、县公路局领导班子的配备，征求上级公路部门同意后，由地方政府任免。然而，在实际执行过程中，地方政府在配备市、县公路局领导班子时往往不征求上级公路部门的意见，甚至在公路局领导班子成员任免后也不通知上级公路部门，使上述文件的规定形同虚设。单从省、市级公路部门的关系来看，由于省公路管理局对各市公路局领导层缺乏有效的管理手段，造成市公路局领导更换频繁、政令不畅等问题相当突出，行业管理的执行力难以提高。

此外，由于省公路管理局对市、县公路局没有人事管理权，各市公路局除少数几个实行垂直管理外，对县公路局没有人事管理权，使上一级公路部门无法调控下一级公路部门的人员进入，缺乏有效的手段控制外部人员进入公路部门，导致市、县公路系统人员膨胀，如河源市公路局人事权下放到县后，五个县公路局在短时间内急剧增加了427人，仅龙川一个县公路局就增加了122人。茂名市公路局人事权下放后，五个市（县）公路局增加了112人。汕头公路局除对直属分局进行垂直管理外，所辖4个区县公路局人员编制均归属地方管理，全系统干部职工竟达2749人，其中在职1121人，待岗535人，离退休1093人。

由此又造成了三个方面的显著后果：一是公路建设、养护经费被大量挤占用于养人，致使公路管养难以得到充足的资金保障，公路路况水平的提升受到严重制约。二是人才队伍结构失衡，整体素质偏低，难以适应公路发展转型升级的现实需要。在人员急剧扩张的过程中，由于各地公路部门没有统一的标准，用人把关不严，"关系户"大量涌入，人员素质参差不齐。据统计，广东省公路系统现有职工约3.52万人，基层人员共2.5万人，占69.7%；科技人员只占整个队伍的18%，具有高级职称的只有6%；从学历来看，大专以下学历的共3.4万人，占95.3%。三是巨大的人员负担难以有效转化为丰富的人力资源优势，反而成为沉重的历史包袱。

（四）投融资体制不适应客观实际要求

1. 养护建设资金使用条块分割，难以有效监管

2003年开始，广东省对各市汽车养路费切块包干资金计划由省财政厅下达并拨付各市，2009年取消公路养路费后，省财政厅将燃油税"切块"出专项用于公路养护，但资金拨付渠道及手段基本不变。这一政策致使各市切块包干资金计划与国省道养护计划任务分离，省公路管理局难以对各市国省道的养护质量、计划任务落实情况进行监督和考核。各市普遍存在养护管理资金投入不足，公路预防性养护和周期性养护得不到保证，部分地方出现"以修代养"致使道路坏烂速度加快的现象。

2. "贷款修路、收费还贷"政策日益受到社会的广泛质疑

这一政策的出台有其特殊的历史背景，本应是在政府财力不足时为调动社会资金加快公路发展的权宜之计。在"八五"、"九五"期间，该政策逐步推开并广泛实施，吸引了大量外资、银行贷款和社会集资，"贷款修路、收费还贷"成为广东省公路建设筹资的主要模式，促进了公路建设体制、投融资体制和管理体制的变革。但在此时期，全省大力发展收费公路，设置产生了400多个收费站，收费站过多过密，引起了社会的广泛批评。目前，公路部门经济负担重，债务总量大，还贷压力相当沉重。大量收费站的设置因不符合国家规定需要撤并，其所承担的巨额债务无从化解；而公路建设工程款的拖欠引起农民工大量上访，成为社会不稳定因素之一。究其原因，就在于广东省长期以来没有建立一套行之有效的公路建设资金投融资机制。

三、破解体制障碍的改革对策

（一）建立公路部门管公路的统一管理体制

远期目标是要建立一种横向全覆盖、纵向一体化的行政管理体制。横向全覆盖就是要把省内国、省、县、乡道农村公路及高速公路（包括公路桥梁、隧道等）全部纳入公路部门管理之下。围绕实现这一目标，对原有的经营性公路，在收费期满后或由公共财政进行回购，并移交公路部门管理；大力发展非经营性高速公路，由公路部门负责管理。

纵向一体化就是建立省、市、县三级公路部门垂直管理体制。考虑到这是对当前既有体制的重大冲击，如果操之过急，不仅会遇到强大阻力，而且会严

重挫伤地方发展公路事业的积极性,因此,短期内要加强对各市公路局领导班子的协管力度。应努力争取省委组织部支持,下发相关文件要求各市、县组织部门认真贯彻落实粤府〔1989〕133号文,在配备市、县公路局领导班子前,必须征得上级公路部门同意。长期来看,即使不上收人事权,也应建立公路系统人员控制机制,防止人员膨胀、人浮于事。省级公路部门层面,要加强对市、县两级公路管理机构人员编制的监管,以保证公路建养资金用于养路的比例。浙江省曾于2001年12月制定《浙江省市、县级公路管理机构定员标准》,对全省公路管理机构统一定员,并规定了管理人员、技术人员、工勤人员的数量及比例,每年按定员标准下拨人员经费,从经费上控制公路部门人员增减。

(二) 建立以公共财政投入为主体的资金保障体制

加大公共财政投入,确立稳定的公路建设资金来源,建立规范的公路建设投资管理制度。根据《中华人民共和国公路法》及相关法律规定,各级人民政府是公路建设的责任主体。公路是交通基础设施,政府作为公用事业发展的责任者和公共开支的承担者,应该对公路建设进行投资。随着收费公路的发展,"贷款修路、收费还贷"的投融资模式已难以为继。《收费公路管理条例》对收费公路的设立要求越来越严格。自2001年以来,广东省限制设立普通公路收费站,加之二级公路收费站、站距不符合标准的收费站及收费期限接近15年的收费站要陆续撤销,公路建设项目没有资金来源,公路发展亟须另辟蹊径、广开财源。目前,广东省财力已大有提升,财政收入占全国的1/7,有能力加大对交通基础设施建设的投入,破解公路建设资金匮乏的困局。建议建立国道由省财政全额投入,省、县、乡道由省财政和地方财政共同投入的公路建设投资体制;逐步减少经营性高速公路建设,大力发展政府还贷高速公路,资金来源以公共财政投入为主体,以吸引社会资金为补充。

(三) 积极推进对收费公路的行业管理

目前对收费公路,包括经营性、非经营性收费公路的监督难以到位,坏烂现象较为严重。建议分类考虑:一是对于严重收不抵支的项目,由政府投入进行养护,公路部门作为行业管理部门,承担起养护任务。二是对于收入一般的项目,在保证收费人员工资以及正常管理经费的情况下,对余下资金另设账户用于路面养护,养护资金不足部分由政府补差。三是对于高速公路与国道平行的路段以及特大桥或大桥与其所在渡口,建议采取捆绑经营的操作办法,以实现公路部门和谐发展。在此进程中,要努力理顺四方面的外部关系:一是理顺与省交通运输厅综合执法局的关系，目前公路部门的路政管理职能与执法权分离的矛盾必须得到妥善处理。二是理顺与高速公路公司的关系，重点是解决省公路管理局与高速公路公司的职能交叉、重叠问题。三是理顺与"合资公路"，特别是有港资、外资等境外资本参股的公路的关系。四是理顺与交警、运管等部门的关系，建立起良好的互动协同机制。

参考文献

[1] 黄伯坤．广东公路史（第二册）现代公路［M］．广州：中山大学出版社，1994．

[2] 刘承先，李昌源．中国公路史（第一册）［M］．北京：人民交通出版社，1990．

[3] 杨咏，李华．中国交通运输改革开放30年（综合卷）［M］．北京：人民交通出版社，2008．

瑞典公共服务部门改革对推进我国公共服务体制改革的启示

凌传茂

瑞典是一个君主立宪制国家，国土面积45万平方公里，人口942万（2010年12月统计数据）。瑞典社会保障制度完善，医疗卫生体系发达。瑞典早在1842年就解决了义务教育问题，1928年通过《卫生法》明确了省级政府有义务向所有居民提供卫生保健，1930年解决了养老金制度问题，1950年建立起了比较完善的社保体系。瑞典从一个落后的欧洲国家变成相对富裕的国家，公共部门的改变、个人的努力以及政府的领导在这一转变过程中都起到了很重要的作用。

一、瑞典公共服务部门改革的基本情况和主要特点

瑞典公共服务的突出特点是公众参与和平等分享。瑞典的公共服务最初是由公众自己发起组织的，其基本理念是"公民有权分享平等的公共服务"、"我为人人、人人为我"。瑞典前公平事务和移民部部长格雷丁指出，瑞典税收支撑的福利体制应该建立在"社会利益属于社会所有人"的理念基础上。政府应该根据公众的需要而不是根据公众的能力来分配社会利益。前瑞典驻华大使雍博瑞指出，"公民有权力享受平等的公共服务"的理念是建立在北欧公民社会的基础之上的。瑞典政府鼓励所有市民参与社会发展，让所有市民在政府管理中有发言权，保证稀缺的资源用在最重要的方面。

（一）瑞典政府把提供公共服务作为政府的核心职能

瑞典专家认为，为了保证"所有公民平等享受公共服务"，政府应该扮演公共服务提供主体的角色。在公共服务提供过程中，政府是决定性因素。瑞典国家公共财政支出占政府支出的比重很大。由于地方政府的职责比较多，瑞典公共支出的大部分都在地方政府体现。目前，县、市政府的支出约占政府支出的2/3。由于承担了大部分公共服务职能，地方政府拥有相应的财权。地方政

府可以确定自己的税收标准和预算。中央政府不会干预地方政府的预算，只要求预算均衡分配。据瑞典统计局2012年5月11日发布的数据，1993—2010年，瑞典社会保障总支出共增加4300亿瑞典克朗，增长73.2%，社会保障支出占GDP的比重为30.5%。瑞典政府不仅把公共服务看作社会发展与进步的重要内容，而且将其看作经济发展的重要促进力量。这与我国目前的财政支出结构形成了鲜明的对比。

（二）各级政府提供公共服务的职责非常明确

瑞典政府分为中央政府和地方政府。中央层级被分成十分小的部委和中央行政代理机构两个部分；地方政府包括省和市两个层级，分为21个省和289个市，这些省和市同在中央政府之下，没有上下级隶属关系。瑞典中央政府负责保险与转移支付，失业、疾病保险与养老金等制度由中央政府决定。瑞典地方政府拥有高度自治权，其主要任务是尽可能平等地为市民提供低价和便捷的公共服务。地方政府公共服务的主要任务包括医疗保健、老人服务、残疾人和儿童服务等。省级政府主要负责医疗保健服务；市级政府主要负责18岁以下青少年的教育、儿童和老人服务，同时也负责社会福利、残疾人关怀、地方建设和规划、水资源利用及排灌、街道清洁、废物处理及援救服务等；交通服务由县、市分担。

（三）引入竞争机制，增强公共服务机构的活力

为全体居民提供基本的公共服务，并不意味着政府必须包揽一切。创新公共服务提供模式，有助于增强公共服务机构的活力。瑞典通过民办公助、公私结合、市场化运作等方式鼓励发展私营公共服务机构，增加公共服务的供给，扩大公共服务覆盖面，提高了不同人群对公共服务的满意度，也促进了相关服务产业的发展壮大。

1. 通过代理机构提供公共服务

公共服务是否需要由政府直接提供？北欧专家坚持通过代理机构为公民提供公共服务，而政府的职责是监督代理机构。代理机构是斯堪的纳维亚模式的特点，在北欧有160多年的历史。所谓代理机构，指的是在法律的管制下承担公共服务职能的公营单位。今天的瑞典存在大约600个代理机构，这个数字是1990年的两倍。通过代理机构提供公共服务，效率高，负面效应小。因此，新的趋势是政府把公共服务职能交给自治的代理机构执行，政府只负责建立秩序，监管市场。实践证明，通过这种模式提供公共服务，并没有削弱政府的权力，只是政府权力的形式发生了变化。

2. 实行公共服务竞争性外包

瑞典于 1994 年 1 月开始实施新的公共采购法,其中有单独的一章专门要求数额较小的、所有类型的公共采购包括社会服务都要采用竞争性投标程序。20 世纪 90 年代之前,外包服务支出在瑞典地方政府整个支出中所占的比例一直是稳定的,为 6%~7%,之后在不同领域的比例有不同程度的增加,如学校交通大约是 80%,垃圾清洁大约是 50%,建筑物清洁和高速公路养护大约是 25%,公园养护大约是 6%。在一些大型的、主要由保守党执政的城市中,照顾老年人的任务有 30%~40% 被外包出去。瑞典实施外包政策的主要目的在于迅速削减成本和增加公民选择,另外一个目的就是塑造政治家的战略性角色,将他们从日常事务中解脱出来。同时,雇员的工作效率有所提高,职员密度有所降低。

3. 引入私人资金作为公共财政的补充

近年来,瑞典在公共服务的生产方面引入竞争,允许私人公司以同等的条件进入公共服务行业。私立学校和幼儿园与公立学校一样,不允许收取任何费用,也不允许采用不同的录取标准。私立学校从地方政府领取相同金额的费用,如同地方政府开办的一样。这种在公共服务领域引入私人资金的模式,既可以增加竞争、减少成本,又可以提高公共服务的质量。

(四) 创新管理方式,提高公共服务机构的运行效率

1. 统一电子政务,加强对公共服务机构的业务管理

瑞典政府实行政出一门的电子政务系统和统一的电子政务指导标准,政府各部门之间不允许分立服务的硬约束,有效促进了中央政府和地方政府、政府各部门间的合作与信息共享。不论是企业还是居民,在向一个公共部门提供信息后,就不必向政府任何部门再次提供信息,各级政府网站对企业和居民应该公开的信息不允许有遗漏的强制性信息共享机制,减少了政府、企业和居民的信息成本,提高了政府的工作效率。

2. 构建有自身特色的公共服务机构治理结构

从 1999 年开始,瑞典政府采用了直接商业化导向的政府持股政策,即追求股东价值最大化,并且建立了一个政府机构去实施这些政策。该机构给所有国有企业,包括部分民营化企业设立商业目标,并积极地监督经理层完成这些目标;该机构还肩负着依据企业绩效支付雇员和经理人报酬,以及按照私有部门支付标准给予高层经理人报酬的使命。

（五）建立有效的公共服务监管体制

瑞典的公共服务监管体系由议会监督、政府监督和社会监督三部分组成。

1. 议会监督

瑞典创立了世界上最早的议会专职监察专员制度。瑞典宪法赋予监察专员可以出席任何法院或行政机关的审议会，并有权查阅任何法院或行政机构的会议纪录和其他文件的权力。任何法院、行政机构以及国家或市政当局的公务员，都应向监察专员提供其所需要的情况或报告。瑞典议会还设立专门的审计办公室，主要负责监督政府内阁和各政府机构对公共财政资金的有效使用和资源分配的合理性，监督审计的范围非常广泛。

2. 政府监督

瑞典政府设置了独立的国家审计办公室，下设年度审计司和效益审计司。年度审计司负责对所有政府机构及公共部门年度报告的公正性、真实性、公允性进行审计；效益审计司主要负责对公共财政资金的运营效果进行审计。同时，在公共服务外包上，国家公共采购委员会和瑞典竞争委员会分别承担着公共采购法和瑞典竞争法实施情况的监督责任。

3. 社会监督

"高税收、高福利"是瑞典公共服务的显著特点。由于承受着较高的税负，瑞典国民具有很强的政务监督意识。例如，议会审议公共服务的有关政策和预算时，公众可以旁听，并通过一定方式提问，有关新闻媒体可以进行报道和直播。

二、我国公共服务体制改革的主要成就和存在的问题

近年来，公共服务问题日益引起人们的广泛关注。党的十四届三中全会通过的《关于建立社会主义市场经济体制若干问题的决定》提出"加强政府的社会管理职能，保证国民经济正常运行和良好的社会秩序"，首次在党的重要文件中明确提出加强政府社会管理职能及其重要作用。2002年，党的十六大报告明确地将我国的政府职能定位为"经济调节、市场监管、社会管理和公共服务"。2006年，党的十六届六中全会通过的《中共中央关于构建社会主义和谐社会的若干重大问题的决定》，提出要逐步建设公共服务的均等化。2007年10月，党的十七大报告中又提出要"加快推进以改善民生为重点的社会建设"。尽管改革开放30多年来，我国公共服务建设已经取得了很大成就，但与目前的经济社会发展水平相比，我国的公共服务建设仍较为落后，公共服务

体制改革任重而道远。

（一）主要成就

公共服务的理论起源于西方，这一概念在我国出现的历史并不长，但作为政府基本职能的公共服务，早在概念产生之前就已经以实践的方式存在了。改革开放以来，随着社会主义市场经济的发展和行政管理体制改革的推进，我国公共服务体制改革稳步发展并取得了显著的成就。

1. 以解决民生问题为重点，推进基本公共服务均等化

温家宝同志在 2012 年的政府工作报告中指出，各级政府加大对科技、教育、文化、卫生、体育事业的投入，全国财政支出 125712 亿元。推进农村危房改造，解决了 6398 万农村人口的饮水困难和 60 万无电地区人口的用电问题，农村生产生活条件进一步改善；扎实推进教育公平，经过 25 年坚持不懈的努力，全面实现"基本普及九年义务教育、基本扫除青壮年文盲"，建立起完整的家庭经济困难学生资助体系，初步解决农民工随迁子女在城市接受义务教育的问题；积极稳妥地推进医药卫生事业改革发展，基本医疗保险覆盖范围继续扩大，13 亿城乡居民参保，全民医保体系初步形成，基本公共卫生服务均等化取得新进展。

2. 探索公共服务的多中心供给模式，推进公共服务市场化、社会化

积极探索"政事分开"、"管办分离"的事业单位改革，通过国企与事业单位的改制，合理地区分了政府、市场、社会在公共服务中的角色。如 2005 年 7 月，北京市海淀区成立公共委，将公共服务机构从政府部门中脱离出来，划归到公共委管理，打破了原来行政管理机构中政府机构直接领导事业单位的做法。通过市场化方式，鼓励民间资本参与准公共产品的生产。2009 年 4 月 6 日，国务院正式公布的《中共中央 国务院关于深化医药卫生体制改革的意见》（新医改方案最终稿）也进一步提出了要加快形成多元化办医格局，鼓励民营资本举办非营利性医院。同时，在教育、卫生、社会保障等领域推行责任分担。例如，高等教育与民办教育的收费制度，社会养老保险中政府、企业、个人强制性分担制度，社区服务中的公办与民办结合，等等。

3. 基本建立起了公共服务的监管规则体系

目前，我国公共服务的监管规则体系可以分为四个层次：第一层次是全国人民代表大会制定的《中华人民共和国宪法》，它从原则上规定了我国发展社会公共服务事业的大政方针和公民的基本权利；第二层次的规则是一般性的基本法律和专门性的基本法律，如《中华人民共和国教育法》，是监管教育活动的基本大法；第三层次是国务院颁布的行政法规，如《民办非企业单位登记

管理暂行条例》等；第四层次是行业主管部门及其他部门如发改委、财政部、审计署等发布的规章制度。

（二）存在的问题

近年来，我国在增强政府社会管理和公共服务职能、改革行政管理体制等方面取得了一定成效。但是必须看到，与人民群众的需求，与完善社会主义市场经济体制的改革目标，与加强党的执政能力建设以及构建和谐社会的要求相比，我国公共服务体制仍存在不少亟待解决的问题。

1. 公共服务中政府层级权职配置不当

要实现基本公共服务均等化，各级政府在公共服务提供中应扮演好自己的角色，不能出现"越位"、"缺位"和"错位"现象。各级政府权职配置得当、分配合理，才能保证基本公共服务在各层级的有效供给。但现实情况是，政府职能的"越位"、"缺位"、"错位"现象比较突出。一方面，政府职能划分界定不清晰，互相交叉或重叠，既可能导致对群众急需的公共服务相互推诿责任而无人提供，也可能导致不同层级政府、不同部门重复提供同一项公共服务。另一方面，一些地方和部门仍然坚持"全能政府"的思维定式，固守计划经济时期大包大揽的管理服务模式，未能充分调动社会力量参与公共服务提供的积极性。例如，在近年来的"新农合"、"新医改"、"新农保"等制度逐步实施过程中，一些地方政府承担了大量本可以由社会力量承担的职能，出现了政府人员机构膨胀、管理效率低下、制度运行成本较高等问题。同时，公共服务作为一种特殊的产品，不能任意或过度市场化。然而，一些地方和部门抱着"甩包袱"的心态，试图通过全面市场化来解决公共服务问题，结果反而进一步恶化了公共服务的公平性和可及性，加剧了上学难、看病难、住房难、养老难等一系列社会问题。

2. 公共服务中政府事权和财权不统一

各级政府事权分配不合理。中央政府在公共产品的提供上，存在轻基本、重高端的特点；中央政府过多承担了本应由地方政府承担的基础建设和经济发展方面的支出责任；省以下各级政府事权划分不统一。较高级政府集中了过多的基础建设和经济建设支出份额，对农村的扶助支出主要落在县、乡政府身上，基础教育和公共卫生这类公共产品，以及主要的社会保障支出都落在了地、县两级政府身上。财权逐渐上移，财力越来越集中在上级政府尤其是中央财政手中，导致基层政府出现事权过大、财权不足的情况。税收立法权集中于中央，地方政府自主调节预算内收入的能力比较弱。

3. 公共服务提供者的单一性导致公共服务质量低下、效率不高

我国传统的公共服务供给体制中,公共服务提供者是单一的,那就是政府,包括国有企业和事业单位。政府通过国家的强制性力量来汲取和整合一切资源,包揽一切国家和社会公共事务,负责一切公共物品和公共服务的生产和提供。由于缺少竞争,使得政府提供的公共服务质量差、效率低成为不可避免的事。公共设施"跑、冒、漏、滴"、"门难进,脸难看"等描述成为中国公共服务领域的真实写照。

4. 公共服务监管与问责机制存在一定缺陷

首先,还存在管办不分的现象。在监管过程中,最重要的是监管者与被监管者应该保持一定的距离,而目前公共服务中自己监管自己、管办不分的机制直接影响了公共服务的监管效力。尤其是在地方层次,政府集政策制定、服务提供及服务监管职能于一身,严重影响了公共服务提供的效率与效果。其次,监管规则尚不完善。一方面,有些法律法规陈旧,并不能适应新形势下公共服务监管的需要,而且各种规则之间缺乏配套统一,不同部门出台的规章缺乏协调性,还存在严重的部门立法现象;另一方面,由于监管者和被监管者不是完全独立的,也使得监管规则很难得到有效执行。最后,公共服务问责机制存在一定缺陷。按照世界银行提供的分析框架,公共服务的"问责三角形"涉及客户(公民)、提供者和政府三方,问责机制包括四种:①公民和政府之间的"表达";②政府与提供者之间的"协约";③客户与提供者之间的"客户权利";④提供者内部的"治理"。目前,我国主要是依赖政府对公共服务提供者的问责机制。而如前所述,政府常常集政策制定、服务提供及服务监管职能于一身,从而影响了监管的效果。

三、瑞典经验对推进我国公共服务体制改革的借鉴意义

完善的公共服务既是现代社会的重要标志之一,也是政府的核心职能之一。经济社会越发展,公共服务职能的重要性就越突出。一个国家或地区能否国泰民安、社会和谐,很大程度上取决于政府公共服务的有效性。虽然经济发展水平和具体国情存在明显差异,但瑞典在社会管理和公共服务体制建设方面的做法和经验,对我国完善社会主义市场经济体制、落实科学发展观和构建社会主义和谐社会有一定参考价值和借鉴意义,值得我们认真思考和研究。

(一)政府应当在公共服务中发挥主导作用

瑞典虽然历经政府换届和部门调整,但政府职能始终体现着非常突出的公

瑞典经验与治理创新

共服务特征，与我国以经济建设为主的政府职能形成了强烈反差。从工作内容看，在瑞典，无论是中央政府还是地方政府，一切工作的出发点和归宿始终着眼于公共服务水平的提高，政府工作与群众利益紧密相连；从预算支出结构看，瑞典的公共服务支出特别是惠及弱势群体的支出不仅成为财政预算的重点，而且在经费来源上得到了切实有效的制度保障；从人员结构看，瑞典的公共服务领域从业人员成为财政供养人员的主体，与我国决策机构臃肿的状况形成了鲜明对比。瑞典从事决策和行政工作的政府工作人员仅有3000人，而从事公共服务的公务员多达20万~25万人。借鉴瑞典经验，政府应当在公共服务中发挥主导作用。首先，应加大社会性公共服务的投入，建立基本公共服务体系。一方面，在社会性支出的结构方面，在强调支出总量扩张的同时，也要注重支出的结构性调整；另一方面，在社会性支出的方式上，要更加重视积极的社会性支出，更多地强调"授人以渔"而不是"授人以鱼"。其次，要合理配置政府间公共服务事权财权。在事权方面，要明确中央和地方政府的事权范围；在财权方面，要采用适度分权的财政体系。

（二）要合理界定政府公共服务职能

从瑞典政府层级的相互关系看，各级政府事权边界清晰、财权分配合理，既避免了各级政府之间的职能交叉，也使公共服务的责任从根本上得到了落实。借鉴瑞典经验，建立健全公共服务体制，首要任务是合理界定政府公共服务职能。一要明确市场经济条件下政府公共服务的范围应当只涉及非竞争性公共服务领域，其核心和重点是密切关注民生的社会保障、义务教育、基本医疗、基础和公益性科学研究等基本公共服务。二要形成不同层级政府间公共服务职责的合理分工。原则上，中央政府应当主要负责公益性覆盖全民的公共服务供给，地方政府主要负责公益性覆盖辖区的公共服务供给，中央和地方共同承担的公共服务事项应明确分工、划清责任。三要选择政府履行公共服务职能的有效方式。应以保障公共服务供给的公平和效率为目标，根据具体公共服务的性质，确定是由政府直接提供还是间接提供。例如，把可竞争性的服务外包，再由政府"购买服务"；把公共服务补贴以"代金券"的形式直接发放给服务消费者，由他们自己选择服务机构。例如，北京市一些区县向老年人发放服务券，老年人可以凭券享受服务商提供的相应服务，此举提高了老年服务的效率和专业化水平。

（三）要改革基本公共服务提供方式

瑞典的社会管理和公共服务体制之所以完善，不仅在于各级政府始终将社会福利和公共服务提供视作自身的重要职责，非政府组织和社区服务组织的全面发展更是为服务效率的提高和服务水平的改善奠定了坚实基础。党的十七届五中全会提出，要"改革基本公共服务提供方式，引入竞争机制，扩大购买服务，实现提供主体和提供方式多元化；推进非基本公共服务市场化改革，增强多层次供给能力，满足群众多样化需求"。随着经济社会发展，需要政府提供的公共服务和民生建设会越来越多，如果大量采取直接提供方式，既不符合全球公共服务管理改革将政府职能重新定位为决策者和监督者的趋势，又容易导致层层设机构、扩编制，引发政府部门规模膨胀。在公共服务的提供模式上，应以治理理论为指导，实现由政府单中心向政府、公众、市场、第三部门相互协作的多中心治理模式的转变。这样不仅能改变地方政府事事"亲力亲为"、大包大揽的错误做法，提高公共服务效率，而且能有效利用社会资源，弥补地方政府公共服务资金匮乏的不足，使各领域公共服务项目都能得到充足的资金支持。

具体到实践中，政府应该做到以下几点：第一，鼓励公众参与，改变公众一贯被动接受管理的消极心态，使其真正以主人身份参与到地方公共服务的讨论和实践中来，从对单个家庭的关心扩展到对整个地区的关心。第二，积极与非营利组织合作，由非营利组织来提供公共服务，不仅能满足公众对公共服务的多元化需求，而且对解决社会问题、谋求经济公平与社会正义、提供就业机会、完善社会保障制度、增强公民意识、提高社会道德水准等，都有积极的推进意义。第三，充分发挥市场机制的作用，政府应退出竞争性和经营性的投资领域，吸引和鼓励私营机构介入公共物品和服务的提供领域。

（四）强化公共服务的问责和监管机制

瑞典的公共服务监管非常严格，预算案在议会通过后就在有关报章和互联网上公布，公众可以随时查询钱究竟用到了哪里。新闻媒体无孔不入，加上社会的广泛监督，政府及部门领导在搞好公共服务上丝毫不敢马虎，否则就要冒巨大的政治风险。实际上，政府在提供公共服务方面的责任，不仅体现为"干了什么"，更重要的是体现为"干得好不好"。其结果应由社会成员来进行评价，如果不满意就可对政府进行问责。建立有效的问责机制，应当加大社会公众对政府服务评价的影响权重，使社会公众对公共服务的评价足以影响相关政府部门负责人的奖惩任免。有效的监管体系，对于政府公共服务职能的完善，对于有效的公共服务管理体制的建立，都具有基础性的作用。要强化政府监管职能，形成包括完善的法律环境、专业化的行业监管机构、多种行业自律组织、多级消费者权益保护组织、多渠道的传媒和公众监督在内的现代监管体系。要提高政府的监管能力，包括建立完善的监管组织体系，规范透明的监管程序，建设专业化和有责任心的监管队伍。

参考文献

［1］陈士俊，柏高原. 瑞典电子政务的发展对我国的启示［J］. 电子政务，2010（9）.

［2］赵英佐. 比较视野中的瑞典监察专员制度［N］. 中国社会科学报，2011-05-13.

［3］财政部北欧考察组. 瑞典财政监督经验借鉴［J］. 财政监督，2006（4）.

［4］刘小康. 当代中国公共服务实践反思——公共服务全程评估的意义［J］. 上海行政学院学报，2008（11）.

第二部分 社会福利与社会治理创新

瑞典和谐劳动关系对中国的启示

黄伟鹏

党的十七大报告提出,要贯彻落实科学发展观,构建社会主义和谐社会。党的十七届五中全会又提出,要加强社会管理能力建设,创新社会管理机制,切实维护社会稳定。劳动关系是最基本的社会经济关系,和谐稳定的劳动关系,直接关系到社会的和谐稳定。

瑞典经济发达,人民富裕,社会稳定,是典型的福利国家,这离不开其和谐的劳动关系的强大支撑。

一、瑞典劳动关系的主要特点

(一) 有工会化程度高的工人阶级

瑞典工人阶级的组织程度较高,在全国942万人口中,劳动力有422万人,约占总人口的一半,其中,产业工人有300多万人,占劳动力总量的70%以上。1999年,工人的入会率超过80%;2007年,工会密度为72%,在欧盟成员国中居于首位(欧盟工会密度为25%),有90%的体力劳动者加入了工会组织。

瑞典主要有三个工会组织:瑞典工人工会联盟(LO)、瑞典白领工人工会联盟(TCO)、瑞典高职雇主工会联盟(SACO)。瑞典80%的职业者都在这三个工会之中。其中,瑞典最大的工会组织瑞典工人工会联盟(LO)成立于1898年,已有100多年的历史,由25个工会联合而成,有200多万名会员,以工业制造业、商业贸易、交通运输业职工为主要对象,包括公交司机、医院护士、工厂工人等等，代表了中低收入劳动者的利益，在瑞典劳动关系结构中具有举足轻重的影响。如此庞大且组织性强的工会团体，在世界上也是非常罕见的。瑞典最大的雇主组织是瑞典企业联合会（SN），成立于2001年，是瑞典雇主协会（SAF）和瑞典产业联合会（FSI）合并后的雇主组织，有50个分会，其中最重要的是机械雇主联合会、商业雇主联合会以及建筑业雇主联合会。它的会员包括近54万家私营企业，雇佣着超过150万人的劳动力，会员企业涵盖私营的工商业、运输业及其他服务业企业。瑞典的政党主要有五个，分别为共产党、社民党、中央党、自由党和保守党。长期占据执政党地位的社民党自20世纪30年代执政以来，累计执政时间长达65年。瑞典的工会与执政党联系非常紧密。瑞典大选，70%的产业工人都将选票投给了社民党，如此高的组织程度，为瑞典社民党的执政提供了一个坚强的后盾。社民党非常强调劳资合作，其执政理念和政策也处处体现工会及工人阶级的利益，从而提升了工会和工人的社会经济地位，有利于劳资平衡和社会秩序的稳定。

（二）有劳资集体谈判协调机制

以集体谈判为基础的劳资合作机制是瑞典劳动关系调整最重要的途径。在政府的支持下，劳资双方可以自主地解决他们之间的纠纷，就工会和工作条件等问题达成共识，形成集体协商制度。瑞典的集体谈判是随着19世纪下半叶瑞典工业革命的发展而出现的。20世纪30年代以后，瑞典的集体谈判中主要是雇主占上风，无论是劳资双方签订的协议还是政府立法均有利于雇主。从30年代末开始到"二战"后，瑞典工会和雇主之间出现了广泛的合作，集体谈判得到了迅速发展，成为瑞典各个行业解决劳资冲突的重要手段。值得一提的是，1936年，两个中央级的组织，瑞典工人工会联盟（LO）和瑞典雇主协会（SAF）在政府不干预的条件下进行了为期2年的友好协商，双方签订的《萨尔茨耶巴登协议》是一个友好相待式的协议，是瑞典模式的雏形和瑞典劳资关系史上的转折点，也是世界上处理劳资纠纷的一个标杆。瑞典雇主协会承认工会组织自由选择集体代表的基本原则，而瑞典工人工会联盟也承认资方保留在没有工会干预下安排工作以及雇佣或解雇员工的权利。到1965年，瑞典公共部门的雇员也获得了谈判的权利，所有工人都可以参加集体谈判，这使瑞典的劳资纠纷和罢工次数大大减少，经济增长更加迅速，人民生活水平不断提高，社会关系更趋和谐稳定。

（三）有全面完善的劳工法规体系

在20世纪60年代后期，随着意识形态的对峙和经济困难，瑞典劳动力市场中双方争执不断，劳资矛盾尖锐化，瑞典工人不时地举行自发性罢工，在此情况下，自30年代末以来形成的传统的谈判模式在某些时候便不能发挥作用了，瑞典工会由此转向凭借法律手段来维护自己的权利。从70年代开始，与工会关系密切的社民党政府执政，他们颁布了一系列有关工人的立法，包括《就业保障法》、《平等机会法》、《工资担保法》、《公共部门就业法》、《工作环境保护法》、《反对职业生活中的种族歧视措施法》和《禁止在职业生活中歧视残疾人员法》等等，对就业保障、休假制度、劳动条件、劳动争议、职工参与管理等问题都作出了明确而全面的规定，不断优化劳动者的工作环境。劳动关系得到了法律的保护，使劳动者有法可依，劳动政策法律法规在执行中也能够公正地执行落实，维护了雇主和劳动者双方的合法权益。

（四）有积极的劳动力市场和监测评估机制

从20世纪70年代后期开始，尤其是90年代初，瑞典的国内生产总值不断下降，经济停滞，高福利制度造成财政负担加重、失业率上升，劳动力市场出现了几次广泛而复杂的斗争。瑞典政府不得不进行劳动力市场改革，实行积极的劳动力市场政策，打破僵化的劳动力市场体系，引入竞争以增加劳动力市场的灵活性，提高生产效率，从而建立起三级目标管理体系，落实管理目标的跟踪检查，减少失业。相对于消极的劳动力市场政策强调"失业津贴第一"的"输血"行为而言，积极的劳动力市场政策是一种"造血"行为，强调的是"就业第一"，是一项促进劳动力供给和劳动力需求，以及供给和需求相匹配的劳动就业政策。它通过实施一系列内容丰富的计划，如劳动力市场培训计划、个人激活性就业计划、工资补贴计划、岗位轮替计划和职业介绍计划等，最终实现劳动力市场供给和需求的匹配。这对于降低失业率、提高劳动者素质和就业能力都产生了明显的效果。与此同时，瑞典对积极的劳动力市场政策实施过程及政策的监测评估非常重视，注重就业信息反馈，对政策实施效果进行监测评估，并对劳动力市场需求进行预测。瑞典设有专门的研究评估部门——劳动力市场研究所，组织专家根据宏观经济指标（经济增长率、通货膨胀率、银行存款利率、实际工资增长率、货币币值、教育经费增长比例等指标）进行劳动力市场需求调查和预测，并有权力对劳动力市场政策提出评估意见，其经费由中央财政预算统一预支，不受任何部门或机构的控制。评估部门的大部分职员被安排到各个企业或单位，对劳动力市场政策的实施效果进行实地跟踪调查。

二、当前我国劳动关系存在的问题

随着改革开放的不断深化，用工单位多元化，就业形式多样化，使劳动关系日趋复杂。国企改革、经济结构调整、产业结构优化升级和农村劳动力加速转移，为劳动关系调整带来巨大挑战。劳动关系实质是劳动和资本的结合，强资本弱劳动的格局，使劳动者在劳动关系中居于从属和被动地位，劳资纠纷屡见不鲜，如果处置不当，将会严重影响经济发展，引发社会矛盾甚至威胁社会稳定。

（一）一些地方政府角色错位，存在一手硬一手软的问题

作为政府，既要为企业的发展创造良好的外部环境，发展地方经济，增加税收和就业岗位，又要代表最广大人民群众的利益，实现社会公平。目前，我国一些地方政府较多地考虑对资本的吸引力，而对相关社会政策和劳工权益的维护较为忽视，在发展经济与维护职工权益上存在一手硬一手软的问题，在追求 GDP 增长的背后隐藏着不和谐的一面，一些"明星企业"存在着明显侵犯职工合法权益的现象，个别职工特别是农民工在权益遭到伤害时采取跳楼等过激行为，在社会上产生了很大的负面影响。

（二）工会组织协调劳动关系的作用难以有效发挥

在新时期，客观上要求工会组织从政治系统内部走向工人群体内部，转变成连接政治系统和社会系统的桥梁和纽带，然而，工会组织长期形成的行政化倾向显然是转型的巨大障碍，并已形成体系上下断层的现状，上级工会干部的官僚化和基层工会干部的底气不足并存，这种断层将影响我党与工人群体的沟通与交流，削弱政治系统对社会系统的渗透力。虽然各级党委高度重视，以"党建带工建"，工会组织较为健全，但是从实际效果看，工会组织在协调企业特别是非公企业的劳资纠纷方面显得苍白无力，失去了应有的作用。

（三）劳动法律法规还不够健全，职工合法权益保障力度不够

工资支付立法层次低，建立劳动力市场价位、工资正常增长机制、逐步提高社会保障水平等措施的可操作性不强。对拖欠工资等违法行为处罚力度不够，经济性裁员、劳务派遣等缺乏刚性的规定，在一定程度上影响了《中华人民共和国劳动法》、《中华人民共和国劳动合同法》的全面贯彻实施。此外，企业与职工劳动合同签订率还较低，同工不同酬，女工特殊权益得不到较好保

障，强迫职工加班加点，工作环境恶劣，设施简陋，工伤事故频发，欠缴、少缴、拒缴社会保障费，等等，导致职工合法权益得不到很好的保障。

（四）集体协商机制还未能真正形成

我国从20世纪90年代中期就开始推行工资集体协商制度，在政府的主导下，依托劳动关系三方协调机制，集体协商正循序渐进地开展，但是成效很不理想。原因是复杂且多方面的：一些地方政府片面认为推行工资集体协商会影响当地投资环境，损害当地经济发展，甚至连代表一方的企业联合会都没有成立运作；有很多企业对工资集体协商制度重视不够，故意拖延推行；还有部分职工不积极主动，抱着无所谓的态度，不懂得如何保护自己和争取利益；等等。在客观上不能形成合力，导致工资集体协商制度建设没有形成广泛的群众基础，形同虚设。

三、瑞典和谐劳动关系对我们的启示

（一）进一步完善劳动法律法规体系，加强政府的有效监督

政府是社会公平正义的代表者和劳资关系的仲裁者，构建和谐劳动关系，必须大力发挥政府的作用。立法机关要学习借鉴瑞典等国外先进经验，进一步完善劳动法律法规和相关的配套政策，使劳资关系有法可依。要加大对劳动关系的执法力度，提高执法的可操作性，坚决做到执法必严、违法必究。特别是要建设一支具有较高劳动法律素质和科技知识的劳动监察队伍，对企业尤其是非公有制企业实施更加有效的监管，加强企业经营者和劳动者的教育与培训，使他们自觉遵守劳动法律法规，学会依法维权。同时，政府要加强社会保障制度的建设，将非公有制企业纳入社会保障体系，督促其为员工按时足额缴纳社保费。针对目前非公有制企业参保率较低的实际，可以采取由工伤到医疗再到养老的保险顺序，提高非公有制企业的参保率，更好地维护职工的合法权益。

（二）进一步健全工资集体协商制度，提高职工的话语权

就业是民生之本，社保是民生之基，而工资则是民生之源，是劳动者劳动权利的核心。合理的收入分配是社会公平的重要体现。虽然现阶段有政府、工会和企业组成的三方集体协商机制，但劳动关系的多元化及复杂化给工资集体协商制度的有效运行带来了一定的困难，政府及有关职能部门要引导企业确立与职工共建共享的思想理念，在企业广泛性开展集体协商制度，调动劳动者的

积极性，实现企业的可持续发展和劳资双方的双赢局面。要建立有效机制，加大协调力度，畅通社情民意的反映渠道，不断创新、发展和协调劳动关系与社会利益关系的新载体和新手段，进一步建立健全利益协调、矛盾疏导、权益保障、管理控制和预警防范等工作机制，更好地维护职工的合法权益，提高职工在工资谈判中的博弈能力和话语权。

（三）进一步发挥工会的作用，切实维护职工的合法权益

针对中小企业缺乏建立工会条件的特殊情况，可探索建立区域性、行业性的工会组织，扩大工会组织的覆盖面和影响力。要提高工会组织的独立性和专业性，在工会组织内建立由劳动关系领域专家、学者、律师等组成的专业队伍，对企业的工资集体协商开展指导工作。要引入责任考核制度，对工会主席和相关工会负责人实行考核，把职工工资增长情况作为其工作业绩纳入考核范围，促使工会主席和工作人员敢于与企业主进行工资协商，更好地履行工会组织作为职工利益代表的作用。如果工会组织依旧保持与资方的利益相一致，依然没有把提高员工工资和改善就业条件作为自己的使命，那么，由工会与资方进行的"工资集体协商"就只能是一个愿景。

（四）进一步推行积极的人力资源市场政策和就业服务，促进劳动者充分就业

瑞典推行的积极劳动力市场政策的内涵和核心是政府采取积极的措施，实现人民在工作中体现对社会的价值，帮助劳动者就业和再就业。包括：公共就业服务和管理（主要是信息咨询指导和就业安置服务），劳动力市场培训，劳动力流动就业帮助，为年轻人、残疾人、长期失业人员提供特别的就业帮助，临时就业的公共工程，等等。借鉴瑞典的经验，我们当前应该在加快建设完善的社会保障制度的同时，打破劳动力市场分割，建立城乡一体化的劳动力市场和人才市场相统一的人力资源市场，大力发展劳动力中介服务，联合民办职介机构，共同促进劳动力自由流动，加强人力资源市场的秩序建设。更加注重培育市场机制，加大人力资源市场建设的投入和公共职业介绍机构的建设，特别是信息网络建设，加强岗位信息发布，使求职者可以通过网络查到各种就业服务信息，包括异地职业的需求、空缺岗位信息等，解决信息不对称的问题。要大力开展技能培训，满足失业者和缺乏技艺、难以安置的求职者，或技能落伍的在职者的就业需要，通过短期的劳动力职业培训，疏通劳动力市场的瓶颈，促进经济增长和就业。在经济不景气时，求职者可以利用失业这段时间参加预计经济恢复时有大量需求的岗位培训，政府提供培训补贴，同时鼓励企业对职

工进行内部职业培训。加强职业能力测试和职业指导，提高职业介绍工作人员的素质和服务质量，更有针对性地为失业人员和就业困难群体提供更优质、更到位的公共就业服务，实现劳动者充分就业，进一步推进社会的和谐稳定。

构建和谐的劳动关系，是一项庞大的社会系统工程，我们面临的任务艰巨而复杂。学习瑞典的经验做法，必须从我国的实际情况出发，坚持以人为本、科学发展、改革开放和民主法制的原则，从政策完善、法制规范、体现变革和观念转变上下功夫，加强人文关怀，改善用工环境，不断清除劳动关系领域不稳定的因素，依法维护劳动者的合法权益，构建和谐的劳动关系，促进经济发展和社会稳定。只有政府、主管部门、企业单位、工会组织和职工个人等多方共同努力，一个规范有序、公平合理、互利共赢、和谐稳定的社会主义新型劳动关系新局面才能真正形成。

参考文献

［1］吴晓玲. 筑牢和谐社会之基［J］. 中国人力资源社会保障，2011（3）.

［2］闻效仪. 瑞典劳动关系的调整路径及其对中国的启示［J］. 生产力研究，2010（2）.

［3］霍静娟. 瑞典积极的劳动力市场政策分析及启示［D］. 河北师范大学，2008.

［4］张立坤. 当前我国劳动关系存在的几个突出问题及对策［J］. 中国劳动关系学院学报，2007（2）.

［5］宋晓波，问清泓. 探析工资集体协商［J］. 中国人力资源社会保障，2011（14）.

［6］吴宏洛. 工资集体协商制度的中国实践及其讨论［J］. 中国劳动，2011（3）.

［7］张抗私. 工资集体协商的约束条件分析［J］. 东北财经大学学报，2001（3）.

加强和创新社会管理，努力构建和谐劳动关系
——瑞典经验对我国构建和谐劳动关系的启示

谭景全

笔者通过在瑞典的实地考察，对瑞典的政治、经济、文化、社会，特别是公共管理有了一定的了解，尤其是考察瑞典申诉专员处、工会和沃尔沃汽车公司以及在社区调研后启发更大，获益良多。应该说，瑞典加强和创新社会管理，促进劳动关系稳定和谐的做法是成熟的，经验是先进的，有不少值得学习和借鉴之处。我们要以虚怀若谷的态度，学习和借鉴发达国家的做法和经验，全面推进和创新社会管理，努力构建和谐劳动关系，为建设幸福广东、幸福肇庆提供有力保障。

一、瑞典经验

瑞典王国位于北欧斯堪的纳维亚半岛东南部，面积45万平方公里，人口942万。瑞典虽然地少人稀，但却是世界上经济最发达、最富有的国家之一，是一个先进的、拥有高生活水平的工业化国家，同时也是世界上劳资纠纷发生率最低的国家之一。她拥有完善的社会保障分配体制、发达的内外交通体系和训练有素的劳动力队伍，拥有如爱立信、沃尔沃、ABB、SAAB、斯堪尼亚、SKF、利乐包装、H&M、阿斯利康、宜家、阿塔拉斯科普克、瑞典商业银行、北欧斯安银行等众多世界级的知名大企业。在瑞典的实地参观和学习，让我们感觉到瑞典洋溢着对人的尊重友善、人与人之间的诚信和谐，当中的缘由很值得玩味。瑞典在加强和创新社会管理、促进劳动关系稳定和谐方面的做法和经验，很值得我们学习和借鉴。总括起来，主要有如下几点。

（一）优越的社会保障

瑞典经济生活的特点可以概括为"四高"体系，即高福利、高生活标准、高税收和高收入。瑞典实行高福利政策，而高福利的资金保证来源于政府对企业及个人的高税收。瑞典人口少，自然资源较丰富，工农业生产发达，因此能

保证工作者的高收入，而高收入则奠定了瑞典人高生活标准的基础。经济和社会发展的高水平，使瑞典得以建立起较高水平的社会保障机制。长期执政的社民党一贯采取"实现充分就业，收入公正分配，共同富裕，人人价值平等"的社会政策。以这一政策为基础，瑞典对全体国民实行普遍、全面的福利保障，社会保障体系内容广泛、细致而烦琐，贯穿了人们"从摇篮到坟墓"的整个人生阶段。瑞典的社会保障制度为每个公民提供经济"安全网"，使广大国民解除了生、老、病、死、伤残、失业等后顾之忧。

（二）完善的法律体系

在瑞典，劳工权益受到面面俱到的法律法规的保护。一个普通人从找工作到进入劳动力市场工作，《促进就业措施法》保证了他可享受政府提供的各种辅助手段，如职业培训等，使他能更快地找到工作。而《男女平等机会法》则保证不同性别的求职者享受相同的待遇。一旦找到工作，又有《劳动法》来保障劳动者的最基本权利。此外，《年度休假法》、《工作时间法》、《工作环境法》、《就业保障法》、《集体谈判法》、《劳动法庭法》、《雇员参与决策法》（又称《共同决策法》）、《禁止职业生活中歧视残疾人员法》、《禁止职业生活中种族歧视措施法》等保障了不同人群的各项权益。根据《工资担保法》，一旦公司遇到困难并向政府申请重组保护或倒闭时，政府将承担代替该企业向劳动者支付工资的责任。

（三）强大的工会维权

瑞典工会成立于19世纪中叶，最早的工会始于1846年的首都斯德哥尔摩，1880年第一个国家工会联合会成立，1898年全国成立了正式的工会联合会。工会的主要任务是与雇主谈判（工资、福利、工时等）、平衡工资标准、为失业工人找工作和培训工人等。瑞典的工会非常发达，参加工会的雇员比例也非常高。工会作为工人利益的代言人，在维护劳工权益方面发挥着不可忽视的作用。每年，工会都会代表工人同雇主协会的代表进行集体谈判，共同商定一个全国和各主要行业的工资标准。某个行业的工资增幅多少、工作时间或休假政策是否需要调整等，都是双方谈判的内容。在瑞典，工会积极推动雇员参与企业民主化管理和决策。例如，瑞典雇主协会（SKF）就存在着四个不同的工会组织，即VK（蓝领工人的组织）、SIF（公司职员的组织）、SALF（工长的组织）、CF（知识分子的组织），这四个工会组织受地区相应工会组织的领导。在公司内部，无论是公司、工厂、车间、班组，都有相应的各级工作代表们代表各自工会的利益。他们的主要职能是维护本工会人员的利益，与公司方面的各级领导交涉工资、劳动条件等问题,以及参与各种重要决策。每当进行重要决策时,不同方面的人可以互相制约、互相促进。此外,瑞典还专门设立劳工法庭来处理因解雇产生的劳动争议。

(四) 合理的技能培训

瑞典经济的发展繁荣和人力资源的最大限度利用,归功于其良好的教育制度。瑞典是世界上教育事业比较先进的国家之一,建立起了从幼儿到老人的全程教育体系,包括学前教育、义务教育、义务后教育三个阶段。学校开设专业课程时,要尽可能照顾到劳动力市场的需要,培养企业和机关急需的技术人才。瑞典有100多所劳动市场训练中心,目的在于培训没有专门技术、难以安置的失业者。除正规教育体系中的职业教育之外,许多瑞典企业也积极参与职业教育,目前企业提供的职业教育资金超过政府支出的数额。除了一些有条件的企业自己举办任职训练和短期进修班外,大部分企业是与正规学校合作,利用这些学校的师资、教学条件和设备进行职业培训。近年来,一些正规教育机构也设计了各种职业教育项目,作为"商品"向企业出售,或根据企业"订货"要求,设计出特殊的训练课程。我们所考察的沃尔沃汽车公司就建有自己的培训学校。

(五) 良好的用工环境

早在20世纪初期,瑞典政府就制定了《工作环境法》,要求雇主应随技术、社会的进步不断改善雇员工作环境,提高安全和健康标准,规定雇主要为员工提供"武装到牙齿"的装备,使员工尽量避免和有害物品接触。另外,除雇主提供的劳保物品外,瑞典税法还规定,如果劳动者个人需要购买有关劳保用品,均可享受退税待遇。瑞典企业机械化程度较高,在自动生产线上的操作工作单调乏味,企业规定操作者可以在岗位上听音乐。在岗位上摆放录放机播放轻松音乐,在整个瑞典都很普遍。他们认为,长时间的单调工作容易使大脑疲劳,这种状态下容易造成工作失误,而听听轻松音乐可以调节大脑神经,能使操作者在较佳的心理状态下工作。另外,瑞典企业各部门在上午9点半左右和下午2点半左右各有一次十几分钟的喝咖啡时间。这一系列措施一方面丰富了人们的生活情趣,另一方面也是对人们心理的调整。此外,鼓励员工提合理化建议和搞发明创造,也是增加工作者兴趣、吸引员工努力工作的一种办法,提出合理化建议和进行发明创造的员工可以根据其"创造的价值性"获得不同的奖励。企业工会设有学习室(对会员进行技术轮训)和业务活动室,企业有自己办的刊物,体育娱乐活动丰富。此外,瑞典还存在着各式各样的表达兴趣和志向的组织，如航海俱乐部、滑雪俱乐部等。

二、我国在劳动关系建设方面存在的问题

近年来，各级党委、政府越来越重视和谐劳动关系建设。就肇庆而言，多年来一直坚持以人为本，以创建全省和谐劳动关系示范企业和示范工业园区为抓手，从工作机制、就业服务、社会保障、劳动维权和公共服务等方面入手，加强与企业和职工的联系沟通，进一步创新社会管理，劳动用工环境有了明显改善，企业文化有了明显优化，劳动关系进一步和谐。目前，肇庆市已初步形成了政府高度重视、企业加大投入、职工积极参与的全社会共建和谐劳动关系的良好氛围。全市劳动关系总体平稳、和谐，劳资纠纷引发的不稳定因素在可防、可控范围。

但是，我国社会管理的整体水平还不高，构建和维护和谐劳动关系的工作机制还不够完善，仍然未能适应当前经济社会快速发展的形势需要，与发达国家如瑞典等相比仍有较大差距，存在的一些问题不容忽视。特别是随着工业化、城镇化和经济结构调整进程加快，用工主体多元化和务工人员结构发生变化，劳动关系也日趋复杂。一些用人单位不依法履行劳动合同责任，拖欠农民工工资、不给农民工缴纳社会保险等侵害劳动者合法权益的现象时有发生。据统计，2010年肇庆全市劳动保障监察机构共处理劳动保障监察案件1873宗，为3.36万名劳动者追发工资等待遇2676万元；2008—2010年期间共处理劳动争议案件8193宗，年均案件量为2731宗，是2005年的665宗的4.1倍。劳动关系三方协调机制功能缺陷和基层劳动关系协调组织不健全，造成了劳动关系协调能力与现实需要存在一定差距。非公有制企业工会存在组建难、收费难、维权难的"三难"现象，制约了基层工会发挥作用。此外，农民工数量增加以及新生代农民工的自身特点，也给劳动关系带来新的课题。当前，构建和谐劳动关系仍然面临很多新的挑战和困难。

三、瑞典先进经验对我国的启示

劳动关系和谐稳定，是社会主义和谐社会的重要内容，也是加强、改善和创新社会管理的必然诉求。构建稳定和谐的劳动关系是一项社会系统工程，在世界范围内存在着共性和规律性。我们应按照科学发展观的要求，结合地方特点，将发达国家行之有效的先进方法和经验融入具体工作中，走出一条既体现先进性又具有地方特色的路子。我们要深入贯彻落实广东省委十届九次全会和

肇庆市委十届十一次全会精神，紧紧围绕全面建设小康社会的总目标，牢牢把握最大限度激发社会活力、最大限度增加和谐因素、最大限度减少不和谐因素的总要求，积极推进社会管理理念、体制、机制、制度、方法创新，努力构建有肇庆特色的、较为完善的人力资源社会保障管理服务体系，进一步促进劳动关系和谐稳定。

（一）坚持有法必依，筑牢和谐劳动关系的首道防线

1. 进一步完善劳动法律法规配套体系

全面贯彻落实《中华人民共和国劳动法》、《中华人民共和国劳动合同法》、《中华人民共和国工会法》、《中华人民共和国社会保险法》、《中华人民共和国劳动合同法实施条例》等劳动保障法律法规。加快研究制定职工权益保障、工会劳动法律监督等地方性法规和规章，继续在企业集体合同制定、劳动监察、社会养老保险、厂务公开、工伤保险、工资支付等方面出台和完善相应的地方性文件，为建设和谐劳动关系提供法制保障。不断完善员工特别是外来工的社会保障、工资支付保障机制。加大力度实施建筑施工企业工资支付保证金制度，并逐步扩大到其他行业，从源头上预防和解决企业拖欠工资问题。

2. 进一步加快构建社会保障体系

加快建立健全"多层次、广覆盖、保基本、可持续"的社会保障体系，确保广大企业职工公平享有基本社会保障。切实做好规模以下企业、中小企业、民营企业等重点企业及其从业人员参保扩面工作，以从业人员流动性较强的商饮服务业、建筑业、交通运输业等为突破口，加大指导、检查工作力度，规范企业参保行为，加快建立人人享有的社会保障制度。有条件的企业应建立企业年金、补充医疗保险制度。加快社会保险信息网络建设，加快推行社会保险一卡通，巩固完善五大险种市级统筹，积极推动省级统筹。

3. 进一步加大对劳动合同签订的管理

深入开展"送法进企业活动"，加快健全和完善贯彻落实《中华人民共和国劳动合同法》的相关配套措施和服务，建立用人单位劳动保障守法诚信档案和劳动用工信息数据库，大力推行劳动用工备案制度，不断扩大劳动合同签订面，建立健全劳动合同台账，加快推进劳动合同信息化、规范化管理，对劳动合同签订、履行实施动态监控。

4. 进一步完善企业工资正常增长机制

不断加强对企业工资分配的宏观指导和调控，加大工资分配调整力度。根据经济社会发展状况，及时调整企业职工最低工资标准，让广大劳动者共享经济和社会发展的成果；巩固"工资集体协商三年行动计划"成果，积极推进

企业工资集体协商；鼓励企业改革分配制度，建立和完善与市场经济相适应，体现按贡献大小获得相应收入的分配机制。

5. 进一步加强劳动者依法维权能力

按照"强化监管、严格执法、服务大局、促进和谐"的思路，依法严肃查处各类违反劳动保障法律法规的行为；对集体争议、拖欠农民工工资、企业关停并转等突发事件或社会影响大的案件，启动劳动争议仲裁绿色通道，尽量简化办案流程，优先立案、优先开庭、优先裁决，避免劳资矛盾升级。试行上门仲裁制度，个别案件的仲裁可直接在企业开设临时仲裁庭，增加旁听席，扩大劳动仲裁的社会影响。

6. 进一步推进基层工会维权

充分运用党建带工建、党工共建、党群工作一体化的工作大格局，大力推进工会组建尤其是非公企业工会组建。企业工会要组织、代表职工与企业签订集体合同，引导职工以理性合法方式表达利益诉求，在维护职工合法权益等方面发挥积极作用。

(二) 坚持管理创新，构建和谐劳动关系的新格局

1. 积极推进劳动保障监察"两网化"建设

"两网化"建设即实现劳动保障监察管理的网格化和信息的网络化。一是构建劳动保障监察网格。以全覆盖、无缝隙为追求，以镇街或社区为基础，以用人单位和劳动者数量为依据，科学划分网格、建立网格责任管理体系，将全市劳动保障监察网格划分为市、县（市、区）、街镇、社区四级管理，明确每级网格的监察职责，配置劳动保障监察协管员，实时采集和监控网格内所有用人单位招用工、劳动合同、工资支付、劳动条件、社会保险等方面的信息及情况，建立劳动违法行为预警机制，形成全覆盖、全方位、全动态、全过程监控的劳动保障监察执法网。二是完善数据信息，实行信息化管理。通过有效、严谨的信息采集，建立起科学详尽、覆盖城乡的用人单位劳动用工信息数据库和管理平台，实现管理信息化、执法规范化、监管一体化。随着"两网化"建设的深入推进，不但能使预警维稳作用得以充分发挥，而且能让劳动保障监察维权工作更加便捷有效。

2. 积极创新劳动维权方式

积极探索和创新管理模式，有效促进劳动关系和谐稳定。继续完善信访制度，畅通信访渠道，有效解决群众的诉求；继续抓好人力资源社会保障12333电话咨询服务中心建设，24小时接受群众咨询服务，着力为群众释疑解难；健全在企业用工单位建立联络员制度，及时掌握企业劳动用工情况、劳动关系

状况和发现不稳定因素，将矛盾化解于企业内部，化解于萌芽状态；继续扩大在企业建立人力资源社会保障法制工作联系点，提高行政决策的科学性、民主性，增强法制宣传教育实效，不断强化法治意识；建立健全矛盾排查、突发事件定期分析研判和预警预测制度，完善突发事件工作预案和应急处置队伍建设，及时化解尖锐矛盾和处置突发事件；积极推动跨部门协调配合机制建设，齐抓共管，形成化解矛盾的合力，着力构建全市一盘棋的维稳、维权、信访的大格局，促进全市劳动关系的和谐稳定。

3. 积极优化外来务工人员管理

将外来务工人员纳入"两网化"管理，及时掌握相关信息；进一步整合人才、人力资源两个市场，强化就业服务；加大对外来务工人员劳动合同订立的督查，全面提高合同签订率；加大在优秀农民工中招聘公务员、事业单位工作人员的力度，促进社会公平正义；配合公安、组织、工会、教育等部门，切实落实农民工积分入户、子女就学、参加党群组织活动等政策措施。

4. 积极推进企业民主化管理

加强以职工代表大会为基本形式的企业民主管理制度建设。各类企业要依照法律法规，建立和完善职工代表大会制度、厂务公开制度以及职工诉求表达机制，凡涉及职工切身利益的重大事项，必须经职工代表大会审议通过，依法保障职工的知情权、参与权、表达权和监督权。政府部门和工会组织要加强对企业民主管理制度建设的指导。

（三）坚持以人为本，开创和谐劳动关系的新局面

1. 着力推动和谐劳动关系"双创建"活动

大力开展以创建劳动关系和谐企业、劳动关系和谐工业园区为主要内容的"双创建"活动；推进和完善劳动关系三方协调机制、平等协商集体合同制度、劳动争议调解组织，通过"双引导"（引导员工合法理性表达利益诉求、引导企业充分听取员工意见），促进劳动关系双方通过协商尽快解决问题。

2. 着力推动企业改善用工环境

坚持以人为本，将人文关怀纳入劳动关系管理，不断改善用工环境，努力实现体面劳动。指导企业创新人力资源管理理念和员工管理政策，加强对职工的人文关怀，通过改善生产生活条件、拓展职工发展空间、丰富企业文化生活、关注职工身心健康等措施，改善劳动条件和用工环境，实现"广招工"向"广留工"的转变，从以往的以低劳动成本为基本竞争手段的企业发展模式，向以构建企业和谐劳动关系、提高企业创新能力为基本竞争手段的发展模式转变，促进和谐共赢。

3. 着力推动企业法治宣传

通过媒体宣传、印发宣传单张、举办培训班、上门宣讲等，多形式、多渠道宣传人力资源社会保障特别是劳动保障政策法规，提高企业经营者的守法意识，增强职工依法维权能力，把和谐劳动关系建设纳入法制化、制度化轨道。

4. 着力提高劳动者综合素质

把全面提升劳动者综合素质作为长期的战略任务，通过加强思想道德建设、开展职业技术教育及职业培训，不断提升劳动者政治觉悟、道德素养和就业适应能力。政府部门要积极制定有关培训计划和激励政策，创新培训模式，整合培训资源，重点强化操作技能培训；加强对企业培训经费使用情况的监督检查，确保职工培训经费专款专用；将职业技术职称、职业技能等级与职工利益挂钩，激发职工学技术、学本领的热情。各类企业也要注重保障职工接受培训的权利，积极组织开展职工入职教育、上岗转岗、技能提升等教育培训，不断提高劳动者的综合素质。

社会福利服务：国际比较与中国实践

张东霞

社会福利服务的内容非常广泛，如失业、教育、家庭、住房、卫生等。从涵盖的人群种类上来说，世界各国的社会福利都包括青少年、儿童、老人、妇女以及残疾人等群体。从服务方式来看，不仅有现金补贴和收入支持，也有社会照顾和服务。但各国社会制度、经济实力和文化背景不同，其社会福利的制度设计、政策取向、项目多寡、具体标准及实施办法既有共同点，也有差异之处。社会福利服务的历史悠久，西方国家的社会福利服务思想可追溯到古巴比伦王国的《汉谟拉比法典》，它强调保护孤寡。犹太教、基督教等教派宣扬博爱、助人、公平的宗教教义，都包含有福利的思想。经过了西方国家的工业化、城市化，随着社会分工专业化的进程加快，加上19世纪的思想大变革，各资本主义国家的思想家通过各项著作，对社会福利服务的有关方面进行了描述，随着工人运动的蓬勃发展，有力地促使国家干预社会福利，以广泛的社会福利规划和措施提供基本经济保障和社会服务，成为近代社会福利服务思想的基石。在20世纪中期，英国成为世界上第一个社会福利国家，从此，西方发达资本主义国家也相继效仿，发达国家的一个总特点就是国家政府的干预在一定的程度上促进了社会福利服务事业的制度化。

在中国，传统的福利制度却与西方的大社会福利理论并不吻合，我国的社会福利制度是建立在传统的计划经济体制基础之上的，主要指国家和社会为增进与完善成员尤其是困难者的社会生活而实施的一项社会制度，旨在通过提供资金和服务，保证社会成员的一定生活水平并尽可能提高他们的生活质量。我国现行的福利制度是在计划经济体制下形成和发展的，主要由两个部分组成：一是以普通人群为服务对象的城市居民福利，包括生活服务、文化娱乐和福利补贴，其提供者和管理者是企事业单位和机关，一部分来源于财政；二是农村的社会福利，主要面向孤寡老人、孤儿等特殊人群，即"五保户"，主要由集体筹资、管理，政府给予少量补贴，面向普通人群服务的为合作医疗，由个人缴一部分费用（在分配前已扣除），再由集体资助一部分。长期以来，无论哪种形式内容的社会福利制度，其基本特征都是纯福利公益性的，由国家和企事业单位、农村集体组织统包统管，不进行成本核算，不讲求效率，所有制形式为单一的公有制。

但是，与其他国家一样，中国也面临着一系列建立社会福利体制的挑战性问题。由于我国的市场经济刚刚起步，人均国民生产总值远远落后于发达国家，因此，社会福利服务也只能结合中国国情稳步发展。中国的高速经济发展也伴随着越来越多的社会福利服务的挑战。例如，贫富收入的巨大差距，人口老龄化加快，以农业为主的社会向城市社会的巨大转变，以及世界上最大规模的短期内人口和劳动力的转移。因此，只能探索逐步适应市场经济发展水平，关注经济发展和群众生活需求，完善政府管理体制，加强社区便民利民商业有偿服务，建立起具有中国特色的社会福利服务体系。本文将比较西方主要发达国家和我国在福利服务方面的经验做法，提出如何借鉴他国的社会福利制度改革经验，进一步完善我国社会福利制度，更好地构建和谐社会。

一、我国社会福利服务的现状

（一）城市社会福利服务

1. 福利机构改革

1993年4月，民政部发布了《国家级福利院评定标准》，同年8月，民政部又发布了《社会福利企业规划》；1994年12月，民政部发布了《中国福利彩票管理办法》；1997年4月，民政部与国家计划委员会联合发布的《民政事业发展"九五"计划和2010年远景目标纲要》指出，残疾人可以由过去单一的在福利企业就业改变为在福利企业或分散就业；1999年12月，民政部颁布了《社会福利机构管理暂行办法》。从这些法规可以看出，无论是社会福利院和社会福利企业的发展、福利资金的筹集，还是残疾人就业、社会福利机构的管理，民政部门作为我国福利事业的主管机构，将把我国的社会福利事业逐步从官方举办引向社会举办，并按福利需求设立福利项目，例如，将原来单一的以集中收养孤寡老人的养老院，改为按照老年人的不同需求设立养老院、老年公寓、老年护理服务、老年家政服务等福利项目，并面向所有有福利需求的老年人。民政福利的社会化不仅使民政福利走出封闭，而且提高了民政福利机构的效率。与此同时，社会办的福利机构也在迅速发展，其发展势头甚至超过了官办福利企业。有数字表明，到20世纪90年代末，官办福利企业占福利企业总数的比例从65%下降到14%，社会办的福利企业占比则从35%上升到86%，在其中就业的残疾人数占到福利企业就业残疾人总数的84%。

2. 企业职工福利改革

在初期，通过实行承包责任制，将企业的福利设施对外开放。到了20世纪90年代，在大力发展第三产业的社会背景下，在承包责任制的基础上，绝大多数企业和单位打破过去封闭运行的模式，成立面向社会、有偿服务的劳动服务公司，并逐渐与原单位脱钩，成为独立的经济实体并参与市场竞争。例如，绝大多数的房地产装修公司、托儿所、幼儿园、理发店等，都是从原来的企业或单位剥离出去的自负盈亏的经济实体。

3. 住房福利改革

自1989年国务院颁布《关于在全国城镇分期分批推行住房改革的实施方案》后，城镇居民福利分房开始向住房商品化、私有化方向改革。1994年，国务院发布《关于深化城镇住房制度改革的决定》，规定以标准价出售公房；1998年底，中央政府宣布停止企事业单位的福利分房后，职工按标准价购买了住房。同时确立了由单位和职工各缴费50%的住房公积金制度，并为职工建造和出售经济适用房。有些城市为居民提供廉租房或房租补贴。

4. 教育福利改革

让人们感到压力的是从20世纪80年代开始，将原来高等院校的助学金制度改为贷学金制度，后来高校学费一路攀升，城市重点中小学校也要收取赞助费，农村义务教育由于失去集体经济的支持而将负担转嫁到了农民身上。由于计划经济时期平均主义的分配制度被打破，人们的收入出现了差距，一部分人先富了起来，收费昂贵的私立学校应运而生，先进的教学设备、优秀的师资、独特的教学方法，为富人的子弟提供了优越的就学机会。从幼儿园到大学的多种办学模式，开辟了教育领域的竞争局面，为培养出适应时代发展要求的学生提供了可能。

随着国有企业改革的不断深入，国有企业及其职工的数量有了较大幅度的减少，加之国有企业和国家机关、事业单位职工的福利事业逐步走向社会化，因而，单位和企业对于社会福利事业的投入大大减少，负担大大减轻。与此同时，国家和社会举办的福利事业在迅速发展，不断满足不同社会成员对于福利项目的需求。我国社会福利事业的改革虽然没有社会保险改革进展快、步伐大，但是它正在缓慢地朝着社会化、规范化的方向发展。

（二）农村社会福利服务

最近几年，我国的农村社会福利事业获得了较大的发展，和过去相比，主要呈现以下特征：

1. 农村社会福利主要以"五保户"福利为主

我国的农村福利服务对象主要是"五保户",特别是无依无靠的老年人,而"五保户"福利的特征是以分散供养为主、集中供养为辅。例如,据湖南省民政厅统计资料显示,全省农村有"五保户"25.9万户,占农村总人口的0.5%;而全省1511所农村敬老院供养的"五保户"仅为1.8万人,占"五保户"总数的16.4%。广西壮族自治区现有农村"五保户"30多万人,其中分散供养的有29万人,占总数的97%。2002年,武汉市农村"五保户"集中供养率为25.5%。从全国范围来看,农村"五保户"大部分是分散供养的。

2. 国家和集体不断加大对农村社会福利机构的投资力度

为适应农村人口老龄化的发展趋势,国家和集体增加了对农村养老机构以及设施的建设投入,有计划、有目的地建成了一大批农村养老服务的样板机构和示范窗口单位,进而带动了整个农村福利事业的发展。据统计,仅1998年国家对农村养老服务事业的资助拨款就达1亿多元,农村集体统筹投入9.8亿元。

3. 农村残疾人的生活和身体状况得到较大改善

为了帮助贫困地区的残疾人尽快脱贫致富,1992年,中国残疾人联合会和中国农业银行共同制定并实施了康复扶贫贷款计划。10年来,通过这种贴息贷款和地方政府的匹配资金,许多贫困地区的残疾人摆脱了贫困,解决了温饱,在一定程度上缓解了残疾人的贫困状况。从残疾人的康复治疗来看,不少残疾人回复了健康。截至2000年,全国农村约有220万例白内障患者得到了手术治疗,年手术量由原来的10万例提高到45万例,实现了白内障盲人数的负增长。

二、域外经验与比较

(一) 老人社会福利的国际比较

1. 法律制度方面的比较

在1908年率先成为福利国家的英国颁布了《老年年金保险法》,在历史上第一次出现政府认为有责任为低收入的老年人提供生活保障。然后又相继颁布了《寡妇孤儿及老年年金法》,体现了社会福利服务的国家责任制,《家庭津贴法》、《国民保险法》等法律的颁布实施,保障了老年人各方面的权利。进入20世纪后期,英国的各届执政党都为老年人的社会福利待遇进行了一定程度的提高。以亚洲的日本为例,日本政府从长远着手,一直在健全法律,不仅通过一系列的立法来保障老年人的福利,而且也为老年人提供了完善的公共设施,并且一直培养高级护理人士,日本高度的老年福利体系是在健全的法律下才得以实现的。

2. 福利模式方面的比较

英国对老年人采取的是社区照顾的模式。所谓的社区照顾模式:一是社区内照顾,也就是不让被照顾者离开他们熟悉的社区,而是在本社区内对其提供生活服务。二是由社区来照顾,也就是动员本社区的人力资源,运用社区支持体系开展对老年人的照顾服务。日本采用的是家庭与社区结合的模式,从20世纪80年代末就开始把老年人福利的重心转移到居家福利模式上,护理保险制度的建立就是一种体现,通过向需要护理的家庭派遣家庭服务员,加强居家服务。日本福利模式的演变及应对老龄化的问题的思路也是值得我国借鉴的。

3. 老人社会福利在我国的情况

我国现在仍处于社会主义初级阶段,在老年人社会福利上虽已形成了一个以宪法为依据,由相关的法律法规组成的保护老人社会福利的制度体系,但尚未出台一部专门针对老年人的社会福利法典,在第三部门的扶持政策上也缺少法律的强制性规定,老年人福利缺少法律的根本保障。已有的法律也存在着笼统、缺乏相应的细化单行法规以及有要求无惩罚的问题。这些规章欠缺系统性、规范性,致使规章变成一纸空文。另外,我国的老年人福利服务覆盖面小,结构单一,服务项目也相对较少,并且我国现在的老年人福利仅仅覆盖了大多的城镇居民,乡村的老年人基本上还没有得到这方面的福利。结构体系的单一,造就了我国的老年人福利服务无法全面展开。同时,我国老年人福利服务的资金投入的严重不足、服务人员水平低下等问题,也严重影响了我国老年人福利服务的发展。

(二) 医疗服务福利制度的国际比较

1. 医疗服务福利制度的国际比较

资本主义国家有着完善的医疗服务福利制度,医疗服务福利都是受到国家的法律保护的,英国的医疗福利是"从摇篮到坟墓"的,没有工作的人更享有免费的医疗。同时,法律规定任何领薪者都享有病假津贴的权利,津贴的构成由"国民保险"来主导,不足的部分由国家、企业、政府来补贴,通过这样的福利制度,使英国的医疗福利制度达到了一个高度,使全民的医疗福利得到了保障。相比于英国,法国的医疗福利制度则更注重患者的知情权,为了加强对患者知情权的保障,法国医院都必须在候诊室里张贴收费表,在政府网站上也可了解到某个地区某类专科所有医生的名单或医疗费用等情况。

2. 医疗服务福利模式的比较

在服务模式上,挪威实行的是"全科医生制度"。所谓全科医生制度,是指由全科医生提前治疗患者的疾病,主要是处理常见病,在需要的情况下则将患者转给专科医生。挪威注重对全科医生的培养,完善准入和淘汰机制;改善全科医生的服务质量,为每个愿意的人提供一个永久性的全科医生。这项服务模式的内容还包括改善医患之间的关系,更加合理有效地使用医疗资源,等等。英国目前实施的是以公立医疗服务为主、私人医疗服务为辅的医疗体制。其中,名为国民保健服务(National Health Service,NHS)的英国公立医疗服务体系既是英国社会福利制度中最重要的部分之一,也是英国人接受医疗服务的最主要渠道。英国的 NHS 系统以社区服务和医院服务满足每一个人的需求,免费提供服务,根据医疗需要而非患者的支付能力提供服务。

3. 中国医疗服务福利制度的现状

首先,医疗保险资源分布不合理,费用负担苦乐不均。优秀的医药人才、最先进的诊疗设备往往集中在发达地区,经济欠发达地区的医疗设施远远满足不了需要。机关、事业单位以及企业举办的医疗机构的医疗卫生资源供过于求,利用率低下,浪费严重;而农村的医疗卫生资源严重短缺,供不应求,看病难、吃药贵的问题非常普遍。其次,医疗体系的法律体系不完善,并没有建立科学的监管体系,医疗体系管理混乱,无法形成有效的机制,政府没能做好规范医疗福利的工作。最后,资金的投入力度欠缺,无法为医疗服务福利形成有效的扶持。

(三)残疾人社会福利的国际比较

1. 残疾人的保障资助的比较

北欧国家瑞典的现代福利制度最重要的特征是遵循社会福利的普遍享有原则。近百年来,瑞典比较彻底地贯彻了这一原则,因此瑞典模式被誉为福利国家的楷模。瑞典的社会福利有四个特点:一是全民性。每一个具有瑞典国籍的居民,都在社会福利保障的范围之内,不分男女老幼、城市乡村、有无工作,无论是否对瑞典有所贡献,均享受基本统一的社会福利和服务保障。二是高福利。瑞典有一整套全民社会福利制度,深入每个人的日常生活中且保障水平很高。三是均衡性。瑞典通过一系列给予弱势人群的相应补贴,以及面向全体社区居民尽量平等提供的社会服务,达到全体公民平均享受各种社会福利的社会服务。为保证不同地区的居民享受同样的福利,瑞典采取抽肥补缺的福利政策,从财政收入富庶的地区补贴福利支出存在缺口的地区。四是政府负担。社会福利和社会服务是瑞典各级政府特别是地方政府的主要职能。经过长期的发展,瑞典在残疾人保障方面已经逐渐建立起一套内容具体、体系全面的残疾人保障资助系统,对残疾人的保障资助体现在对残疾人的物质保障上。瑞典政府为残疾人提供了残疾人疗养金,为残疾人购买残疾保险,以保障残疾人能享受与正常人一样的物质和文化生活;瑞典保障残疾人的就业权利,对缺乏技能难以就业的残疾人,政府负责提供劳动机会;等等。

2. 我国的现状

新中国成立后,我国残疾人福利事业获得一定程度的发展,1951年以来,就一直对残疾人的社会福利做了法律上的保障,可是,作为世界上残疾人最多的国家,我国的社会福利还存在着一些问题。首先,我国残疾人社会福利项目单一,水平不高,筹资渠道单一,资金来源主要靠财政划拨,这就造成了残疾人社会福利服务的社会资源不足;同时,资金的管理和运用较为混乱,在残疾人福利的提供上,由于多种原因,其主要内容和项目一般只表现在社会保险和救助上,项目较为单一。其次,我国残疾人社会福利服务尚未走上法制化与规范化的道路,法律保障不健全。虽然多年来政府一直努力加大力度完善残疾人福利,从2008年7月1日开始执行《中华人民共和国残疾人保障法》,但从目前的状况来看,大量的残疾人福利问题得不到解决,往往只给予人道主义的同情和社会舆论的支持,却难以见到实际的行动与帮助,更缺乏以提高自身能力为目标和心理健康维护方面的援助。最后,服务水平低,社会服务与专业性社会工作发展落后,我国的残疾人社会福利服务水平滞后,能够享受到残疾人社会福利的残疾人仍然是少数,残疾人社会服务上有很多不足与欠缺,专业社会工作基本没有介入残疾人服务领域。

三、我国社会福利服务发展面对的挑战

与其他国家一样,中国面临着一系列建立社会福利体制的挑战性问题,而我国必须应对由过去30年的成功发展所带来的独有挑战。

(一) 贫富收入差距巨大

改革开放期间,我国从计划经济向市场经济转轨,在解决了平均主义收入分配倾向的同时,也造成了过大的收入差距,表现为基尼系数逐年提高,1997年超过了国际上公认的0.4的警戒线水平,引起社会高度关注,但是,收入差距扩大的趋势迄今仍然没有得到根本性扭转。在全面建设小康社会期间,如何解决收入差距过大的问题,基本形成良好的收入分配格局,是我们面临的一个重大挑战。从经济发展的经验来看,我国正迎来一个改善收入分配的阶段性

机遇。

党的十七大报告关于"初次分配和再分配都要处理好公平与效率的关系，再分配更加注重公平"的论述，相比于党的十五大报告和十六大报告所提的"坚持优先、兼顾公平"、"初次分配注重效率"、"再分配注重公平"等表述，标志着科学发展观在收入分配领域的重大理论创新。这个新表述实际上指出了收入分配中的公平与效率是高度统一的，特别是在初次分配环节，两者绝不应该被割裂开来加以认识和处理。

通过扩大就业，提高居民收入在国民收入分配中的比重和劳动报酬在初次分配中的比重，从而保持经济增长源泉的可持续性，可以加深对于初次分配中公平与效率如何实现统一的认识。收入的分配格局取决于经济增长与就业增长的关系模式。人们的收入来源于生产要素报酬，即资本的报酬、劳动的报酬和其他资源如土地的报酬。如果在一个劳动力丰富的国家采取资本高度密集的产业发展方式，则资本获得的报酬就高，相应地，收入和财富就向少数资本要素拥有者集中，收入差距就大。相反，如果采取劳动密集型的产业发展方式，通过在城乡创造更多的普通就业岗位，扩大劳动者报酬在初次分配中的份额，收入分配就比较均等，收入差距就比较小。

通过再分配政策，处理好公平与效率的关系，缩小贫富差距，对于社会福利与公共服务的发展有着深远的影响。

（二）人口老龄化加快

中国的基本养老保障制度改革是在双重的转型背景下进行的，一方面是经济体制转型的过程，核心是从没有积累的、全国统筹和企业支付型的先收现付体制，转向地方统筹加部分积累型的社会化体制；另一方面又伴随着不断加快的人口转变过程，即在经济社会发展和计划生育政策双重作用下，中国显现出迅速的未富先老趋势。

在经济社会发展和计划生育政策的双重作用下，中国的人口转变已经达到一个新的阶段：一方面，生育率下降到很低的水平，总生育率只有1.7，比大多数发展中国家都低；另一方面，出生人口预期寿命大幅度提高，不仅显著高于世界平均水平，而且高于中上等收入国家的平均水平。上述两个因素的作用结果，必然是在人口转变过程中老龄化程度不断提高。

在人口老龄化加快的同时，中国正在经历着养老保障制度的重新建立，对养老金的需求数量特别巨大。由于无论采取怎样的养老保险制度，养老金的积累归根结底是一种储蓄，所以，人口红利的消失在创造出更高的养老金需求的同时，却导致养老金不足的问题更难解决，造成人口结构变化与养老金需求之间的矛盾或两难处境。

（三）从农业社会向城市社会的转变

从 2000 年开始，中央政府的有关文件表现出对农村劳动力流动的积极支持和鼓励，明确提出改革城乡分割体制、取消对农民进城就业的不合理限制的指导性思路，被称作城乡统筹就业的政策。这种政策倾向既明确又稳定，在 2000 年以后每年的相关政府文件中加以强调，并明确写进 2001 年公布的"第十个五年计划纲要"和 2006 年公布的"第十一个五年规划纲要"中。

在改革时期，随着城乡劳动力流动越来越普遍，按照户籍来区分城乡人口的方式就不再可行了。1990 年进行的第四次人口普查使用常住人口的概念来区分城乡居民，把离开农村并在城市生活超过 1 年的人口定义为城市常住人口，使城市化水平不断提高。中国城市化的这种特殊方式，表现为工作地与户籍登记地之间的分割，形成了一个新的人群——农民工及其家庭成员。由于户籍制度的存在，户口背后所包含的福利差异阻碍了农民工以理直气壮的身份和合理的价格获得住房、社会保障和子女义务教育等公共服务。当改变了户籍登记的归类方式或者放宽了落户条件之后，现行的城市财政体系和公共服务体制却无法应对加大了的负担。作为统一的居民户口中居住在农村的那部分人口，甚至按照条件落户在城市的新居民，仍然不能平等地享有城市人口所享有的社会福利、社会保障和公共服务。在实践中遇到地方财力上的困难时，放宽落户条件的改革只好叫停。

四、我国社会福利服务发展的改革方向

（一）城乡福利一体化

建设社会主义新农村是党的十六届五中全会提出的重大历史任务，统筹城乡发展是建设社会主义新农村的根本途径，其中，统筹城乡社会保障、建立城乡一体化社会保障制度是关键环节和重要内容。建立城乡一体化社会保障制度就是把农村和城市社会保障作为一个有机统一的整体来规划和安排，逐步建立覆盖全社会的社会保障制度，使城市和农村居民都能享受到公民应该享受的平等的社会保障。当前，无论是制度创新还是制度完善，都要预留接口或探索对接的办法，为建立城乡一体化社会保障制度积极创造条件，使实现城乡居民在社会保障方面的平等成为可能。这对促进城乡协调发展、稳定社会、加快城市化和新农村建设进程具有积极的意义。

（二）从传统福利制度走向新型福利制度

传统福利模式存在着严重的制度性缺陷，制度安排不公平，实施范围非常有限，制度管理存在缺陷，没有统一的管理部门。若不从根本上加以改造，必然阻碍经济改革与整个社会的健康发展，同时也必然阻碍中国企业走向现代化、市场化。制定并实施有效的发展对策，是社会福利制度改革创新和健康发展的基本保证。就中国的现状而言，从传统模式的福利制度走向新型社会福利制度，尤其需要重视并采取下列措施：

1. 重视社会福利立法，推进社会福利的制度化建设

社会福利走向制度化，是社会文明发展进步的一个重要标志；通过相应的法律来规范福利的供给与需求，则是福利事业制度化的基本要求。然而，目前我国的社会福利立法不仅短缺，而且已有的法规或政策也存在着规范不到位和概念、管理及运行机制模糊的缺陷。因此，在对传统的社会福利制度进行改革的同时，应当对已有的法律、法规、政策进行修订甚至改造，同时制定新的社会福利法，使社会福利法律系统化、专门化，这也是中国社会福利真正走向制度化、社会化和健康发展的基本条件。

2. 加强政府的政策引导

一方面，要积极鼓励、支持帮助介于政府与居民之间非营利性的社会中介组织和社会服务机构的生产与发育；另一方面，对于社会力量投资兴办的社会福利机构，在强调和确保其福利性和公益性的前提下，应允许其引入产业化的经营机制，做到自主经营、自负盈亏，使投资者获取相应的经营利益，以鼓励和引导人们参与公益事业。要采取切实有效的政策，鼓励社会力量和个人捐赠、赞助和参与社会福利事业，充分调动和利用各种社会福利资源。改变过去社会福利机构政府直接办、直接管理的情况，引导社会福利社会办，政府应致力于制定相关的法律法规政策，营造社会福利机构发展的环境。

3. 加大政府的财政投入

我国对社会福利支出的比重只占财政总支出的 1.54%（1997 年统计数据），远远低于发达国家 20%～30% 的比重，这也决定了我国社会福利的低水平。因此要加大财政投入，一是对福利投入存量的结构进行调整，即让企业或事业单位内部原有的福利投入，通过税收或转移支付形式，部分地转化为社会化福利资金的来源；二是让国家财政对社会福利的投入随经济的增长而增长，让全民都能享受经济增长的成果。

浅谈社会福利制度建设

朱泽平

社会福利制度的建立和完善是现代市场经济的突出特征，也是国家干预经济、矫正市场失灵的重要手段。作为现代国家制度的一个重要组成部分，社会福利制度在改善人民生活、维护社会稳定等方面起着至关重要的作用。社会福利制度起源于欧洲，经历了社会福利的制度化、福利国家、福利国家的危机与改革等几个阶段。在当代西方资本主义国家中，各国政府依然在不断探索社会福利制度的改革和完善之路。在我国当前建设中国特色社会主义的重要时期，我国社会福利制度的建设要始终遵循以人为本的根本原则，以实现广大人民群众的根本利益为最终目的和根本追求，切实发挥社会福利制度的调节作用，实现我国社会的公平正义、和谐有序、科学发展。

一、社会福利概念和福利国家的形成

社会福利是指国家和社会为提高成员尤其是困难者的生活质量的一种社会制度，旨在通过提供资金和服务，保证社会成员一定的生活水平并尽可能地提高他们的生活质量。狭义的社会福利是指当社会成员因年老、疾病、生理或心理缺陷而丧失劳动能力、出现生活困难时向其提供的服务措施；广义的社会福利是指为了改善和提高全体社会成员的物质生活和精神生活的各种社会服务措施。

福利国家是在19世纪以来各个工业化国家在摸索中逐渐推行的社会政策的基础上产生的，在20世纪30年代，严重的经济危机孕育了世界大战，也催生了英国的"人民预算"和美国的"罗斯福新政"，在战争废墟上建立起新的福利制度，后被泛称为"福利国家"，其基本特点是国家通过税收来筹集社会福利所需的资金，尽可能推进社会各阶层之间的平等，保障每个公民都可享受较高标准的生活，为每个人提供大量的免费医疗及其他社会服务。福利国家在20世纪下半叶成了西欧社会的时代精神和基本制度，这一国家理念被推广到欧洲其他国家，其中最典型的是北欧国家，他们甚至成了西方福利国家的

"橱窗",其特点是高福利、全民福利。这些国家的高福利政策虽然带来了一些经济和社会问题,但社会福利向更高水平、更合理的组合方式发展的规律无法逆转,因为人类追求幸福和福利的增长是天然的、合理的要求,而社会经济的不断发展又为满足这种要求提供了条件。因此,在对社会福利膨胀采取有效调控的条件下,国家应把握好发展时机,以促进国民福利合理增长为出发点,及时消除社会福利可能产生的负面作用,建立和完善面向全体国民的社会福利体系。

二、社会福利的基本功能

(一)经济功能

首先,社会福利是全社会收入的一种重要分配形式。社会福利的基本功能是对社会分配的参与,通过其有别于市场的分配机制,将大量的收支向社会低收入者转移,缓解社会分配不公所造成的影响,为社会成员提供基本的生活保障。其次,社会福利对资源的配置有重要的影响,通过财政投入的优先次序和投资规模,能够迅速而有效地改变资本积累的速度。最后,社会福利对宏观经济影响巨大:一是对国民经济总供求均衡的影响,众所周知,扩大内需是经济增长的一个重要因素,而要扩大内需、刺激消费,就需要建立一个有效的社会福利机制,使人们在消费之余免去为生老病死进行积累的后顾之忧,从而保持社会供给和有效需求之间的平衡,促进经济的良性循环;二是有助于为在市场竞争中失业的劳动者提供必要的生活保障,使其通过一定时间的调整和提高,重新进入生产之中,也使一些对原来工作不满意的劳动者可以离开原有的岗位,去寻找适合自己的岗位,这样有助于促进劳动力的合理流动和合理配置,确保社会的充分就业。另外,社会福利是一个巨大的服务系统,需要大量的工作人员参与并提供各种服务,这也为劳动者提供了许多就业机会。

总的来说,一个完善的社会福利体系是我国实现现代化所不可缺少的,因为一个自由的市场运作所需的部分必要条件必须通过社会福利系统进行支持,一个完全没有其他系统支持的市场机制有可能导致走向自我毁灭的结果。

(二)政治功能

为社会提供更好的生活,是政党和国家存在的基础,也是政党和国家与广大人民共同的奋斗目标。在现代社会中,社会福利的建设不仅是执政党和政府建立的基础,也关系到政党和政府的兴衰成败。

（三）社会功能

首先，在社会成员遭受各种风险时，社会福利可提供必要的保障。人们在社会生活当中，不可避免地会遇到各种风险，如疾病、年老、伤残、失业、受灾等，因失去基本的生活来源而陷入困境，建立福利制度，可以通过社会、国家和集体的力量，解决个人生活的难题。其次，通过社会福利可实现社会公平。社会福利具有国民收入再分配的功能，福利政策对社会大众是公平的，但在实际运作的过程中，一般会向低收入者倾斜，从而达到缩小社会成员贫富差距的作用。最后，通过社会福利可以实现社会稳定，有助于社会公平，缩小贫富差距，并使社会成员对未来的生活有良好的心理预期，从而使人们安居乐业，进而实现社会的稳定和发展。

可以说，当今世界，社会福利已经成为一种被国际社会广泛认可的、提升国民福利的制度安排。尽管不同的政党或理论家对社会福利的功能和作用褒贬不一，但是毫无疑问，社会福利已经成为现代社会结构中重要的组成部分，成为社会发展和社会秩序最为重要的安全防护体系。

三、瑞典的社会福利现状

瑞典的社会福利保障建设起步较早，自 1891 年建立医疗保险制度以来，经历了一个多世纪的不断补充、规范、修改，确立了以国家社会保险、家庭福利、社会服务和医疗保健四大块福利保障为基础的、相对比较完备的社会福利保障制度。这套社会福利制度主要有四个特点。

（一）全民性

在瑞典，每一个具有瑞典国籍的居民，都在社会福利保障的范围之内，无论男女、老幼、有无工作，无论是否对瑞典有所贡献，均享受基本统一的社会福利和服务保障。

（二）高福利

瑞典国民享受全面保障，每个人在"从摇篮到坟墓"的各个生命阶段、生活的各个主要领域，基本上都享受着相应的福利保障，包括儿童服务、老年人保障、残疾人保障、医疗保障、最低生活补助金、工伤补贴、失业保险等，而且保障水平高。例如，每个 18 岁以下孩子，国家每月补贴 950 瑞典克朗糖果费；国家保证每个孩子在幼儿园、十年义务教育期间拥有自己的位置，每个瑞典人可以免费接受从幼儿园到高中的教育；每个人均享受近乎免费的医疗服务；残疾人的生活服务费用全部由政府负担，并提供一名专门的服务人员；等等。

（三）均平性

福利国家的基本目标就在于实现不同人群间最大限度的平等。瑞典通过给予年轻家庭、低收入家庭、疾病者、领取养老金者、丧失劳动力者以及其他弱势人群以相应的补贴，以及面向全体社区居民尽量平等提供的低费用的儿童看护服务、各层次教育、社会支持和医疗保健服务，尽可能达致全体公民平均地享受各种社会福利的社会服务。为保证不同地区的居民享受同样的福利，瑞典还采取"罗宾汉式"抽肥补缺的福利政策，从财政收入富庶的地区补贴福利支出存在缺口的地区。

（四）政府负担

社会福利和社会服务是瑞典各级政府特别是地方政府的主要职能。社会福利保障资金和各类社会服务费用，除养老保险、失业保险需要个人缴纳一定比例的费用外，均由政府承担。此类费用支出基本上是各级政府财政特别是地方政府财政最大的支出项目，瑞典 GDP 的 36% 用于社会福利事业，地方政府的比例更高，以斯德哥尔摩市为例，该市每年年度财政预算中，2/3 用于教育、医疗和社会服务。为维持这种高福利支出的财政需要，瑞典实行了高税收制度，个人所得税平均达到 38%。

瑞典的社会福利制度主要包括以下具体项目：①社会救助，②国民基本年金，③国民附加年金，④国民健康保险，⑤失业保险，⑥工伤事故保险，⑦儿童补助，⑧培训补助，⑨子女抚养贷款，⑩老年福利，⑪房租补贴，⑫带薪假期，⑬免费教育。

福利制度在一定程度上是一种把贫富"拉平"的政策。以工资为例，据统计，瑞典年薪最高的 100 多名企业家与工人的平均工资收入比约为 13:1，经纳税和福利补贴调节后，他们的实际收入比降为 5:1。再以纳税为例，瑞典的所得税为累进制，收入越高，纳税越多。其中，产业工人的平均所得税率为 35%，职员为 40%，收入很高的企业家、商人、演员、运动员等可达 80%。在这一政策的影响下，许多人对职业的差异和工资的高低不大在乎。慷慨的社会福利还使许多人陷入了对福利制度的长期依赖，他们觉得工作与否无所谓，因为通过领取失业补贴和社会救济，生活照样可以过得去，这种政策显然容易培养懒汉。

四、福利国家的利弊分析

(一) 福利国家之利

西方的福利制度在一定程度上取得了成功，主要体现为：一是缩小了贫富差距，维护了社会稳定；二是调节了社会需求，推动经济发展；三是促进社会服务，缓解社会就业压力；四是扩大公民自由，体现团结互助。

(二) 福利国家之弊

1. 造成失业危机

由于过高的福利开支，最终会通过各种税收转化为生产成本，而生产成本的提高影响到企业的竞争力，在目前全球化的背景下，企业（特别是中小企业）竞争力的下降，会造成企业雇佣人员的减少，从而形成社会就业不足和失业成本大增的恶性循环。

2. 造成财政危机

财政危机是福利国家危机的集中体现。众所周知，福利国家的福利支出主要由财政支付，而福利支出具有刚性的特征，其特点是增长容易，减少则极为困难。由于西方国家的选举制度，各个政治团体都向选民许诺提高社会福利，因此，在经济高涨时，各利益集团致力于瓜分财政剩余，而在经济不景气时，为刺激经济，又必须扩大政府的财政支出。这些政治制度和福利制度特点，导致许多西方国家的财政支出赤字严重，财政政策僵化，弹性不足，难以应对经济危机。随着西方社会的福利覆盖面越来越广，享受人数越来越多，费用也越来越大，其增长速度超过经济的增长。目前，西方各国的福利开支非常庞大，一般占政府总支出的1/3或2/3，许多国家政府没有能力负担，但为获得选民的支持，仍然大量举债用于福利开支，这也是近几年欧债危机的一个主要成因。在西方国家中，瑞典从20世纪50年代到80年代中前期，公共支出呈现直线上升的趋势，增长率远远超过同期国民生产总值的增长率。60年代的公共支出占GDP的比例达到60%强，而同期欧洲国家的平均水平在45%。直到80年代，势头才有所控制，稳定在60%。这样的结果导致国家财政不堪重负，1970—1980年，财政赤字增加了12倍，70年代以前的财政赤字占GDP的比重一般不超过5%，而1986年达到13%，近年来则接近35%。瑞典政府为维护庞大的福利支出，被迫大量借债。2012年11月13日，瑞典前首相约兰·佩尔松在瑞典第二大城市哥德堡发表演讲时表示，瑞典存在债务泡沫破灭的可能。

3. 老龄化危机

由于出生率低、寿命延长，导致人口老龄化严重，使福利国家面临前所未有的养老金支付压力。在欧洲，预计到2030年，平均每3个就业者就需承担一个65岁以上的老人，在德国和意大利，则达到2:1。专家们估计，如果不进行改革，社会保障制度将入不敷出，届时政府将无力支付养老金。

4. 观念危机

由于福利制度给人们提供了较全面的服务，过高的税收政策导致多干少干差距不大、少干不干区别较小，一些人宁肯依靠国家的补助过日子也不愿努力寻找工作，滋长了懒惰、不思进取的思想。从某种意义来说，优厚的社会福利也是一种"大锅饭"。

5. 制度危机

制度危机主要表现为行政的低效率和结构的不合理。行政的低效率是人类组织结构的一个常见问题，而结构不合理是因为福利制度的制定往往是各种利益集团博弈和妥协的结果，有些福利制度可能违反科学管理的基本原则，造成目标和标准的模糊。福利的执行以政府为主，政府为管理和运营名目繁多的社会保障设施，为把人数众多的福利待遇享受者的福利事业安排好，需要雇佣庞大的人员队伍，造成政府的官僚体制渗透到社会生活的方方面面，这个庞大机构的开支有时甚至超过向居民提供的福利津贴费用，而且机构臃肿、办事效率低下，官僚习气向社会蔓延。1960—1975年，瑞典政府的雇员占全部就业者的比重从28%提高到41%，而且，其公费医疗机构更是以低效率著称。

20世纪70年代初是西方福利国家发展的高峰期，在战后经济持续繁荣的年代，福利国家政策并没有受到很大的挑战，发展比较顺利。但随后出现的"滞胀"，导致经济不景气，使庞大的福利支出难以为继，而沉重的社会福利包袱又反过来拖了经济的后腿。为打破这一恶性循环，自20世纪80年代以来，各国纷纷对传统的福利制度进行改革和调整，改变了大半个世纪社会福利不断增长的势头，出现了"非福利化"的发展趋势。福利制度改革的意图是变消极福利为积极福利，变"救火"为"防火"，具体表现为：福利支出受到严格的控制，冻结了一些福利待遇的支付水平，并对福利待遇进行延期支付，以减少开支，甚至对一些福利产品进行私有化，将其转化为市场运作。这种福利改革受到了不少的指责，其中最严厉的观点认为它扩大了不平等，过去的政策主要是为穷人谋福利，而新的政策主要是为富人谋福利。

五、中国社会福利的变革

新中国成立以来，中国社会福利制度大致经历了两个发展阶段。第一阶段是20世纪50年代至70年代末的传统福利模式时期，这一时期在改造旧中国遗留下来的社会福利设施的基础上，形成了国家负责、官方包办的民政福利和单位包办的职工福利等组成的传统福利制度。第二阶段是传统福利制度向新型福利制度变革的时期，自20世纪70年代末至今，在市场经济条件下进行制度重塑并逐渐向社会化福利发展。纵观这两个阶段的道路，有以下特征：

（一）计划经济体制下福利体系的建立期

这个时期是从新中国成立初期到1978年，国家权力普遍深入地介入社会生活和经济生活，集体主义、平均主义的价值观流行，社会福利制度深受苏联等社会主义国家的影响，即福利制度以苏联"老大哥"为模板，其作用是体现人民当家做主和社会主义的优越性，基本上不考虑市场经济的要求。当时虽然实行城乡二元分割，但在城市或乡村的内部却采取了极端平均主义的福利分配方式，除了干部—市民—农村的等级划分对福利分配有一定影响外，整个国家的福利分配相对平等化。福利制度在政治上也不作为政党执政的重要工具，处于政治附庸地位。福利水平低，没有持续的调整。福利分配与工资分配基本上分不清，福利的功能比较模糊。

（二）市场经济改革初期

这个时期是从1979年改革开放到1997年，新型社会福利体系开始构建。这一时期，市场经济全面取代计划经济成为改革与发展的潮流。社会福利则经历了一个"去福利化"的过程。当时，由于受到强大的市场力量的冲击，从最初去除计划经济体制下依附在企事业单位身上的单位福利和劳保福利，为国有企业和集体企业转型改制"甩包袱"，慢慢地形成抛弃计划经济时代国家福利政策的思路，出现了"社会福利社会化，公共品市场化"倾向。这一制度设计体现了当时新自由主义的价值取向，难以缓解社会矛盾和社会风险。在这个过程中，许多计划经济时期建立起来的社会福利制度，面临着制度基础逐步瓦解、制度有效性明显降低等问题，有些领域出现了福利真空，更多的领域制度不到位或扭曲，福利住房、公费教育也开始市场化、商品化、私有化和产业化。随着改革开放的逐步深入，一些新的经济问题和社会矛盾日益突出，构建适应社会主义市场经济的社会福利体系也成为经济发展的必然要求。在这种背景下,很多地方进行了养老保险、医疗保险等社会保险制度的改革试点,并初步建立了社会统筹和个人账户相结合的社会保险模式。

(三) 新型社会福利体系建立和完善时期

这一时期大致从 1998 年开始至今。这一时期,我国总结了过去的经验和教训,纠正了一些理念,从此,社会福利走上了一个快速发展、健康发展的时期。这一时期有三个显著特点:一是对管理体制进行了调整,国家组建了社会保障部,后与人事部合并为人力资源和社会保障部,在体制上强化了对社会保险各项事业的管理;二是各项福利政策密集推出,颁布实施了《中华人民共和国社会保险法》、《城市居民最低生活保障条例》、《农村最低生活保障制度》、《廉租住房保障办法》、《中华人民共和国残疾人保障法》等,各项社会福利制度逐步建立完善起来;三是社会福利的价值导向发生根本性的转变,公平、正义等制度理念逐步取代了效率优先、补救和保障的观念。

六、新型中国社会福利制度建设

进入 21 世纪以来,中国社会进入了一个长期、深刻的转型时期,不仅是经济在艰难地展现转型之旅,社会结构也发生了巨大的变化:从农业社会向工业社会转化,从农村社会向城镇社会转化,从封闭半封闭社会向开放社会转化,从单一性社会向多元社会转化。人民从最初的追求温饱,进而追求幸福、平等、正义、自由等人类社会的终极价值。为此,我们在进行社会福利制度的设计时,不仅要考虑经济目标,更要立足于长远,通过社会福利制度不断地满足人民群众日益增长的物质和文化的需求,增进人民的福祉。

(一) 基本原则

1. 普遍受益原则

普遍受益原则是指社会成员能够持续不断地得到社会发展带来的好处。它包括以下几层含义:第一,普遍受益的前提是经济发展,只有社会发展这块"蛋糕"做大了,才能使更多的社会成员得到更多的实惠;第二,普遍受益就是要使大多数人受益,而非少数人受益;第三,普遍受益客观上要求建立一套相对公开的分配机制;第四,普遍受益是一个渐进受益的过程。

2. 平等原则

平等是现代社会的核心价值理念,是人类永恒的追求,在平等理念的指导和实践下,有助于建立公平的市场竞争机制,有助于推进政治生活民主化进程，有助于社会流动机制的建立。同样，在社会福利制度建设上，必须坚持平等原则，才能获得社会广大民众的支持，才能确保社会福利制度的落实和健康发展。

（二）重点推进

1. 优先建立和完善社会救助体系

随着市场经济改革的进一步深入，以及经济全球化和产业结构调整，失业成为普遍的社会现象，失业人员必须通过社会的帮助，才能使自己和家庭重新获得向上流动的机会。另外，由于收入分配和财富占有的不平等，也造成了贫富的分化，社会中的弱势群体迫切需要得到政府和社会的救助。根据发达国家经验，社会救助的开支占总体社会福利开支的比重在 1/3 以上，受助人口占总人口的 1/10 以上。

2. 逐步完善现代社会保险制度

事实证明，现代社会保险制度覆盖面广，效果显著，既是发达国家经济社会发展的成功经验，也是人类社会的共同财富。现阶段，我们需要尽快建立和完善具有中国特色的养老保障体系、积极推进工伤保险和医疗保险制度改革。

3. 完善劳工保护机制，实现充分的、高水平的劳动就业

劳动力是中国经济增长动力的来源，也是社会稳定和进步的保证。为此，政府面对经济全球化，在强资本、弱劳工的基本利益格局下，要在制度层面完善劳工保护机制，维护劳动者的合法权益，如制订最低工资标准、实施工资增长机制、加强职业安全监管等。

4. 加快农村社会福利建设

在转型阶段，中国社会最为脆弱的是广大农村居民，他们受城镇化的冲击非常大，农村经济与城市经济相比，处于绝对的弱势地位。为此，在制度安排上不能厚此薄彼，要尽快建立农村社会救助体系，合理发展社会保险，积极推进农村教育、医疗卫生和养老保险制度建设。

（三）建立长效和弹性机制

中国社会福利体系建设要紧紧围绕增进人民福祉这一长远目标，认真总结各国的经验教训，结合我国实际，建成具有中国特色的福利体系，在稳定社会救助和社会保险的基础上，逐步实现从物质需求福利向精神需求福利的过渡。同时，要建立社会福利体系的长效机制和弹性机制，一是社会福利的制度设计要与经济发展水平和支付能力相适应；二是社会福利不能成为固化社会等级、妨碍社会流动的因素；三是社会福利制度要为个体的自由选择留有空间；四是社会福利制度要平衡好经济政策和社会政策的关系。

改革开放以来，我国政府积极推进中国的工业化进程，客观上为社会福利的发展提供了巨大的需求，而中国 30 多年来的经济快速增长增强了国家的综合实力，为社会福利建设提供了更多的资金支持和物质保证。近年来，随着经济的发展，暴露出许多社会层面的问题，迫切需要通过社会福利的制定和完善加以解决。可以说，今后中国经济能否继续保持快速、平稳增长，中国社会能否保持稳定、和谐、健康的发展方向，在很大程度上取决于能否建立和完善社会福利体系。

参考文献

［1］（丹麦）戈斯塔·埃斯平 – 安德森. 转型中的福利国家：全球经济中的国家调整［M］. 杨刚，译. 北京：商务印书馆，2010.

［2］（德）克劳斯·奥菲. 福利国家的矛盾［M］. 郭忠华，译. 长春：吉林出版社，2006.

［3］钱宁. 现代社会福利思想［M］. 北京：高等教育出版社，2006.

［4］韩克庆. 转型期中国社会福利研究［M］. 北京：中国人民大学出版社，2011.

国外公务员养老保险制度改革对我国的启示

尤洪文

养老保险作为社会保障制度的重要组成部分，其目的是保障老年人的基本生活需求，为其提供稳定可靠的生活来源。20世纪50年代，我国借鉴了苏联的经验，制定了一系列公民养老保险政策与法规，为日后我国公务员养老保险制度的发展奠定了基础。这一时期的"公务员"主要指国家干部或国家机关工作人员，同企业职工的养老保险制度相比较，我国公务员养老保险制度的保险项目和保险待遇基本相同，具体标准互有高低。但由于我国养老保障水平在单位、户籍以及行政身份三个指标上显示出的巨大差异，导致公民养老保险制度形成了特定的二元化结构，这也为我国整体社会保障制度的不合理埋下了伏笔。

2008年，国务院印发了《事业单位工作人员养老保险制度改革试点方案》，在山西、上海、浙江、广东、重庆五省市开展改革试点，2011年中央又下发了《中共中央 国务院关于分类推进事业单位改革的指导意见》，要求协调推进事业单位养老保险等五项改革。虽然推进机关单位、事业单位养老保险改革的呼声越来越大，但改革试点步履缓慢。

一、我国公务员社会保险发展弊端

20世纪90年代起，我国要建立社会主义市场经济体制，明确了养老保险基金实行"社会统筹与个人账户相结合"的原则，为养老保险制度的进一步改革指明了方向。随后，城镇企业职工养老保险的改革掀起热潮，在制度模式、管理体制、费用负担方式、养老金计发办法等方面都与公务员完全不同。但由于历史原因，公务员养老保险制度相对滞后，处于局部、初级探索阶段。虽然1993年针对自收自支的事业单位、转制为企业的科研机构，以及政府机关和事业单位的劳动合同制工人的退休制度进行改革，但在政府机关和事业单位社会统筹改革试点中也存在各地制度模式不统一、与企业基本养老保险制度难以衔接、补充保险制度没有建立等问题。

概括来说，自1992年起至今，我国实行的是"养老保险双轨制"的退休制度，即企业职工实行由企业和职工本人按一定标准缴纳养老保险费用的"缴费型"统筹制度；机关和事业单位职工不仅工作时不需要缴纳养老保险费用，而且退休金由国家财政统一发放。从制度的执行情况看，现行机关事业单位的退休保障制度对于保障机关事业单位人员离退休后的生活、解除他们的后顾之忧确实起到过一定的积极作用，但随着社会主义市场经济体制的发展，人口老龄化等危机的来临，暴露出的问题也非常明显。

从劳动力资源配置的角度看，现行机关事业单位退休保障制度阻碍了劳动力的自由流动。目前，我国机关事业单位和企业实行两套完全不同的养老保障制度。从机关事业单位流动到企业的人员在待遇上出现了很大的不平衡；而从企业流动到机关事业单位的人员，由于原有的个人账户储存额无法转移，仍由社会保险经办机构代管，其养老保障形成了双重管理。因此，劳动力的非正常流动，很大程度上限制了劳动力资源的合理配置。

从公共管理效率的角度看，现行机关事业单位退休保障制度制约了机关事业单位人事管理制度等改革的推进。从心理角度来说，已经养成了"福利依赖"思想的机关事业单位职工很难接受强调个人自我保障意识的社会养老保障方式；从个人利益角度来说，预期享受高退休待遇的机关事业单位职工也难以接受社会养老保障方式的深入改革。

从社会公平的角度看，机关事业单位退休待遇明显高于企业，不利于社会稳定发展。机关事业单位和企业之间因养老保险制度的不同，保险标准、管理渠道等存在较大差异，造成养老待遇悬殊。退休待遇差距明显，从短期看，不利于社会公平；从长期看，不利于社会稳定发展。

从财政发展的角度看，机关事业单位的单位保障制度加重了政府财政或单位负担。由于机关事业单位退休费用负担越来越重，财政和单位已不堪重负，在一些困难地区和单位已发生了拖欠职工退休金现象，有的退休人员甚至一年领不到退休金，影响了他们的基本生活，成为"两个确保"尚未覆盖的人群。

二、国外公务员养老保险改革趋势

自20世纪70年代以来，发达国家的以养老保险制度为主体的社会保障制度由于受经济发展进入滞胀期、人口老龄化危机或人口增长过快等因素的影响，纷纷陷入困境。公务员养老保险制度存在的主要问题如下：①养老保险的项目过多、标准过高、支出增长过快导致财政赤字增加及个人缴费猛增。②公务员队伍膨胀，导致政府财政压力过大以及政府运转效率过低，从而造成社会资源的浪费并引发其他社会矛盾。③由于经济发展放缓、通货膨胀加剧、公务员退休后的生活需求水平提高等原因，原有公务员养老保险制度面临严重挑战。

国外公务员养老保险改革主要分为两大派别：欧美国家以及日本等经济发达、养老保险制度较为完善的经合组织国家主张缓解现行财务危机进行"微调"，而拉美国家、东欧经济转轨国家、东亚后发国家及地区主张"大调"，重建养老保险的制度、结构和模式。

（一）微调派

主张微调的国家多属于两党或多党轮流执政的国家，各政党为确保自身在竞选中的得票率以维护执政地位，大都在选举中强调加大包括公务员养老保险制度在内的整个社会保障的支出，很少有提出削减的。尽管20世纪80年代以来，这些国家一直在呼吁要对社会保障制度进行大刀阔斧的改革，但统计数据表明，大多数国家的社会福利开支一直呈小幅增长态势。他们只是在原有的框架内进行修补完善工作，并不会进行根本性改革。

微调派主张的改革内容主要包括以下6个方面：①调整退休待遇标准。养老保险制度健全且待遇优厚的国家，如丹麦、瑞士，纷纷降低公务员养老年金的计发标准。②调整公务员养老保险缴费结构。如德国、日本、新加坡等相应提高公务员养老保险的缴费率。③调整待遇领取办法。为适应不断变化的形势，为满足退休公务员的个别需要，一些国家对退休金领取方式的规定逐渐趋于灵活、方便。对于那些未到退休年龄而提前退休的公务员，有的国家选择可领取减额退休金，有的国家会冻结退休金直到法定领取年龄。④调整退休年龄。少数国家允许公务员在到达正常退休年龄之前退出公职队伍，并付给其退休金以给年轻人创造更多就业机会。但更多国家如美国、英国、瑞典、法国等，为了紧缩保险费用而提高退休年龄，以缓解养老金的财务危机。⑤调整退休金的指数化调节方式。没有建立指数化退休金的国家纷纷建立退休金指数化调节机制，同时，许多国家采取定期调整办法来代替原先的不定期调整方法，并根据各自情况增减调整频率和幅度，以此来应对通货膨胀。如德国、俄罗斯等国家将退休金调整与工资增长挂钩，改为按工资和物价指数的平均数或某一者中的较低者进行指数化调整，做到既保障公务员退休生活所需，又减轻财政负担。⑥改进公务员养老保险基金管理。主要是扩大基金的投资范围，以确保基金的保值增值。智利已经比较成功地实现了在政府监管下由私人建立、经办养老保险基金，意大利也于1994年开始鼓励建立私人养老保险基金会。

（二）大调派

大调派中的东欧转轨制国家的公务员养老保险原先和我国一样，实施国家责任保险制度，公务员自身不缴纳任何费用。由于国家财政压力太大、经济发展放缓及人口老龄化的冲击，这些国家开始试图建立国家、单位和公务员自身多方负担的多层次养老保险制度。

大调派主张的改革内容主要有以下两个方面：①对公务员养老保险制度进行根本性改革，主要特征是建立个人账户和实施基金管理。这方面又分为两种情况。一种是以智利为代表，改革最为彻底和成功，建立个人账户和养老基金后，委托私营公司进行管理。在其影响下，秘鲁（1993年）、阿根廷（1994年）、哥伦比亚（1994年）、玻利维亚（1997年）、墨西哥（1997年）、萨尔瓦多（1996年）等拉美国家都各自进行了程度不一的改革。一种是以新加坡为代表，建立账户和基金，由国家公营机构予以管理。受其影响，马来西亚等国家也纷纷建立了公务员养老保险的公积金制度。②公务员养老保险制度的筹资方式由现收现付制转为完全积累制或部分积累制，保险模式由国家保险模式逐渐向欧美模式靠拢，公务员个人未来的养老待遇越来越取决于个人目前的储蓄积累及其保值增值情况。波兰在1993年成为东欧第一个对公务员养老保险制度缴费模式进行改革的国家。

但是实行养老保险制度大变革，会面临两大主要问题：一是转轨费用问题，即新制度对旧制度既得权益的补偿问题；二是公务员自身以及社会其他人员对新制度的心理承受能力，其实质是利益或资源在不同社会成员之间如何分配的问题，即社会公平的尺度问题。

三、对我国的启示

综观当今世界各国公务员养老保险制度改革可以发现，无论是发达国家还是发展中国家，其改革都具有鲜明的本国特色，即注重将公务员养老保险制度改革的内在规律与自身实际国情结合在一起，做到大胆借鉴、改革创新。

我国公务员养老保险制度改革的近期目标是实现与企业养老保险方式的衔接，从单位保障走向社会保障。从世界性的改革趋势看，最终目标是建立政府、单位、个人共同负担，强制性养老保险、年金和个人储蓄相结合的现代多层次养老保障体系。

（一）完善养老保险法律

公务员养老保险制度是整个社会保障体系的重要组成部分。目前，世界上许多国家尤其是公务员养老保险制度建立得比较完善或改革进展较为顺利的国家，大都已经具备较为完善的包括公务员养老保险在内的公共养老保险立法体系。该体系主要由综合的社会保险法、单行的养老保险法令，以及伤残等一系列单行法令构成。这对公务员养老保险制度的建立、发展和改革起到极其重要的保驾护航作用。

而我国在《中华人民共和国国民经济和社会发展第十个五年计划纲要》中就已经提出"适时改革并完善机关事业单位职工基本养老保险制度"，党的十六届三中全会也提出了"积极探索机关和事业单位社会保障制度改革"。最重要的是《中华人民共和国公务员法》明确规定："国家建立公务员保险制度，保障公务员在退休、患病、工伤、生育、失业等情况下获得帮助和补偿。"但总体上，我国无论是立法理念还是立法实践，无论是立法层次还是立法幅度都存在相当不足。应当尽快完善养老保险制度立法，将我国公务员养老保险制度推向法制化的轨道。

（二）我国公务员养老保险保障水平应结合我国发展特点

目前发达国家纷纷在削减公务员养老保险待遇，发展中国家对公务员养老保险待遇也是减多增少。由此可见，我国也应强调增加公务员个人责任，建立养老金调整机制。从世界各国的情况看，养老金调整主要是根据经济发展水平和物价调整情况，对退休人员给予适当调整，使他们退休后保持相应的生活水平。因此，机关、事业单位、企业退休人员的养老金调整应统筹考虑，都不受在职职工调整工资的影响。在调整时间上，可根据经济发展水平和物价变动情况进行相应调整；在调整水平上，可以适当考虑退休前的不同级别、缴费时间、工龄等情况，不同的退休人员有所差别，但不应相差太大。

（三）妥善解决新老制度的平稳过渡问题

从企业养老保险制度改革的实践看，新老制度下退休人员待遇平衡是改革的核心问题，特别是改革前后退休人员养老待遇的平衡和解决"老人"和"中人"历史欠债的过渡问题，直接影响着改革的成败，这也是当前企业基本养老保险基金缺口不断扩大的一个重要原因。因此，在政策措施上，要重点解决好新制度实施前参加工作、实施后退休人员的养老金平衡问题，保证他们的待遇不降低；在数据测算上，要选择不同单位、不同职级和不同类别人员，采集有关数据进行分析测算，合理确定计发退休金的相关要素、参数，充分照顾到各方面的情况。

（四）坚持"效率优先，兼顾公平"

建立个人统筹与社会统筹相结合、多层次的公务员养老保险制度，并在此基础上成立相关基金管理公司进行资本运营，以确保退休公务员的基本生活。另外，公务员养老保险既要与其他社会成员之间的养老保险保持相对公平，又应充分考虑机关、事业单位与企业养老保险制度的统一性与衔接性，这样不但能吸引优秀人才，而且能充分调动公务员的积极性，同时又能实现劳动力在三者之间的合理流动，以提高人力资源配置效率。

（五）减少财政负担

各国除了在养老保险制度方面纷纷进行改革之外，还积极探索对公务员制度进行改革，其中最突出的一点就是结合行政改革，实行精兵简政、大力削减公务员数量以减轻政府财政负担。2011年，我国公务员人数达702.1万人（未包括参照公务员管理的事业单位工作人员），近两年年均增长约15万人。如此庞大的增长数字势必会影响养老保险的公平和效率问题。在设计公务员养老保险制度的同时，还要考虑推进公务员其他配套制度的改革，如公务员的工资薪金福利制度改革、公务员的人事制度改革、公务员的廉正监督制度改革等等。

总之，建立健全稳定的公务员养老保险制度，有利于推行和完善我国现行公务员制度，推进政治体制改革，也有利于促进我国社会主义市场经济的顺利发展。我们要根据我国社会城乡发展状况以及国际化变动趋势，动态地完善我国公务员的养老保险制度。

参考文献

[1] 张永辉. 中国公务员养老保险制度改革研究 [D]. 华东师范大学，2004.
[2] 杨彤. 我国公务员养老保险制度的历史及现状分析 [J]. 特区经济，2007（10）.
[3] 龙玉其. 我国公务员养老保险制度改革的思考 [J]. 岭南学刊，2011（4）.

瑞典公共养老金制度的发展及其对我国的启示

赖建华

瑞典是一个斯堪的纳维亚国家，经济成熟，人民富裕，人口仅942万，约为中国人口的1/140。瑞典的养老金体系是当今世界最成功的养老金体系之一，成功经受住2008年金融危机及其自身人口老龄化问题的考验。作为世界上养老金制度改革与发展最为成功的典型之一，瑞典公共养老金制度的发展和现状特点突出。我国现阶段养老保险体系建设滞后，资金规模相对较小，保障能力有限，地区、城乡差距明显，且资金管理分散，运营效率不高，保值增值的压力很大，进一步完善养老保险保障体系的建设仍然是未来很长一段时间非常重要的任务。考察瑞典公共养老金制度发展轨迹，解析瑞典现有公共养老金制度结构，对我国养老金制度可持续发展具有一定启示。本文拟对瑞典公共养老金制度进行剖析和探究，探索借鉴其先进经验和优秀做法，结合我国实际，建议通过加强顶层设计、设立养老金投资运营机构、加强精算体系建设、专设养老金证券化产品机构等措施，探索建设与社会主义市场经济发展相适应、有中国特色的养老金制度。

一、瑞典公共养老金制度发展历史沿革

瑞典于1913年建立覆盖全民的公共养老金制度，以精算型的缴费确定式（DC）基金制计划为主体，以收入审查型的待遇确定式（DB）计划为补充。基金制需要经历一个完整的生命周期才能建立，瑞典公共养老金制度也不例外，因此，到20世纪30年代，它仅实现了不到20%的替代率，保障水平低下。

1946年，瑞典废除了原来的公共养老金制度，建立了现收现付制的基本养老金制度，为每个国民提供同等水平的养老金待遇。在基本养老金制度覆盖的同时，劳动力市场中的一些群体在退休时可享受到发挥补充作用的职业养老金。例如，大部分的白领退休人员既能获得基本养老金，又可获取职业养老金。但是，蓝领工人却不在职业养老金的覆盖范围之内。如此，瑞典有很大部

分的劳动人口仅能享受到基本养老金，制度公平性亟待提升。

20世纪50年代，瑞典养老金委员会对如何构建退休收入标准具有持续性的养老金制度进行深入调研，调研报告对公共养老金制度的改革发挥重要作用。1960年，瑞典建立了对基本养老金制度发挥补充作用的补充养老金（ATP）制度，它是一种DB型现收现付的价格指数化制度。此制度规定，养老金为劳动者收入水平最高的15年的平均收入的一定比例；缴费满30年可获得全额养老金，缴费每少1年，则减少1/30的全额养老金，超过30年的缴费并不能增加养老金收入；养老金收入设有最高额和最低额，而缴费无限额设置。基础养老金与ATP相结合的养老金制度一直持续到90年代。但这一制度并不能很好地适应人口老龄化趋势的要求，且导致"养懒汉"等不利于制度可持续发展的问题出现。面对这种状况，瑞典着手对公共养老金制度实施系统性改革，于1994通过实施新公共养老金制度的法案，在经过5年的准备期后，1999年开始全面实行新的公共养老金制度。

二、瑞典公共养老金制度结构解析及其主要优点

（一）瑞典公共养老金制度结构解析

瑞典新公共养老金制度由三部分组成，即名义账户制养老金计划（NDC）、基金制个人账户养老金计划（FDC）和基础养老金（保证养老金），其中，NDC和FDC为收入关联型养老金制度，参保者及雇主向NDC和FDC制度的供款率分别为16%和2.5%。

1. 主体——名义账户制养老金计划

总体而言，NDC养老金计划为收入关联的DC型现收现付制，它是瑞典公共养老金制度的主体部分，其运行过程类似于一般的银行储蓄活动。每年，参保者、雇主以税收的形式向名义个人账户供款，这些供款以养老金信用的形式记录在参保者的"银行存折"即名义个人账户内。随着供款的不断流入和基于一定比率计算的收益的持续增加，参保者"银行存折"即养老金名义个人账户内的名义积累额逐步增加。但是参保者和个人的供款并未进入名义个人账户，而是被存入四个缓冲基金——第一、第二、第三和第四国民养老基金。各基金在获得参保者个人供款的1/4资产的同时，也承担着向同期退休者支付1/4 NDC养老金的任务。参保者每年都会收到包含他们名义账户明细的"橙色信封"。参保者个人一旦退休，其养老金名义个人账户的名义资金将会在其退休期间按月发放，实际资金来源于当期劳动者的供款。

同时，瑞典 NDC 养老金计划具有社会保险的一般特征。一方面，养老金储蓄具有封闭性。在达到最低退休年龄即 61 岁之前，参保者不能从其养老金名义个人账户中支取任何资金。另一方面，制度存在一定的再分配性。如果参保者在积累阶段死亡，其所积累的名义资金则分配给同一年龄群组的幸存参保者。在退休阶段，寿命低于平均寿命参保者的名义资产向寿命高于平均寿命参保者转移。

2. 补充——基金制个人账户养老金计划

在基金积累阶段，参保者和雇主以养老金纳税收入 2.5% 的标准向 FDC 制度供款，其所形成的养老金信用加上投资收益额与继承所得额即构成参保者基金个人账户的积累额；在待遇支付阶段，上述积累额减去管理费用再除以年金除数即为参保者月度养老金额。

在税收评估完成之前，FDC 个人账户的资金积累由辅助养老金局（PPM）购买有息资产进行投资。当 PPM 确定参保者个人账户上的养老金信用之后，则购买参保者个人所选择的基金进行投资。如果参保者并未自行作出投资选择，其个人账户积累额则按购买储蓄基金的方案进行投资。到 2009 年底，可供参保者进行投资选择的基金数为 777 个，这些基金共由 88 个基金经理进行管理。

继承所得是根据幸存者 FDC 养老基金的一定比率来计算的。这个比率根据一年死亡风险即一年内死亡的可能性来确定。无论是对经济活动人口，还是已退休的人口，其 FDC 继承所得每年分配一次。2008 年，继承所得总额为 6.63 亿瑞典克朗，发挥了一定的互助共济作用。管理费用的扣除从参保者开始领取养老金时开始，2009 年年底的水平大约为每年 0.5%。计算 FDC 养老金的过程是将 FDC 账户所积累的资金额除以年金除数，年金除数通过综合考虑生存函数和死亡函数等因素加以确定。

FDC 养老金的领取可采取两种方式：一是传统保险，二是基金保险。以传统保险的方式支付养老金表现为月度名义保证生命年金。其计算过程如下：PPM 出卖参保者养老金信用的投资基金份额，并承担相关的责任和金融风险，而养老金则按根据当时状况推算的收益率加以计算。如果参保者个人选择以传统保险的形式获得其养老金，那么每年养老金的领取额要重新计算。以基金保险支付养老金意味着参保者积累的养老金资产仍然分布在参保者所选择的 PPM 基金中，FDC 养老金每年 12 月根据投资基金的价值进行计算。在下一年的每一个月，卖出足够份额的基金资产以支付养老金。可以看出，投资基金份额价值的变化影响到了以后年度 FDC 养老金的数量。此外，FDC 养老金包含幸存者收益，只要夫妇或共同居住者中的一方未亡，FDC 制度就要向他们支付幸存者年金。如果参保者选择了幸存者年金，那么其月度养老金会较低。在养老金指数化规则方面，扣除 PPM 的管理费用后，传统保险的收益率为 2.2%，基金保险的收益率为 3.9%。

3. 基础——保证养老金

保证养老金向无收入或低收入者提供基本的保障。一个人 25 岁以后在瑞典居住至少 40 年（在其他欧盟或欧洲经济区国家居住年限亦可作为判断能否获得保证养老金的基准）方可获得全额保证养老金。保证养老金的领取时间为国民 65 岁之后。2008 年，独身者和非独身者可领取的保证养老金最大数额分别为每月 7278 瑞典克朗和 6492 瑞典克朗。

保证养老金制度是一项资金来源为一般性税收收入的收入审查式制度，其数额与收入关联型养老金、消费者价格指数等因素紧密相关。需要指出的是，由于 1938 年以前出生的人并未向 NDC 和 FDC 制度供款，因此他们仍然按旧制度的规定享受 ATP 养老金。1938—1953 年之间出生的参保者向养老金制度的供款期间包括旧制度向新制度的转型，因此他们的养老金一部分来源于 ATP 制度，另一部分来源于 NDC 和 FDC 制度。1938 年和 1939 年出生的参保者分别领取他们 ATP 养老金的 80% 和 75%。1954 年及以后出生的参保者则按新制度的规定享受养老金待遇。当参保者达到 65 岁时，其 ATP 养老金待遇的调整规则与 NDC 制度一致，但 65 岁之前所领取的养老金调整规则仍为价格指数化。可见，瑞典公共养老金制度对改革过程中"老人"和"中人"的养老金确定方法作了较为合理的规定，这有利于改革的持续推进。

（二）瑞典公共养老金制度的主要优点

瑞典的养老金体系在设计与执行方面具有诸多优点。新公共养老金制度的三个组成部分既分别有序运行，又通过收入关联型制度与非收入关联型制度的联系实现了互动配合。

1. 养老金体系的公共部分和私有部分之间较为均衡

政府负责用国家预算为最低担保养老金出资，并建立了多个缓冲基金，以保护该体系，而养老金的其余部分则由员工和雇主出资。这就实现了强大的保障网络，但同时未给政府预算太大压力。

2. 养老金体系为个人提供了强有力的保障网络，也鼓励为该体系供款

担保养老金和收入养老金由政府管理，其足够保障国民生存，但未必能让国民有高标准的生活。这些部分可以作为抵御可能的个人投资失败的保护；不过，由雇主再提供 2.5% 收入的保证养老金，加上职业养老金计划，可以为员工的资产配置提供一些自由度。借助不错的投资，年长者能够在退休后过上非

常好的生活。

3. 收益金结构稳定

在名义账户制养老金计划和基金制个人账户养老金计划范围内,瑞典的替换率约为60%,意味着平均收入者在退休付款中可收到其一生平均月薪的60%;美国和希腊负担累累的养老金体系则为领取养老金者分别提供78.2%和95.7%的养老金。此外,养老金付款每年都会进行调整。

4. 瑞典新公共养老金制度的精算要素体系较为完整

精算要素体系加强了制度供款与养老金收益之间的联系,增强了国民参保积极性,缓解了"养懒汉"等不利因素给制度财务可持续性带来的压力,有利于养老金制度自身运行效率的提高。

三、我国养老金制度发展现状及存在的问题

(一)我国养老金制度发展现状

根据中国社会科学院《中国养老金发展报告2012》显示,我国养老金缺口呈现出省级地区差异,2011年城镇职工养老金收不抵支的省份达14个,收支缺口达767亿元,高于2010年。养老金收不抵支的省份数量越来越少,但是缺口规模越来越大,财政补贴越来越多,从2002年的450亿元到2011年的2200亿元。负债的省份虽然越来越少,但是负债额却越来越大,在2002年的时候才400亿元,现在是700亿~800亿元。

(二)我国养老金制度目前存在的问题

1. 养老保险体系建设滞后

不仅资金规模相对较小,保障能力有限,地区差距、城乡差距明显,而且资金管理分散,运营效率不高,保值增值的压力很大,进一步完善养老保险保障体系的建设仍然是未来很长一段时间很重要的任务。

2. 面临一些过去没有过的新的挑战

我国人口红利逐渐消失,依靠廉价劳动力的产业有的不可持续,出现传统劳动密集型产业从沿海向中西部转移,甚至向东南亚部分国家转移的情况。来自民生建设的压力加大,由于我国养老保险体制建设相对滞后,养老金的储备显著不足,养老金整体向后递延,可能导致企业负担的增大甚至难以承受。

3. 人口老龄化和高龄化对养老金体制的财务可持续性产生直接冲击

中国人口的出生高峰发生于20世纪50年代,当年的出生高峰人群目前已

开始陆续进入退休年龄并将对中国的社会保障体制产生重大影响。按照目前的养老保险制度和人口发展趋势，中国的城镇职工养老保险维持收支平衡所需要的财政补贴将不断增加，今后可能使公共财政不堪重负。

4. 养老保障资金的结构、管理的体制相对比较落后

中国的养老金尚未形成推动经济转型的力量。而从国外实践可以看出，养老金应该是实体经济最重要的长期的资金来源，这一点对我国实现经济转型具有重要的启示意义。

四、瑞典公共养老金制度对我国的启示

党的十六届四中全会提出了构建社会主义和谐社会的目标，实现这一目标的重要前提之一就是建立起与社会主义市场经济发展相适应的社会保障制度，保障在社会的利益分化、阶层分化的现实条件下的社会各阶层、各利益群体合法的基本的生活权利。瑞典国情与我国大不相同，我国不可能建立一个瑞典式的社会保障体系，但是瑞典的一些做法值得我们借鉴。

（一）加强顶层设计，建立符合实际的养老金制度

在国家层面，应尽快出台和养老金相关的基础法律制度。借鉴瑞典养老金制度，加快制定既切合我国实际又符合国际惯例的金融税收和法律制度，制定和企业年金、广义养老金（基本养老等）发展相关的配套制度，从鼓励行业发展的角度，建议增加"试点企业年金税收优惠政策"具体措施。特别是针对当前企业年金税收优惠政策力度不大，企业和职工建立企业年金积极性不高，面临养老保障体系可持续发展的难题，建议由人力资源和社会保障部牵头，财政部、税务总局共同研究试点企业年金税收优惠政策，加强企业缴费税收优惠力度，出台个人缴费税收优惠政策，撬动企业年金市场发展，完善多层次养老保障体系建设，最大限度地发挥企业年金税收优惠政策的综合经济社会效益。

（二）加强监督管理，设立养老金投资运营机构

瑞典公共养老金和养老储备金都由国家依法专设的基金投资监督管理委员会监督管理。我国社会保障基金的投资运营，则由国务院有关部门监督管理，各部门把监管职责落到有关司局，有关司局再将监管职责分配到有关处室。鉴于各类养老金数额越来越大，建议成立中国社会保障基金投资运营监督管理委员会，对全国社保基金、城镇职工基本养老金、企业年金的投资运营实行统一

监管。监督管理委员会主席由主管部部长兼任,有关部门领导为副主席,吸收有关部门代表和专家参加,至少半年召开一次会议,决定基金投资运营重大规定,及时监督基金投资运营的风险,考核投资部门的投资业绩。

(三)加强精算体系建设,做实养老保险个人账户

鉴于精算机制是瑞典养老金制度的内在要求,我国应尽快推进城镇职工基本养老保险、新型农村社会养老保险和城镇居民社会养老保险个人账户制度的精算体系建设,做实城镇职工养老保险的个人账户。一是成立专门机构,对做实个人账户所需资金进行测算。明确所需资金后,在各级财政补贴不减少的前提下,由中央财政加大补贴力度;不足部分,再通过发行社会保障特定国债筹集资金。二是尽快建立投资运营制度,以实现保值增值。在广泛征求个人意见的基础上,由国务院制定《个人账户资金投资运营办法》,由省级政府有关部门集中委托投资,并对个人承诺略高于年均通货膨胀率的投资收益。等个人账户的资金积累到一定数额以后,再改进个人账户资金的委托投资运营问题。

(四)加强市场培育,专设养老金证券化产品机构

从市场参与主体的角度来看,应大力培育专业化的养老金管理机构,结合目前的国情,探索广义养老金在政府引导和监管下专业化、市场化发展的道路。加强对养老金市场参与主体的引导和扶持,尤其是要培育过去体制下所没有的、专门为养老金市场服务的机构,包括专业化的养老金管理公司、养老金证券化产品机构等。通过对养老金市场服务机构的培育,有利于完善养老金市场环境,还可将专业化的养老金管理公司作为承接政府在养老保障体系中金融服务创新和市场化运作的方案部署的平台,有利于政府一系列金融服务和养老金市场创新政策的落实和实施。

参考文献

[1] 陈志国. 瑞典公共养老基金管理制度创新及其启示 [J]. 金融时报,2004 – 06 – 15.
[2] 丁建定. 北欧国家社会保障制度比较 [J]. 南都学坛,2003 (3).
[3] 和春雷. 社会保障制度的国际比较 [M]. 北京:法律出版社,2001.
[4] 罗文元. 国际社会保障制度比较 [M]. 北京:中国经济出版社,2001.
[5] 孙炳耀. 当代英国瑞典社会保障制度 [M]. 北京:法律出版社,2000.
[6] 李珍. 社会保障制度与经济发展 [M]. 武汉:武汉大学出版社,1998.

瑞典经验对促进广东省妇女儿童发展的经验启示

张 琼

胡锦涛同志在纪念"三八"国际劳动妇女节 100 周年大会上指出,各级党委和政府要充分认识广大妇女的重要作用和做好新形势下妇女工作的重大意义,坚决贯彻男女平等的基本国策,发展妇女事业,维护妇女权益,关心妇女疾苦,热忱帮助妇女解决工作生活中遇到的特殊困难,尤其要千方百计为城乡困难妇女排忧解难,坚决消除歧视妇女现象,依法打击侵害妇女权益的行为,积极为妇女平等依法行使民主权利、平等参与经济社会发展、平等享有改革发展成果创造条件。温家宝同志在全国第五次妇女儿童工作会议上指出,没有妇女的积极作用,就不可能有伟大的社会变革。女性的社会地位决定了社会进步的程度。儿童是一个民族、一个国家发展的未来和希望。妇女儿童事业仍然任重道远,工作只能加强,不能放松。时任广东省委书记汪洋指示妇女组织要构建枢纽型组织,切实服务妇女儿童。党和国家领导人对新时期做好妇女儿童工作提出了新的更高要求。

瑞典是世界上最古老的国家之一,也是一个国民享有"从摇篮到坟墓"的福利的国家,其收入分配平均,国民安居乐业。瑞典妇女平均寿命超过 82 岁,儿童死亡率处于世界最低点。瑞典不仅通过建立性别平等的国家机制、制定相关的法律政策推进性别平等,而且还注重通过广泛的社会性别意识培养,让全社会共同推进性别平等进程,在瑞典的妇女儿童发展进程中,具有不少可供借鉴的经验。

本文尝试从分析当前广东妇女儿童发展面临的主要问题入手,学习借鉴瑞典推动妇女儿童发展的经验,并提出若干对策建议。

一、当前广东省妇女儿童发展面临的问题

(一)妇女就业层次不高

广东省全省女性从业人员达 2443.5 万人,就业总量居全国首位。女性占

全部从业人员的比重为42.7%。较多女性就业集中在第三产业、服务业,高层次就业领域中女性所占比例偏低。

(二) 女性参与决策管理程度有待提高

广东省人民代表大会女代表占省人民代表大会代表总数约27%,中国人民政治协商会议广东省委员会女委员占18%左右,女干部占干部总数的42%,公务员中女性所占比例不到1/3,处级女干部约占18%。尽管在参政和管理上广东妇女所占比例呈上升趋势,但是,由于存在制度设计、观念问题等限制,妇女和男性参政的比例差距还是很大。

(三) 欠发达地区儿童接受教育存在瓶颈

广东省义务教育基本普及,逐步消除了教育中的性别差异。但是,义务教育资源整体不足、保障水平偏低且配置不尽合理,区域、城乡、校际之间不均衡问题仍比较突出,农村义务教育办学条件有待完善。山区儿童学前教育、特殊教育程度仍然较低,成为制约儿童教育发展的瓶颈问题。

(四) 欠发达地区妇幼保健可及性较低

孕产妇、儿童保健管理人群覆盖不均等,城市高于农村、珠江三角洲地区高于经济欠发达地区,优质的妇幼卫生资源多集中在相对发达地区和城市,经济欠发达地区和农村的设备设施、服务条件、人员能力、保健技术等较为薄弱。基层妇幼保健网络薄弱,妇女儿童接受保健管理的程度不高,检验出的新生儿出生缺陷发生率偏高。

(五) 妇女儿童生存发展环境有待进一步优化

广东省城乡发展不平衡,农村环境保护基础薄弱,农村环保工作成效不明显,农村妇女儿童生产生活环境有待进一步改善。各地市经济发展不均衡,对环境保护知识宣传投入的人力、财力、物力的程度也有所不同,环境保护知识宣传载体有待创新。

二、瑞典妇女儿童发展的实地调研情况

为了解瑞典的有关情况,在听取专家授课的基础上,笔者所在的考察组采取了实地调研、街头访谈等方式,具体考察 SOPRA HAMMARBYHAMNEN 社区、社区孕妇保健服务中心、教堂、环境信息中心、幼儿园、花店、寿司店、

超市等。

（一）SOPRA HAMMARBYHAMNEN 的基本情况

SOPRA HAMMARBYHAMNEN 是一个以水为中心的城市新区，是斯德哥尔摩内城的自然延伸，其特色是形式设计、基础设施、城市规划和社区结构现代化，是一个面对大海的城区，将封闭的传统内城与开放的现代化平台有机结合。内城的街道规模、街区大小、房屋高度及密度和功能融合，与新的开放式风格、海景视野、公园和阳光相得益彰。沿街有许多小商店，方便居民生活。由于风景宜人，取代地铁的是轻轨和小汽车。现有居民约 2 万人，核心家庭和单身家庭较多，男女性别比例均衡，收入水平较高，是一个富人相对集中的居住区。

（二）问卷调查结果

笔者采用李克特满意度量表进行了小规模问卷调查，考虑到街头访谈的时间限制和文化差异的实际情况，问卷设计参考幸福指数考核指标设计风格。得出以下初步结论：一是受访者对居住环境满意，全部受访者满意度都在 4 分以上。二是 87% 的受访者认为这个地区和市区内的房价差距不大，但价格也较高。三是受访者对就业状况满意程度差异较大。受访者对这个地区的就业状况有不同的认识，这是由这个地区主要是住宅区而非商业区的性质决定的，大部分受访者指出多数居民不在这个区域工作，有的受访者指出仅有 6%~7% 的居民工作在这个区域，受访者选择的满意度离异系数较大。四是大部分的受访者认为这个地区的教育服务较好。五是受访者对这个区域的医疗满意程度高。

（三）实地调研情况

根据实地调研，笔者考察到这个区域与妇女儿童发展相关的特点可归结为以下几个方面：

1. 住宿环境优雅，社区建设配套

这个区域是居民区，较少见写字楼、金融大厦。环境优美宜人，公寓规整，普遍有大阳台和露台、大窗户，以及色彩明亮的外墙，社区建有公园、码头和风格各异的步行小路，随处可见家长带着儿童晒太阳的景象。路边可见供居民及儿童使用的娱乐设施和篮球场。20 分钟左右的步行路程间有 2 间幼儿园。社区配有医疗服务中心，便于居民就诊。较少大型超市，小型超市和铺面设置在沿街路旁，便于居民购物。

2. 医疗配套服务到位，工作人员素质较高

这个区域没有大型医院，只有社区医疗中心。从考察的情况看，这种依赖社区医疗中心服务社区居民的做法，基本满足了社区居民的需要，并得到社区居民的肯定。考察组实地考察了社区孕妇保健服务中心。这个中心建设在公寓住宅内，设在一楼。服务需要预约，服务对象不限于这个区域的居民，只要是斯德哥尔摩的居民都可以预约服务，但一般居民会选择就近服务。居民接受服务不需要支付费用，这些费用由政府统一支付；中心工作人员的薪酬也由政府支付。中心的工作人员态度很好，尽管手上忙着工作，也热情地接受了考察组的访问考察。

3. 幼儿园氛围温馨，体现儿童优先意识

幼儿园老师很友好，儿童设施齐全，且考虑儿童实际，对建筑及家具棱角有保护措施。考察组考察的是一个私立幼儿园，由公司经营，政府补贴，家长交缴不多于1200瑞典克朗/月的费用。园内有约150个孩子就读，有1/3是非瑞典籍的孩子，说明这个区域的外来人口较多，其中有来自亚洲、欧洲、大洋洲等其他国家和地区的孩子。小班有30人左右，配有6位老师；中班和大班有50人左右，配有4~5位老师。每个班的学生一般分2组，开展活动时，1组在室内活动，另1组会安排在室外活动。学生规模与中国一般的公立幼儿园规模相仿。

三、瑞典妇女儿童发展的经验

瑞典是一个福利性国家，其福利制度涉及生育、教育、就业、医疗、住房、养老等各个方面，涵盖了儿童、妇女、老人、残疾人等各个社会群体。政府为妇女儿童提供了优质的福利政策，妇女儿童发展水平较高。笔者结合实地调查研究，学习到了瑞典妇女儿童发展经验。

（一）实施充分就业政策，瑞典女性就业比例世界最高

瑞典约有430万的劳动人口，70%的16~64岁的女性拥有工作，25%的劳动力从事的是兼职工作，还有3%~4%的劳动力从事的是援助培训服务。瑞典实施充分就业政策有两项目标：一是满足经济增长对劳动力的需要；二是更充分地实现社会公平，特别是男女性别在就业和收入方面的公平。社会公平是瑞典建设福利国家制度所追求的政策目标，政府实施充分就业政策，不断完善居民社会保障。瑞典妇女就业率保持在较高的水平，男女的工资收入差别较小。

（二）社会性别意识主流化，瑞典女性参政水平较高

瑞典是世界上社会平等意识较高的国家，政府设置了性别平等部，隶属于内阁。女性积极参与国家及政府管理，国会中的女委员超过了40%，女性参政比例接近半数，在某些领域，女性参与决策管理的程度比男性还高。在瑞典，女性参政是很正常的事情，甚至有些男性并不热衷于参与决策管理。在推动女性参政方面，瑞典早期通过要求女性参与比例占1/2的硬性规定，逐步形成制度惯性，尽管目前政府没有刚性要求，但女性参政已经成为瑞典的习惯。

（三）政府提供福利政策，瑞典儿童接受高质量的免费教育

在瑞典，学生的家长可自主选择学校。瑞典教育法规定，所有儿童和青年都有平等权利接受教育，不受性别、居住地或社会经济因素影响。瑞典的教育资金在市政府预算中所占的比例最大。与其他国家相比，无论是在教育经费的投入方面还是在平均教学成果方面，瑞典的学校与学校之间的差距都比较小。

（四）实施妇幼保健保障政策，瑞典的儿童死亡率全球最低

瑞典具有较好的妇幼保健保障制度，《儿童及少年福利法》和《儿童照顾法》并入《社会服务法》。各地设有母亲保健中心，对父母的带薪假期有明确的规定，并且父亲也有相关的放假规定。产妇在分娩前可享受生育津贴；孕妇在产前一个月即可开始休假，并领取产假补贴；对于多胞胎的父母，政府给予额外的补贴天数。16岁以下儿童住院免费。有儿童的父母每年可申请一定假期照看孩子，并有临时津贴。有12岁以下儿童的父母每年可请假60天，有一岁半以下儿童的父母每天可工作6小时或全休，有8岁以下儿童的父母工时可以每天减少1/4。

四、启示和建议

（一）政府主导妇女儿童发展

妇女儿童的发展状况，是衡量一个地区社会发展的重要标准。妇女儿童的发展应由政府主导。建议设立妇女儿童工作机构，统筹协调妇女儿童发展，进一步彰显妇女儿童发展的政府行为。推进性别意识进入决策主流，要将妇女儿童发展的主要任务和重点问题切实纳入法律框架，作为政府社会事业及社会管理的重点工作加以解决，把促进妇女儿童发展和维护妇女儿童权益与实践科学

发展观、构建幸福广东结合起来，确保妇女儿童事业的进步和持续发展。

（二）营造妇女儿童发展的良好社会氛围

加强宣传马克思主义妇女观、男女平等基本国策、儿童优先原则，特别要促使男女平等和儿童优先意识深入人心。不断引导社会增强社会性别意识，积极推动妇女参与经济社会管理。综合运用经济、法律、行政、宣传等手段，为妇女儿童事业发展创造良好的社会舆论环境，不断推动落实妇女儿童的各项权益。

（三）进一步提高妇女参与社会决策管理和经济活动的水平

采取配额制，推进女性参与决策管理的程度。逐步消除女性在选拔、任用、晋升以及录考和招聘中的歧视。加大对就业困难女性的就业援助力度，重视和加强管理层和高新技术领域女性人才队伍建设。加强企业劳动保障守法诚信和履行社会责任的制度建设，加大对签订女职工权益保障专项集体合同的监督检查，加强对女职工的特殊劳动保护。推进全民参保和城乡社会保险制度的融合衔接，扩大女性社会保障覆盖范围。

（四）进一步提高妇幼卫生保健水平

加大妇幼保健投入，逐步实现全民医保。提高妇幼保健医保水平，逐渐实现住院分娩免费，并给予孕产妇生育补助，逐步实现生育分娩费用社会化，由社会承担女性的生育分娩费用。逐步提高儿童住院报销比例。整合区域医疗资源，切实提高妇女高发疾病的防控和妇女儿童健康水平，让妇女儿童能就近获取良好的医疗资源。加强卫生信息化建设，逐渐实现医疗信息的共享互用，破除医院与医院之间、地区与地区之间的医疗隔阂。

（五）进一步提高妇女儿童享有卫生、教育、文化等公共服务均等化的程度

加大农村学前教育的投入，尝试使用教育券，高质量地普及从学前教育到高中阶段的教育，使儿童能够享受均衡的义务教育。全面推进素质教育，强调儿童的综合发展素质。对于有儿童的父母，给予一定的假期以照看孩子，并给予一定的补贴；逐步将养育儿童的费用社会化，加大妇女儿童享有卫生、教育、文化等公共服务的工作力度。净化儿童成长环境，加强网络信息管理和监督，加强儿童文化娱乐设施建设，为儿童提供良好的文化娱乐环境。

参考文献

[1] 顾俊礼. 福利国家论析——以欧洲为背景的比较研究 [M]. 北京：经济管理出版社，2002.

[2] 祁亚辉. 透过"橱窗"看到的福利国家——一个基于瑞典的案例分析 [J]. 学术交流，2004（9）.

[3] 何玲. 瑞典儿童福利模式及发展趋势研议 [J]. 中国青年研究，2009（2）.

关于农村殡葬改革政策执行异化的思考
——兼论农村政策制定、执行模式的转变

梁剑辉

农村殡葬改革问题是中国殡葬改革的关键和难点。在许多农村地区,"二次装棺再葬"越演越烈,殡葬行业暴利加重了农民负担,甚至出现某些地区为完成火葬指标引发的买卖尸体、以兽体代尸等丑恶现象。这些现象背后蕴含的实质是:我国殡葬改革制度的实施在许多方面已被异化,并演变为一个复杂的社会问题。

本文围绕殡葬改革政策在农村的执行情况,详细分析了农村殡葬改革政策执行异化的表现、危害和成因,并对此进行了反思,针对农村殡葬改革政策异化提出矫正建议。善待死者,造福生者,长此以往,福祉方能在人间。

一、农村殡葬改革政策的出台经历和立法目的

殡葬改革是新中国成立以来的一项由政府推动的社会改造运动。

(一)出台经历

新中国成立后,百废待兴,一切都在改革,殡葬活动自然也纳入改革范围。1956年4月27日,在毛泽东同志的倡议并带头签名下,中国高层领导人身后遗体实行火化的声明诞生了,150余名党和国家高级领导人的签名揭开了中国殡葬改革的序幕,殡葬改革在全国城乡开展,但因种种原因,我国的殡葬改革一直处于倡导阶段。改革开放后,土葬这种占用土地资源的丧葬方式再次引起重视。1985年2月,国务院发布的《国务院关于殡葬管理的暂行规定》是我国殡葬管理的第一个行政法规,但它的倡导性质仍很浓厚。直至1997年7月国务院颁布实施《殡葬管理条例》(以下简称《条例》),才产生更为正式和严肃的政策法,《条例》强化了殡葬管理的执法力度和执法权威,提高了殡葬管理法制化的水平,强力推行以火化为主的殡葬改革。

（二）立法目的"两节约一促进"

国务院颁布的《殡葬管理条例》规定殡葬管理的方针是：积极地、有步骤地实行火葬，改革土葬，节约殡葬用地，革除丧葬陋习，提倡文明节俭办丧事。从《条例》可以看出，殡葬改革有三大任务：一是推行火葬；二是改革土葬；三是提倡适应现代社会需要的新的治丧礼仪。而加强殡葬改革的立法目的，就是节约土地资源，节省丧葬财物，促进文明向上的治丧新风尚，为走可持续发展之路奠定基础，以促进社会和谐发展。

1. 节约土地

一直以来，受传统"入土为安"观念的影响，土葬占据中国殡葬方式首位。在农村，由于历史和现状等因素，坟地大量占用土地的现象很普遍，尤其是农村的零散坟地，使得这一矛盾更为突出。实施殡葬改革，推行更为环保、文明的丧葬方式，是为了解决土地占用问题，尤其在乱葬现象严重的地区，更有必要。

2. 节省财物

随着经济的快速发展，人民生活水平不断提高，社会文明不断进步，但厚葬浪费歪风却日盛，出现丧葬陋习回潮的现象。究其原因，是群众的口袋鼓起来了，然而"入土为安、重殓厚葬"的陈旧观念依然根深蒂固，铺张浪费现象严重。有相当一部分群众认为，对老人孝不孝，很大程度上要看老人去世后安葬得风光不风光、体面不体面、排场大不大，由此导致丧事相互攀比、大操大办，形成了花钱多、程序多、讲究多的"三多"现象。厚葬浪费歪风盛行大大加重了群众负担，推动殡葬改革的初衷就是为了解决此问题，使群众节约财物。

3. 促进文明

在一些地区特别是农村，办理丧事过程中的封建迷信活动十分普遍，如看风水、出大殡、攀阴亲、扎糊迷信用品等等。社会上更有一些人为牟取暴利，有的装巫婆、扮神汉、充当阴阳先生，有的大量生产、销售封建迷信的丧葬用品。这些活动不仅给办理丧事的家庭带来不必要的经济负担，而且严重污染了社会环境，干扰了社会主义精神文明建设。为了变革旧的丧葬习俗，清除丧葬活动中的精神污染，民政部根据《国务院关于殡葬管理的暂行规定》作出关于丧葬中的封建迷信的若干规定，试图禁止在丧事中搞封建迷信活动，促进文明办丧。

二、殡葬改革执行异化的表现及危害

随着我国经济社会的不断发展和殡葬改革的深入推进,我国殡葬占地的问题得到一定程度的控制。据民政部统计,50多年来,全国共平掉耕地内和铁道、公路两侧的旧坟地1亿多个,扩耕还田100多万亩。但殡葬改革、殡葬管理方面的问题和矛盾却日益凸显,尤其是农村殡葬管理的问题更为突出。据民政部的资料显示,没有火化的死亡人口大多集中在农村。虽然1997年国务院颁布《殡葬管理条例》时考虑到了农村的具体情况,提出"积极地、有步骤地实行火葬,改革土葬,节约殡葬用地,革除丧葬陋俗,提倡文明节俭办丧事",但各地在实施过程中,却出现了绝对化和"一刀切"的现象:要么完全放弃土葬,实行火化;要么只狠抓火化,火化后是否土葬基本不管。至于在习俗仪式方面的改革,大部分地方都没有实际的介入和变革。殡葬改革中的异化现象屡屡被报纸、电视、网络等媒体曝光,多地的人大代表、政协委员提案提议对殡葬改革政策进行纠偏,学术界也对殡葬改革中的异化现象进行了论述反思。农村殡葬改革政策相当程度上偏离了立法初衷。

(一)殡葬改革政策执行异化的具体表现

1. 占地状况不变

各地的殡葬改革考核体系中,如广东、河南等省,都是把"火化率"放在首位。由于考核体系的影响,许多基层地方政府片面地认为提高火化率就是完成了殡葬改革任务,并没有把殡葬改革保护土地、节约资源、促进文明的精神贯彻落实好。事实上,许多地方政府未能提供骨灰存放的场所或场所费用昂贵,许多地方的风俗又讳忌将骨灰存放在家,导致在农村推行火化的过程中,只能在火化后将骨灰装棺土葬,并没有节约土地。偷葬的、起棺火化后二次土葬的,都留着大坟头,占用大片土地。许多乡镇由于缺少公益性公墓,政府只能对乱埋乱葬现象睁一只眼闭一只眼。有乡村公墓的,墓区也不够规范,布局不够合理,墓穴样式和形态各异,丧户随意安葬,随意超面积、超标准建墓,墓区没有绿化,光秃秃的一片水泥墩,形成新的白色污染。除装棺二次土葬以及丧葬市场混乱外,私买墓地现象也很严重。许多农村特别是城郊把出售殡葬土地作为一种谋取暴利的手段,将本村公墓墓穴对外出售。有些地方将墓区划分成三六九等,不同身份的死者在不同地段安葬。由于受传统观念影响,攀比成风,恶意炒作,在原本就已紧张的土地资源环境下,非法出售的墓地价格也水涨船高,这也大大刺激一些农村罔顾政策法规,非法变更土地用途,出售墓地；一些集体和国有林场受利益驱动，未经任何批准，也违法对外出售墓地，售出后不管不问，任其随意安葬。

2. 殡葬成本大增

首先，殡葬服务业被殡葬管理部门或其属下单位垄断，职能部门管理不到位，殡葬用品市场混乱。经营者抓住人们办丧事的心理，巧立名目、漫天要价。按照火化土葬的方式，目前农村安葬一位老人的费用为1万～3万元，有的甚至更多一些。具体包括尸体火化费、墓穴费、迷信和鼓乐消费、纸扎及花圈消费、招待费、发礼品或红包等等。一位从事殡葬经营服务近10年的老板说："火葬的利润一般都超过300%，最高的甚至可以达到1000%～2000%。死一个人，至少要花上万元，搞风光大葬花四五十万元也不算多。从殡仪馆的账目上看，消费并不多：火化费300元，整容费300元，遗体接送费200元，租用告别厅大厅300元、小厅120元，加上租用花圈等开销，最多不过3000元。账面上的消费不多，可实际操作起来开销可不少。如死者下葬时的寿衣，普通棉布面料要800～1200元一套，绸缎面料最少也要2000元一套，骨灰盒最廉价的要1500元，一般家庭至少要购买三四千元的红木骨灰盒，面子上才勉强过得去。"殡仪馆的收费多达十几项，按照最低标准，从太平间到火葬场，再到骨灰堂，最后入土，最低的费用需要七八千元。除了这些以外，墓园的花费同样昂贵。业内人士介绍："在一些经济发展较快的地区，殡葬服务多达100多项。在东部沿海地带，一块墓地十几万元、几十万元也不稀奇。一般普通墓穴要3000元左右，而高档墓穴售价可达数万元甚至十多万元。"昂贵的丧葬费用极大地侵害了广大死者家属的利益，不但让他们忍受失去亲人的痛苦，还要蒙受经济上的重大损失。这些高收费背后，隐藏着殡葬管理的全民服务性和殡葬服务业的部门垄断性矛盾。其次，在传统思想影响下，为留"全尸"，使死者"入土为安"，很多人通过关系和金钱，实现遗体的不火化。据百姓反映，为实现遗体不火化，需要交纳数千元的"好处费"。当地乡镇政府默许这种收费不火化的行为，有些地区把这些费用作为乡镇办公经费，这几乎成为行业的潜规则。火化政策没有减轻群众负担，反而加重了群众负担，群众称："生亦难，死亦难。"

3. 恶化社会风气

人类对死者遗体的殡葬行为，是有别于其他动物的文明行为，是受思想支配的行动，非常在意心理感受。由于人们对火葬存在恐惧心理，又有"入土为安"的传统观念影响，所以在推行火葬过程中遇到非常大的阻力。农村的很多丧属抗拒火葬。

农村逃避火葬主要依靠两种手段：一是偷葬。人死了，丧属不敢声张，在夜深人静时偷着土葬，一旦被举报，就会被强行挖出尸体火化，还会被处以很重的罚款。所以出现了一种现象，有的人"失踪"了半年多，人们才知道其已经死亡。由于殡葬管理部门直接控制了所有医院的太平间，尸体一律不能外运，限制了"偷着"土葬的可能性，一些不愿意火葬的老年人，生病了自知不能长久，便不去医院治疗，让家人把自己送到农村，从而放弃了抢救的机会。二是买尸顶替。一些不法分子铤而走险，盗墓偷尸、杀人贩尸，把尸体转卖给丧户，顶替死者火葬；而部分从事殡葬管理的工作人员也在"买尸顶替火化"这种犯罪行为中充当了纵容默许甚至引导牵线的不光彩角色。甚至部分乡镇基层干部串通火葬场工作人员，把这种行为作为敛财方式，不但工作上火化率没有下降，而且能获取数额巨大的非法收入，催生了官员腐化现象。

（二）殡葬改革政策异化的危害

1. 恶化干群关系

由于殡葬管理执行一票否决，基层政府及干部工作压力非常大。面对工作指标，部分工作人员不得不为"保乌纱帽"而奋斗，使用的工作手段非常强硬，缺乏人性化，群众对抗激烈，因此激发了许多干群矛盾。更为严重的是，部分干部收钱允许土葬，肆意践踏社会公平正义，滋生了腐败现象，进一步激化矛盾。

2. 危害执政基础

殡葬改革的对象是已经延续了几千年的传统丧葬观念，难度之大可想而知。对群众而言，被挖祖坟是最大的耻辱，没有哪一件事比挖群众祖墓更伤害群众感情了。而推行殡葬改革在伤害百姓感情的同时，也极大地挫伤了基层干部的工作积极性。不少基层干部面对空前的殡葬改革工作压力，以及日益激烈的干群矛盾，工作积极性大大下降，不作为、乱作为的现象滋生。殡葬改革政策的异化执行，大大削弱了党在基层的执政基础。

3. 危害社会主义道德

传统观念影响加之殡葬行业的垄断经营，导致丧葬费用畸高，因此也引发了许多家庭矛盾，动摇了传统的敬终礼孝的观念，危害了社会主义的道德体系。殡葬行业成为暴利的灰色产业，殡葬改革的异化现象，成为基层社会风气的污染源。

三、殡葬改革异化的原因分析

一方面，几千年来形成的丧葬习俗，在新时期对农村的丧葬活动仍然持续地产生着影响。想一朝一夕改变观念是很难的，过于激进往往欲速不达。

另一方面，对传统的土葬行为就是一种陋习的界定过于武断。我们应反对的是大量占用土地和铺张浪费办丧，而不是简单地反对土葬。在绝大多数地区，可以在规划好土地的前提下推行"非火化土葬"，这不仅可以节约土地，群众观念上也好接受，易于推行，何乐而不为？在这种情况下，为什么要强行推进火化呢？火化仅是殡葬改革的手段而非目的，节约土地、节约财物才是目的。假如火化增加群众负担而另一种方式又可节约土地，火化就不应作为殡葬改革工作的主线。根据目前的情况，在广大农村地区采取急速推进强制火化的方式，至少有以下条件尚未成熟。

（一）物质条件未具备

目前我国对于殡葬事业的投入还远远没有跟上社会发展的需要，殡葬公共设施的覆盖面有限。广大落后县域财力非常匮乏，大多数地方乡镇经济还相当落后，财力不足，公共服务设施建设不足，基层乡镇没有火化场和存放骨灰的殡仪馆，所有的殡葬服务必须集中到县城以上的行政区域，极为不方便。而从部分地区的实际情况出发，由于偏僻、交通不便以及缺乏公共设施，同时，荒山野岭等闲置未开发山地较多，强行推行统一集中的殡葬改革服务反而是不科学的，导致资源的极大浪费和成本的暴增。就近统一规划集中土葬，规定面积和年限，则更合乎当地实情。

（二）风俗与观念转变不可"狂风骤雨"

新中国成立后特别是改革开放以来，社会主义新农村建设取得较大成就，城乡面貌日新月异，但是广大农村还是以农业为主，具有小农经济的特点，具有较强的地区性、宗族性，传统观念还占据主导地位。目前的殡葬改革试图用行政手段去转变千百年来的殡葬风俗。但群众的思想转变有渐进性，群众需要教育，教育需要时间，移风易俗理应渐进，转变非一日之功。"一刀切"的管理办法和一上来就高压强推的工作态势，必然会导致政策实施与民众传统理念的巨大碰撞，必然导致民众对殡葬改革工作的抵触，在推进殡葬改革的过程引发各种冲突和矛盾。当今群众的权利和法治意识已经大增，和谐社会成为主题，巩固执政党的群众基础成为重要任务，这就决定了我国的殡葬改革工作需要实行政策的软着陆，要用以人为本的科学方式来推进。

（三）政策设计和执行存在明显缺陷

1. 政策制定缺陷

首先，忽视基本物质条件。从20世纪90年代提出强制火化到现在，城乡公共服务均等化至今未能实现，殡葬公共设施的建设滞后，新形成的殡葬用品市场发展不成熟、管理不规范，导致殡葬成本虚高。中国大部分地区的殡葬改革投入缺口比较大，地方财力远远满足不了殡葬管理工作的需要，强行推行殡葬改革反而不适应地方实际情况。其次，决策不够民主。殡葬改革工作的初衷很好，但是在政策制定的过程中，没有广泛听取广大农村的声音，没有很好地统筹考虑城乡经济社会发展之间、地域文化之间的巨大差异，采用了比较生硬、刚性的规定，导致政策在执行过程中与部分实际情况严重不适应。最后，迷信行政手段的作用。出台政策时没有相应的配套措施，对于公墓、殡仪馆、火葬场等殡仪场所如何建设和管理也没有一部专门的法规来进行规范，以为行政动员、行政强制就可解决问题。《殡葬管理条例》虽赋予了民政部门殡葬管理强制执行权，但规定过于原则、笼统，在殡葬考核的高压下，导致了各地相关部门的乱作为和群众的反抗。

2. 政策执行缺陷

首先，手段与目标偏离。对殡葬改革工作的考核和管理重在追求火化率，导致了农村百姓在火化后继续大搞传统封建迷信活动，实施土葬。农村殡葬改革事与愿违，不但不能起到移风易俗、节约耕地的目的，而且使死者家庭增加了诸多负担，背离了殡葬改革的初衷。其次，迷信对官员"问责"的威力。许多地方对乡镇基层干部评价实行"一票否决制"，给基层干部施加了空前的工作压力，殡葬改革工作也因此一直是基层工作的重心之一。但由于基础物质条件的缺乏，导致殡葬改革难以推行，有的基层干部对殡葬改革政策也想不通，工作主动性不高，对群众的教育也缺乏耐心，甚至为完成任务不惜造假。最后，对基层呼声的冷漠。"知政失者在草野，知屋漏者在宇下。"殡葬改革政策执行异化已很严重，基层呼声不断，甚至有学者和人大代表、政协委员对现行的殡葬改革政策提出强烈的质疑，认为要有区别地执行，放宽殡葬政策，试点更为丰富的殡葬管理办法。但有的地方还试图赋予相关部门更强硬的执行权，用强大的执法手段来达到全面推行的效果。

四、关于殡葬改革异化的反思和矫正建议

殡葬改革是一项移风易俗的社会改革，如何在充分尊重群众的情感、意愿，保证群众利益的基础上，进行科学、有效、合理和符合民族传统的殡葬改革，是一个关系到我国经济社会可持续发展和社会主义新农村建设的重大现实课题。

笔者认为，一国有一国的国情，一地也有一地的风俗。风俗或许有好有

坏，但若能长期存在，必然有其存在的基础。若要改变，必须逐步消解其基础，然后给予其引导措施，使群众接受，方可成功。这需要三个条件：改变的物质条件已经具备或基本具备，群众思想接受，政策引导合适。若采取"暴风骤雨"式的激进措施，如果物质条件还不具备，则不可能成功；群众思想不接受但强行推进，或许会成功，但付出的成本很大，必须衡量社会的接受程度、国民的忍耐力和社会稳定的需要；政策引导合适，风俗会加速转变，但措施不当，则会起反作用甚至留下后患。农村殡葬改革政策的变异在于以上三个条件的欠缺。面对许多农村政策的变异事实，我们应对关系广大农民切身利益的政策进行反思。

（一）反思

1. 闭门造车的"精英立法"模式应摒弃

立法应当民主，特别是直接涉及广大群众利益的立法或政策制定，必须真正广泛听取利益相关者的声音。目前，包括农民在内的整个国民的权利、法治意识已经高涨，"精英立法"更要让"草根发声"，构建"草根发声+全民倾听+精英立法"的立法模式和政策制定模式，才能让农村政策切合实际和更易执行。

2. 移风易俗立法必须尊重民意

农民人口占多数依然是我国的重大国情，制定面向广大农村的政策，必须充分尊重农村的实际。

3. 必须预备好基层干部执行政策的必备条件，尤其是物质条件和时间

仅依靠"一票否决"和问责制无法解决问题。对基层干部执行政策过程中的反馈声音，不管错对，都应认真、用心倾听，有错则及时分析和纠正，要有纠偏的勇气和信心。所有政策的制定部门都应建立政策定期检讨机制，公开征集和听取群众的声音，纠正不足，才有利于工作。

（二）对殡葬改革政策的矫正建议

1. 放弃火化率考核，直接对节约土地进行考核

"节约土地，不让死人与活人争地"是农村殡葬改革的主要目的之一。实践证明，在农村强行推行火葬，不仅没有节约土地，反而还因建火化厂和骨灰存放地浪费了大量的土地，同时浪费了大量人力和每年数亿元的事业经费。所以应该放弃火化率考核，从改革的本质出发，直接对节约土地进行考核。建议采取如下措施：科学核准各地的土葬区亩数，对规划好用地、集中土葬的地区，应允许"非火化"土葬；基层村委会可对每户划定一定的墓地供其数代

多年使用，禁止再占地。若实行此方法，随着我国人口老龄化趋势的增强和死亡率的降低，乱葬乱占地的情况会大大减少。

2. 鼓励文明办丧，将节约群众财物作为殡葬改革的主要内容并制定考核标准

充分利用报刊、电视、广播、互联网、路牌、灯箱、墙体、横幅和发放资料等宣传形式，在城乡大力宣传殡葬改革是利国利民、造福子孙的好事，将厚养薄葬、简易办丧作为宣传的中心，将殡葬改革与中国传统的"孝"文化有机结合起来，这样更符合老百姓的意愿，让老百姓从思想和心理上接受禁止铺张厚葬、禁止封建迷信的理念。要树立厚养薄葬典型，推进节约土葬、集中土葬，倡导"绿色殡葬"。举行骨灰树葬和海葬活动，树立现代殡葬理念，推行科学、文明、环保的殡葬方式，倡导"绿色殡葬"。打破殡葬垄断体制，利用市场机制大力发展"生态墓园"行业。以村为单位建设公墓或陵园，通过竞争引导其朝向墓区的园林化、人性化，墓碑的个性化、艺术化方向发展，形成"一块公墓一片林"，一方面可以满足中国人入土为安、落叶归根的传统观念，另一方面也可以营造生态景观，美化社会主义新农村家园，使陵园成为融陵园、公园、庄园于一体，集殡葬、旅游、娱乐多功能于一身的人文纪念园。

3. 逐步完善基层殡葬改革的必备措施，对火化者给予经济补贴、奖励

从当前农村的现实情况看，政府应进一步加大投入，逐步将殡葬改革工作列为公益性事业。在土地资源非常匮乏划不出土葬区的地方，应尽快建立火化场、殡仪馆和骨灰存放场所，探索建立基本殡葬服务政府补贴制度，减免尸体火化、骨灰存放、公益性公墓安葬费用，通过财政补贴鼓励树葬、花葬、海葬等生态葬法。

参考文献

[1] 中华人民共和国统计局. 中华人民共和国 2010 年国民经济和社会发展统计公报 [N]. 人民日报, 2011 – 03 – 01.

[2] 怪现象：摊派火化指标 人还没死先定"死多少" [N]. 南方日报, 2004 – 12 – 08.

[3] 胡平仁, 鞠成伟. 法社会学视野下的法律与习俗 [J]. 湖北社会科学, 2007 (4).

[4] 张晋藩. 中国法律的传统和近代转型 [M]. 北京：法律出版社, 1997.

[5] 魏宏. 法律的社会学分析 [M]. 济南：山东人民出版社, 2003.

[6] 费孝通. 乡土中国：生育制度 [N]. 北京：北京大学出版社, 1998.

[7] 罗必良. 新制度经济学 [M]. 太原：山西经济出版社, 2005.

[8] （德）马克斯·韦伯. 经济与社会 [M]. 林荣远, 译. 北京：商务印书馆 1997.

[9] （德）史漫飞, 柯武刚. 制度经济学 [M]. 韩朝华, 译. 北京：商务印书馆, 2007.

瑞典产业转型升级经验启示

张自旺

瑞典国土面积45万平方公里，人口942万，150年前是欧洲最穷的国家之一。但自1850年工业化起步后，共经历了四次产业转型升级，由农业社会进入工业社会、信息社会。2009年，瑞典人均GDP达43147美元，排世界第12位，社会福利发展非常全面，工业经济非常发达。

一、瑞典产业转型升级各个阶段经济发展特征及劳资关系调整

（一）由农业、手工业社会到初级工业化社会

1850—1890年是瑞典工业化发展的第一阶段，由农业、手工业社会向工业社会迈进。当时的技术更新以蒸汽机的使用和铁路建设为主要特点。特别是在木材行业，当时欧洲需要很多木材，瑞典的森林比较多，于是在北方沿河附近建了许多锯木厂，用蒸汽船将木材运到欧洲出口，在20多年间，由于新技术的引进，木材出口规模扩大了5倍。

随着技术和经济的发展，资本主义思想开始进入瑞典，人们开始要求平等的机会和经济自由发展，政府为了适应这个要求而做了一些改革。其中，在法律上做了两项调整：一是劳资可以自由谈判。1846年颁布的《工业与手工业条例》里，肯定了劳动自由原则，工人和农民找工作时，劳资双方可以平等地就工资和其他问题进行讨论，并签订合同。二是可以自由从事经济活动。1864年，瑞典制定了新的经济法规，规定了经济自由原则，人人可以从事经济活动，开办工厂或从事其他行业；而在这之前，无业人员流动是犯法的。这两项法律改革使得人员流动成为可能，工人和农民可以用脚进行选择，从而形成了劳动市场。

（二）初级工业社会到中等较发达工业社会

1890—1930年是瑞典工业化发展的第二个阶段。瑞典大量引进电力和内燃机，大大改善了交通条件，促进了城镇之间的交流，也促进了城市在经济发展中的作用，工业开始由生产初级产品慢慢提高到生产具有附加值的产品。该阶段出现了附加值较多的工业，如将以前的单纯木材出口生意转变为进行初期纸加工，大大提高了木材产业的附加值。同时，工厂和银行之间的关系更加密切，使得工业化得以大规模发展，工人数量也大幅增长，在1872—1912年间增加了7倍，且2/3以上的工人在大中企业工作。

在这一阶段，工业的发展虽然实现了财富积累，但工人生活得很惨淡，收入很低。因此，瑞典于1850年出现了第一个工会，1880年斯德哥尔摩木工协会的成立标志着现代工会在瑞典最终取得了突破。1889年社会民主主义工人党（以下简称"社民党"）成立，参加其第一次代表大会的代表有2/3来自工会组织，1/3来自政党组织，这说明工会在政党形成过程中起着很重要的作用。1898年，社民党领导下的瑞典总工会（LO）成立。与此同时，资本家也组织起来。1893年，瑞典第一个资方组织——斯德哥尔摩面包坊业主协会成立；1893年，第一个全国性雇主组织——瑞典印刷业业主联合会成立；1902年，瑞典雇主总会（SAF）成立。

劳资双方在长期的博弈和斗争中均做了一定程度的妥协，总工会承认"雇主有权自由地录用并解雇工人、领导并分配工作"，资方则明确接受工人结社权、集体协议权和工会会员不受迫害的权利，逐渐形成了通过集体谈判、集体协议来解决劳资矛盾的瑞典模式。此举缓和了阶段矛盾，使劳资双方都在一个长期相对稳定的环境里发展经济，对产业的发展转型升级起到深远的影响。

（三）中等发达工业社会转型升级为高等发达工业社会

1930—1975年是瑞典工业化发展的第三个阶段。20世纪30年代初，世界经济进入大萧条时期，资本主义经济危机爆发，瑞典经济也面临新的调整。一些新的产业如汽车工业、造船业、机械制造业等正在诞生，流水线、专业化分工等信息产业正在形成，现代化的企业结构以福特主义为标准。面对国际经济大萧条，瑞典政府决定降低工资，减少开支，以求得经济平衡发展。但这种极端政策导致了大规模的矛盾、罢工。1931年瑞典工人举行罢工和游行，资方调集军队打死了5名工人，劳资矛盾又紧张起来，加重了瑞典经济的衰退。此时，社民党提出了一个新的经济政策，即通过政府贷款或发行债券来募集资金，建设公共设施，减少失业，刺激经济发展，受到了劳动人民的欢迎，社民党的选票大幅增长，瑞典经济又迅速恢复了快速增长。

经济政策调整的同时，瑞典政府再次调整对工会的政策，通过立法，支持工人建立工会与资本家进行谈判。政府为了激发资方的投资积极性，出台了建立投资基金、改变折旧制度等政策，并减免投资资金的所得税。这些明显有利于企业的政策，激发了资方的投资积极性，大大缓解了就业压力。同时，政府鼓励工会和资本家进行谈判，并创造条件让总工会和雇主进行谈判，双方就劳工关系、生产和技术、劳动环境和劳动保护等问题达成总体性协议，协议规定：有关工资和其他劳动条件等劳资矛盾需要通过谈判解决；在谈判开始前和谈判期间，任何一方不得采取斗争措施；在地方谈判未果的情况下，需要进行联合会级别（中央级）的谈判。在谈判失败并采取斗争手段之前，需要事先通报对方及有关单位（为讨还拖欠工资而采取的斗争除外）。违反上述程序的一方将受到制裁。

瑞典成立了由劳资双方代表组成的劳动市场委员会，讨论并处理有关企业民主、辞退原则、劳资冲突与社会危险和第三方利益关系等问题。该协议是瑞典现代史上最著名的涉及两大阶级、组织劳资双方的协议，对社会产生了很大的影响，创造了"谅解精神"。正是这种"谅解精神"，使瑞典劳资谈判和集体协议真正走上了程序化、制度化的轨道，为"二战"后瑞典劳工市场的长期和平与稳定创造了条件，从而为瑞典经济的高速发展和福利国家的建设奠定了基础。

20世纪50年代后，总工会提出了团结工资政策。团结工资政策认为，应该考虑整个社会的经济发展问题，工资数额既能让劳动人民得到实际利益，又不会影响企业的竞争力。总工会认为，工会与政府的任务不同，工会的责任就是代表工人的利益，为提高职工待遇而奋斗，工资的增长虽然不能超过经济增长，但工资的多少应取决于工作的性质和要求，如难度、危险度、保障度和对受教育程度及技能的要求等。并特别提出一个原则——"工人不能为亏损企业勒紧腰带"，公平的工资只能来自同工同酬。如果企业无法提供与之匹配的工资，只好关门，在关门的情况下，政府借此机会对失业工人进行培训，帮助其流动。当然，在出口利润比较高的高级技术产业，企业支付的工资并不是完全依靠其支付能力，如果高技术产业支付的工资低于其国际竞争对手的工资，就能使得资源配置往高新技术产业倾斜，可以增强瑞典高技术产业的国际竞争力。

瑞典政府应工会要求，在全国各省建立劳动再教育中心、劳动市场政策中心，以最新的技术免费培训工人，而且给工人支付比其原有工资稍低的补贴，足够工人维持生活。每年，瑞典有20%左右的劳动力接受再培训，这使得瑞典的产业升级速度很快。同时，政府通过税收建立了从"摇篮到坟墓"的一整套社会福利政策，使劳方所得（工资加资方代交的社会保险费）占工商业增值的比例由1950年的57%上升到1980年的78%。进入21世纪后，经济全球化发展使得资方影响力扩大，工资比例占工商业增值的比例有所下降，但仍然达到了69%的水平。

1956—1983年，瑞典总工会和雇主协会进行了多轮工资谈判，确定工人的工资增长总幅度不能超过工业生产率和国际市场价格上涨的总和，并由各行业联合会和地方分会落实到个人，从而使得瑞典的劳工市场保持了30年的和平。谈判处理了两个关键问题，即工资增长总量问题和钱从哪里来的问题，避免了不同产业的工人工资增长苦乐不均的问题。同时，针对20世纪80年代国际物价飞涨的局势，为避免通货膨胀对工人工资的影响，提出了物价上涨保证条款。

瑞典通过谈判将劳资双方组织起来，保持了国家竞争力，发展了经济和社会福利，渐渐形成举世闻名的瑞典模式。

（四）由高等发达的工业社会转型升级为后工业社会

1976—2009年是瑞典后工业化发展阶段。20世纪70年代末石油危机爆发，信息革命诞生，整个欧洲成为一个新的劳工市场。发展中国家和地区低廉的劳动力对瑞典的劳动市场规则发起挑战，瑞典经济也随之发生了变化。

面对挑战，瑞典经济发展速度放缓，劳动市场矛盾增多，政府开始举债维持社会福利。1996年，社民党提议劳资双方进行协商，着力解决如何保持企业竞争力、如何在新的历史条件下进行工资谈判的问题。最后形成了一份历史性文件——《工业发展与工资形成协议》（以下简称《工业协议》）。在《工业协议》中，劳资双方保证在和平条件下通过建设性谈判解决利益争端，维护企业的竞争力，并实现双方利益平衡。

以行业联合会谈判为基础，以《工业协议》和调解协会为支柱，面向企业和职工个人的多样化劳动市场谈判机制，使瑞典工业再次成为主导性产业，加之政府的努力，使整个工业体制恢复了活力，在回复经济发展中发挥了积极作用。21世纪以来，瑞典的劳动开支维持在欧盟平均水平之下，国家的竞争力随之上涨。

政府和劳资双方合作，将通货膨胀维持在一个很低的水平上，甚至有时候为负增长，使瑞典职工的实际可支配收入在1996—2008年期间平均增长了49%，出现了多年以来少有的增长势头。

二、瑞典产业转型升级经验与启示

(一) 逐步建立完善的劳资双方谈判机制

资本与劳动者之间的利益矛盾既涉及劳动条件问题，也涉及生产成果的分配问题，是非常难以调和的，但瑞典政府致力于使各阶级力量平衡与平等。瑞典政府承认劳资矛盾是社会主要矛盾，通过国家干预、劳资谈判和劳动市场规则变革，对私人资本的功能进行了限制和改造，使国民收入社会化、劳资分配合理化，使劳资双方实现了权力与利益的平衡，从而使它们既对立又统一，共同成为促进经济发展和社会进步的"富有活力的因素"。瑞典劳工市场机制经历了由个人契约、集体协定、中央统一谈判到以行业协会谈判为基础、面向基层的灵活谈判机制的发展过程，适应并促进了瑞典由农业社会、工业社会到信息社会之和谐发展，维护了瑞典工人阶级和广大劳动人民的根本利益，保持了劳资双方的积极性。

(二) 利用经济和法律手段对企业投资进行调节

1. 设置投资税与投资补贴

在经济发展过热时，政府可决定对固定资产投资（或某一行业之投资）进行征税，在经济不振时，可予取消，甚至进行投资补贴。近年来，投资补贴逐步变成刺激企业到边远地区或相对落后地区投资的重要手段之一。

2. 建立投资基金

投资基金始建于1938年，经过几次修改逐步完善。政府规定企业可将其税前利润的相当一部分（不超过50%）自愿存入银行固定户头以建立企业投资基金，但其中之一半（1985年提高到75%）要以无息的方式存入国家中央银行。政府可视经济发展情况，决定在某段时间内或向某些部门和地区开放投资基金，鼓励企业在政府所期望的时间、地点、行业扩大投资。企业用这笔钱进行投资时，要先向政府提出申请。获准后所使用的金额可免交所得税，并在来年利润中扣除占投资总额10%的金额（1985年增至20%）。这些优惠措施使企业实际上在建筑投资的35%～40%、机器投资的10%得以免税。1958—1959年，瑞典经济发展不振，但由于政府开放了投资基金并取消了投资税，私人投资仍然增加了7%，有效地抑制了失业率的增长。此外，投资一旦发生，投资费用自动一次性折旧，因而对企业很有吸引力。尽管企业存款被不断使用，基金总额仍然由1955年的4.4亿瑞典克朗增长到1979年的64.5亿瑞典克朗。

3. 利用税收制度刺激企业增加积累和投资

瑞典对企业利润实行双重征税，即在征收企业利润税（名义税率58%）后，对股东的分红所得再征收个人所得税。高收入者的所得税边际税率常常超过70%，从而大大抑制了大股东们多分少留的欲望。同时，政府对企业增加储备和投资给予一系列优惠。除了前文所述的投资基金外，企业还可把库存产品价值的60%（1985年起降至50%）在计税时从企业利润总额中扣去。库存少或没有库存的企业，如投资和咨询公司等，可将相当于公司工资总额20%的利润留作储备金。由于上述种种措施，瑞典企业利润总额60%多被留在企业内部，10%左右被用作利润分红，而税收仅占20%左右，从而使瑞典企业有能力和财力不断更新设备和技术，迅速适应国际市场的风云变幻。瑞典十大企业中有7家企业的主要产品在国际上占有最大的市场份额，与此不无关系。

（三）重视教育与在职人员的再教育

瑞典长期以来大力发展文化教育。1942年通过《小学义务教育法》后，瑞典的教育水平不断发展。1950年，议会决定在全国实行九年义务教育，政府据此对教育制度进行了广泛改革，使全国接受过初中和大学教育的青少年分别由1950年的20%和5%上升到1970年的90%和20%，为迅速发展的瑞典经济和技术革命提供了大批人才。

为了适应经济发展和科技革命的需要，瑞典还特别重视在职人员的进修和对失业职工进行再教育。早在20世纪40年代末，瑞典经济学家里恩和梅依德奈就指出：欲达充分就业之目标，仅仅依靠财政和货币政策不行。因为利用这些手段把社会需求刺激到足以实现充分就业水平时，必然会引起物价上涨。因此，他们主张在对社会总需求进行宏观控制的同时，通过对失业者进行职业培训和资助他们流动等手段来减少失业。政府可有选择地采取一些刺激性措施，以解决某些地区性或结构性失业问题。经历1957—1959年的经济衰退后，瑞典先后在全国建立了50多个大型再教育培训中心和上百个培训点，用于劳动力培训（主要是针对失业者）的开支由1956年的1.25亿瑞典克朗迅速上升到1971年的20亿瑞典克朗。

进入20世纪70年代，瑞典把这种职业培训范围扩大到新毕业的青年、愿意参加工作的家庭妇女和想改换工作的职工。1974年，议会正式通过立法，规定工龄超过半年的职工都有权要求停职进修，从而使这种教育和再教育活动进一步扩大到全体职工和个人人生的全过程。每年有占全国劳动力总数3%左右的人接受转业培训后迅速转入生产率较高的产业。参加各类业余学习的人数占成年人总数的 1/3 以上,不仅促进了瑞典经济的发展和技术的进步,还使失业率大体保持了 2%~3% 的低水平。

（四）发展与完善社会福利

"二战"后,世界经济的发展为瑞典的社会福利提供了新的条件与可能。在强大的工会组织的支持与压力下,政府通过立法不断扩大和完善社会福利制度,在全国建起了包括儿童补贴、免费教育、疾病保险、失业与劳动保险、人民养老金与附加退休金、妇女产假与保险、社会救济与社会服务等在内的一整套社会福利制度,"从摇篮到坟墓",囊括了人生的全过程与社会的各个阶层,其覆盖面之大和条件之优惠在西方国家中少有匹敌。瑞典社会福利制度的另一大特点是,其资金来源于政府开支与各企事业单位为其职工支付的社会保险费。1979 年,瑞典中央政府、地方政府和企事业单位雇主分别承担了社会福利总开支的 27%、29% 和 44%（1950 年时,雇主仅承担 5%）。为此,各单位雇主除了为职工支付工资以外,还要支付相当于职工工资总额 40% 的社会保险费（1965 年仅为 6.8%）。随着社会福利的发展,其开支占国民生产总值的比例由 1930 年的 3.4% 迅速上升到 1975 年的 24.8%。

第三部分 幸福生活与合作治理

欧盟一体化经验对泛珠三角区域合作之启示

顾万君

一、泛珠三角区域合作概况

2003年7月，时任中共中央政治局委员、广东省委书记张德江首次提出了"泛珠三角"区域协作的概念。他指出，广东要积极推动与周边省区和珠江流域各省区的经济合作，构筑一个优势互补、资源共享、市场广阔、充满活力的区域经济体系。同时，推动泛珠三角九省区与港澳的合作，建立"9+2"协作机制，形成"泛珠三角"经济区。这一合作构想很快得到了相关省区的广泛认同。2004年6月1日，首届"'泛珠三角'区域合作与发展论坛"在广州召开，标志着该地区的合作步入一个新的发展阶段。6月3日，《泛珠三角区域合作框架协议》（以下简称《协议》）的正式签署更加明确了"泛珠三角"的合作方向。"泛珠三角"区域合作由此成为新中国成立以来我国规模最大、范围最广且在不同体制框架下的区域组合，承载着广泛的关注与期待。

所谓"泛珠三角"，其区域范围包括福建、江西、湖南、广东、广西、海南、四川、贵州、云南九个省（自治区）和香港、澳门两个特别行政区，简称"9+2"。内地九省区的区域面积为全国的1/5，人口占全国的1/3，经济总量占全国的1/3；特别是港澳两个特别行政区的加入，使得合作框架的体制机制更加多元。泛珠三角区域内部各省区和特区各有优势、各具特色，潜在的经济协同效应以及由此催生的发展平台将会十分具有吸引力。在经济全球化和区域经济合作加快发展的大背景下，加强泛珠三角区域合作，符合各方诉求，更是牢牢抓住21世纪头20年重要发展战略期的现实选择。因此，这一区域所建立起来的共生共赢型经济体系（见表1），被视为未来中国经济发展的高速增长极。

表1 历届泛珠三角大会成果表（共8届）

时　期	承办方	会期签约项目（项）	承办方签约项目占总数（%）	会期签约金额（亿元）	承办方签约金额占总数（%）
第一届	香港、澳门、广东	847	83.8	2926	55.7
第二届	四川	4473	18.9	4535	12.8
第三届	云南	1019	29.1	1982	53.8
第四届	湖南	1254	63.5	3376	58.7
第五届	广西	600	19	2261	14.3
第六届	福建	1263	11.7	2831	9.3
第七届	江西	1544	\	4513	\
第八届	海南	202	\	2772	\

资料来源：根据泛珠三角合作信息网整理。

根据《协议》，"泛珠三角"合作各方将在基础设施、产业与投资、商务与贸易、旅游、农业、劳务、科教文化、信息化建设、环境保护和卫生免疫十个领域展开广泛、深入的合作。可以说，这种合作几乎涵盖了区域合作可以囊括的所有内容，具有显著的广泛性。而这仅为原则性的内容，可见在此框架下可以拓展更加丰富多样、更加宽泛的合作内容和合作空间。

二、欧盟经验及其对泛珠三角合作的启示

同样作为区域一体化的典范，虽然欧盟与泛珠三角的基本情况有许多不同之处，但其在冲破国界阻隔，推进跨边界、跨区域协作治理，实现超国家的区域经济、政治、文化和社会的协调整合等方面，确实走出了一条具有一定普适性效应的区域一体化发展道路。尤其是其在推进一体化、加强区域协作的理念思路、体制机制和政策工具等方面的基本经验，对于我国泛珠三角区域一体化的合作发展具有重要而有益的借鉴意义。以下就以欧盟区域一体化为参考和借鉴，结合泛珠三角合作规划与现状，多角度探讨其对泛珠三角区域经济一体化的启示。

（一）搭建多层次组织体系，全面支撑一体化运作

为解决欧盟成员国之间在社会经济发展方面的差异并协调发展，欧盟构建

了包括欧洲理事会、欧盟理事会、欧盟委员会、欧洲议会、欧洲法院五个主要机构的多层次、网络状的组织体系。其中，欧洲理事会是欧盟的最高决策机构，由各成员国政府首脑和国家元首组成；欧盟理事会是主要决策机构，由来自各成员国政府的部长组成，肩负着协调成员国立场、制定一体化的法规和政策、推动一体化发展的重任；欧盟委员会的主要职责是实施欧盟有关条约、法规和欧盟理事会作出的决定，代表欧盟进行对外联系和贸易等方面的谈判等；欧洲议会除和欧盟理事会共享立法权外，还有民主监督权及欧盟预算的决定权；欧洲法院则是欧盟的最高法院，其职责主要为司法审查、司法救助和直接对成员国进行起诉，使欧盟一体化的运行真正纳入法制轨道。

目前，泛珠三角运行和协商机制业已初步建立，主要由高层联席会议制度、中层协调制度、日常办公制度和部门衔接落实制度组成，这一涵盖合作、协调、落实三个阶段的合作机制，确实有利于区域合作的常态化和保证合作落地，具有较强的可操作性和连续性，对推进区域合作确实产生了较好效果。但笔者认为，仅有行政首长会议、秘书长会议、部门衔接会议显然还不够，这些只是区域合作中政府推动合作的机制，没有提及区域合作的市场机制。而欧盟从宏观着眼，在区域内部推行共同的农业政策、地区发展政策等，并在上述机构及成员国政府中都设置了专门的区域协调机构，如欧盟委员会内设的第16事务部（D-G16）等，纵向贯通了各成员国的利益表达机制。与此同时，欧盟横向方面的区域协调组织也名目繁多，如区域委员会、银行、政策联盟等在整个区域协调政策的制定、执行和反馈过程中担当着重要的角色。

对照欧盟经验，推进泛珠三角区域一体化，首先要实现区域一体化观念的创新，即各方要强化共同的合作理念，相互信赖和尊重，达成一体化共识。《协议》主张形成合作互动、优势互补、互利共赢、共同发展的格局，就是很好地借鉴了欧盟一体化共识的彰显。因此，泛珠三角区域各政府要敢于破除以边界为基础、各自为政、单边治理等狭隘的行政区治理理念，树立以跨边界为基础的区域协作性公共管理理念。具体而言，应对泛珠三角区域合作的决策机构和执行机构进行更加合理的分工，并强化和完善部门衔接落实制度。比如在经济技术合作方面，就可积极借鉴欧盟的专业工作组运行机制，根据合作领域的不同，设立专门的基础设施工作组、贸易工作组、投资工作组、旅游工作组等，实施各个专业部门的衔接落实制度。另外，可以尝试构建一体化的区域公共事务管理机构。借鉴欧盟的运作模式，可考虑设立具有综合指挥、统筹功能的"泛珠三角区域委员会"等类似于欧盟委员会的整个区域多层治理的核心机构，使之成为这个多中心治理的决策机构，并设立相应的下属机构，如合作规划、政策研究、制度立法等部门，进一步研究泛珠三角在未来国际、国内区域竞争中的定位，并由此确立合作各方的功能定位、产业发展方向及相关措施，弥补当前区域合作目标不够明确的缺失，进一步激发互补性带来的合作动力。这一方面能反映行政首长联席会议的决定，另一方面能及时反映市场机制，提出政策创制。值得一提的是，泛珠三角区域合作还应完善信息共享机制。这在《协议》中有简单提及，具体做法可以是统筹规划信息基础网络，统一信息交换标准和规范，共建共享公共信息数据库，建设数字化城市和数字化区域，建立企业信用信息共享机制、联合执法信息机制，等等，真正实现泛珠三角区域信息资源共享、公共信息管理一体化。

（二）采用多样化政策工具，有力协调区域合作

欧盟在区域一体化进程中较好地选择和采用了法制、经济和行政多管齐下的区域协调政策工具。一是完备的法律工具。欧盟以超越国家的姿态，创造了一整套前所未有的既不属国内法也不属国际法的独特的法律体系和法律制度，使欧洲一体化得到法律化、制度化和规范化的保证。欧盟国家间区域一体化就是建构在这一法律体系基础上，并在其指导和规范下发展的。此外，欧盟的成员国也制定了促进区域协调发展的法律体系，这就保证了成员国对区域一体化的积极响应。二是精细的经济工具。欧盟通过设计精细的诸如结构基金、聚合基金和预备接纳基金等所谓"扶持基金"，帮助落后区域追赶发达区域，重构衰败的老工业区域，振兴萧条的农村区域，扶持城市或跨界地区的滞胀区域，有效推动了成员国的共同发展。三是规范的行政工具。欧盟为区域发展基金的筹集制定了相关规定。如规定每个成员国每年要上缴本国 GDP 的 1% 作为欧盟预算经费，其中四成用作各种基金扶持区域协调发展。同时，确立了区域援助的通用规则和严格的项目报批流程，以及科学严密的决策程序。

对比欧盟经验，泛珠三角在推进经济一体化中同样应该采用多样化的政策工具。例如，当前的运行机制由于秉承的是区域内成员自愿参与原则和政府的政治动员，缺乏一个权威的组织机构，同时，协议也只是原则性纲领，合法性基础较弱，缺乏较强约束力，而一旦某个成员不能达成协议，又可能影响整个区域的合作。因此，应积极推进区域性合作法规建设，尽快签订各种区域合作协议。例如，泛珠三角成员之间可以有选择性地签订多边或者双边经济合作协议，一旦签订协议就要受到约束；还可联合制定一体化的区域政策、产业政策和行业规范等，并设置"区域合作仲裁委员会"，以此推进基于市场作用的合作机制建设。欧盟在推行共同农业政策时，奉行"统一市场，共同体优惠，财政一致"的原则就是个范例。

另外，欧盟在实现一体化的过程中，由市场经济所带来的相对贫困、失业

和地区差距问题（即所谓社会排斥）也被放大，其做法就是将经济一体化过程与消除社会排斥结合起来，把不同国家的社会政策粘合起来，通过欧盟的力量缩小差距，在一体化范围内进行社会整合，诸如"反贫困"、"反社会排斥"的项目十分丰富。泛珠三角由于各单位经济发展水平的差异（见表2），加上存在两种不同的社会制度，在现存社会政策上必然存在明显差异，诸如农村问题、收入差距扩大及就业形势严峻等问题（见表3）广泛存在。借鉴欧盟在应对集团内部共同社会问题时统一社会政策的做法，泛珠三角区域内部必须形成相关社会政策，以解决共同问题。例如，泛珠三角可以通过设立区域内一致的失业保险、提供就业信息、进行就业介绍等方式推进就业问题解决。

表2　2011年泛珠三角各省区GDP一览表

省　份	GDP（亿元）	同比增幅（%）
广东省	53210.28	10
福建省	17560.18	12.3
湖南省	19669.56	12.8
云南省	8893.12	13.7
四川省	21026.68	12.8
贵州省	5701.84	15
广西壮族自治区	11720.87	12.3
海南省	2522.66	12
江西省	11702.82	12.5
香港特别行政区	18967（亿港元）	5
澳门特别行政区	2920.9（亿澳元）	20.7

资料来源：根据中国统计年鉴（2012）整理。

表3　泛珠三角内地省区最低工资标准（2012年）

省　份	月最低工资（元）	小时最低工资（元）
广东省	1300	12.5
福建省	1200	12.3
湖南省	1020	10
云南省	1100	10

续表3

省　份	月最低工资（元）	小时最低工资（元）
四川省	1050	11
贵州省	930	10
广西壮族自治区	1000	8.5
海南省	1050	9.2
江西省	870	8.7

资料来源：根据中新网整理。

同时，各省区还应灵活响应区域合作规划，在本省内制定与泛珠三角合作协议相容的、对接的规章制度和发展规划等。从这个意义上看，福建省推行的"海西"经济区发展方案、广东省的"双转移"，以及广西壮族自治区的"北部湾经济区"建设规划就应该是与泛珠三角大区域发展战略相容、相促进的。另外，还可以合理借鉴欧盟"扶持基金"的做法，适当收取成员单位一定的预算经费，根据实情，对范围内的欠发达地区（如云贵部分地区）、待振兴老工业区进行投资与帮扶，甚至可以成立对口帮扶制度，如沿海发达市区对内地较不发达地区的对口援助等，促进区域共同发展。最后，所有政策的落实和运作都离不开严格而科学的制度与规范。《协议》作为"9+2"的行动纲领，确实为泛珠三角区域政策制定打下了一定的制度保障基础，但仍需细化。例如，建立健全预算制度、援助制度（如对欲申请帮扶地区的评估分析、投融资方案的审批等）以及决策机制就显得格外重要。在这方面可借鉴欧盟的决策机制，即首先由执行单位协商并提出议案，然后由专门委员会讨论形成修正案，接着由理事会及监督机关批准，最后再交由执行单位执行。

（三）形成有特色的小区域发展模式，有效协同大区域经济发展

这里的"小区域"，主要指的是相对于欧盟整体的欧盟内部的若干单位或部分。首先，欧盟很早就提出各种富有特色的、协同整个欧盟区经济发展的小区域发展模式，如落后区域治理模式。随着欧盟版图的扩大，其成员国内部发展差距过大的问题日益凸显。因此，对相对落后区域（一般指人均GDP低于欧盟人均GDP 75%的国家或地区）的治理成为欧盟的重中之重。截至2009年，欧盟有超过25%的人口、64个区域属于典型的落后区域，享受欧盟基金的资助。其次是创新区域发展模式。欧盟依次通过颁布《创新绿皮书》，提出建立欧盟区域创新评价指标体系，以及将欧盟建设成为世界上最具竞争力的知

识经济社会的战略构想等整体的创新政策和竞争激励机制,成功使其在近10年来涌现出了200多个颇具国际竞争力的创新区域。再次是跨境合作模式。跨境合作是欧盟国家区域整合的一种新模式,它一方面有力地促进了行政区边缘区域的经济发展,另一方面又提升了核心区域和边缘区域的整体竞争力。其中,丹麦、瑞典两国跨境的"奥尔胡斯区域合作"就是欧盟国家跨国合作的成功范例。最后是流域治理模式。欧盟境内有莱茵河、多瑙河等众多国际河流,流域的合作治理问题非常突出。而在长期的实践探索中,欧盟形成了一套丰富而又实用的流域治理模式,这在很大程度上拉近欧盟内部区域合作的制度距离,促进了欧盟各成员国之间的紧密度,同时又利于保证经济发展质量。

同样鉴于泛珠三角地区与欧盟地区区域合作的共通性,泛珠三角区域合作可以学习欧盟的有益做法。例如,比对国家有关地区欠发达的界定或者内部协商界定,进而确定区域内的欠发达地区,采取适当的财政、投资手段帮扶其发展。更重要的是,泛珠三角区域内产业发展水平存在落差,客观上存在产业转移和合作的需要和可能。因此,泛珠三角应进一步推进以产业发展较为成熟且合作水平较高的粤港经济为基础,加大其他省区与之对接的力度,尤其是积极承接广东省产业转移,实现粤港与其他省区的产业合作,成为泛珠三角产业转移和合作的主线。又如,通过建立创新评价指标体系,激励地区改善投资环境,吸引优秀人才和企业,加快创新步调,对区域内创新的地区加以标榜,开展跨区域交流学习,如内地城市长沙,就可以尝试和沿海创新城市深圳建立长期的常态化的学习关系,同时长沙还可通过改善投资环境来吸引深圳创新知识的外溢、过渡。此外,应该鼓励泛珠三角与周边区域的经贸合作和协议发展,以期通过跨境合作,有力促进行政区边缘区域的经济发展,更提升核心区域的整体竞争力。从这个意义上讲,泛珠三角成员积极参与同东盟国家和台湾地区的经贸合作,以及国内的"海西"、"中部崛起"、"西部大开放"等经济建设浪潮,对于整个区域的发展都是有积极促进意义的,而有关专家甚至提出可以尝试在不违背国家法律法规和大政方针的前提下,让"9+2"区域中任何一个省区与周边国家和地区签订的协议和互惠方式在区域内通行,这在欧盟是有先例的,可以论证尝试。再如,通过深入而广泛的流域治理模式,亦能有效促进泛珠三角区域合作,提升流域内经济协调发展的可持续性。

以上启发主要是基于欧盟在推进一体化、加强区域协作中的具有一定普适性的基本经验而获得的,这种经验是建立在两者具有相似的背景和目的的基础上的。此外,尽快争取将泛珠三角合作规划升格为国家层面的发展战略,对于合作的长效开展将是大有裨益的。特别需要交代的是,我们还应该注意到两者间存在的这样一个显著差异,即:欧盟是一个高度成熟的市场经济共同体,实行同一种经济社会制度，内部经济社会发展情况差异不大。而泛珠三角区域横跨我国东、中、西三个板块，实行两种社会制度，合作各方经济社会发展情况差异很大，推动泛珠三角区域合作将有利于打破区域行政区划，充分发挥各地资源禀赋优势，从而优化区域内的资源配置，实现泛珠三角区域联动发展、共同繁荣。从这个意义上说，在泛珠三角区域内逐步消除制度障碍，开放共同市场，推行资源、产品或服务的统一流通标准如产品质量标准、检验检测标准，适当调整地方政府政绩考核机制，解放狭隘的本位主义，都将是有益的出路。

泛珠三角区域于2006年颁布的《关于促进企业合作发展的工作方案》就涉及包括打破市场主体准入上的地区封锁、鼓励多种所有制企业进入等内容的"改善市场主体准入环境"，以及包括区域内的投资人在区域内其他地区投资兴办企业可享受同等待遇、积极推行政务公开与承诺增加办事透明度、为区域内重点优势企业开放"绿色通道"以降低交易成本的旨在"推动企业跨区域合作"和"改善投资服务环境"的合作内容。另外，《关于创造开放的市场环境的工作方案》亦同样对清理地方保护和市场封锁、开放商品市场实行区域内市场一体化进行了原则性的确定。此外，诸如日前泛珠三角九省区共同建立药品、食品、化妆品、医疗器械等领域有关质量标准的举措也都是有益的突破。但仍需看到的是，以上方案也仅是作为指导性的政策文件在框架内颁布的，由于缺乏法律约束，加上方案仅停留于原则性的确定而未展开细致的规定，可操作性和强制性均有所欠缺。尽管如此，我们还是应该为泛珠三角区域合作各方认识到我国地方市场的分割性和推进市场一体化建设的重要性，并敢于跨出第一步而倍感鼓舞。今后应该在此认识的基础上，更加积极稳妥地、有力地采取实实在在的措施来应对之，以期互信地、大胆地率先打破区域内行政区划的约束，实现区域合作的高效、互惠，为更广泛的区域合作树立榜样。

三、结语

广阔的合作领域、巨大的合作潜力和良好的发展环境，加上广泛的地缘亲缘关系，使得泛珠三角跨区域合作的出现成为必然。但需清醒地看到，泛珠三角区域横跨我国东、中、西部，内部市场发育程度不均、经济社会发展水平差异大，并且区域内部存在普通行政区、特别行政区、经济特区及少数民族自治区和两种社会制度，加上珠江水系流域内多元民族与文化的存在，这些都共同加剧了区域整合的复杂性和不确定性。但若不从全局的、战略的角度推进联动发展、良性合作，则内部分化势必急剧恶化，更不用说利用历史机遇。

如今，"9+2"的合作已走过了将近10个年头，并已取得明显成效，整体上呈现出稳步推进的态势。在新形势下,泛珠三角区域合作各方集体思考、集体学习显得更为迫切。而借鉴国内外成功的区域合作经验,充分认识到泛珠三角内部各省区存在的巨大市场分割性,创新和推进合作机制的本土化建设,坚持市场主导、政府引导的合作模式,广泛调动社会力量协同参与,同时积极响应国家区域发展战略,等等,都是泛珠三角区域合作迈向未来必须坚守的准则。我们坚信,在中央的指导以及国家有关部门的支持下,通过区域内各级政府和人民的广泛深入参与,泛珠三角区域的合作势必会日益成熟、日益壮大,切切实实地惠及泛珠三角区域,乃至惠及整个中国特色社会主义伟大事业的建设。

欧盟跨境区域合作对粤港澳合作的启示

韩建清

粤港澳合作经历了 30 多年的演化推进后,融合与一体化成为大势所趋。欧盟跨境区域合作项目有 70 多个,在实践中形成了丰富的区域政策体系,表现出强大的整合能力,正在成为全球区域合作的范例。借鉴欧盟推进区域一体化的理念思路、体制机制,本文提出推进粤港澳区域一体化的四点建议。

一、问题的提出

30 多年的粤港澳合作,经历了产业合作、经济合作和制度合作三个阶段。在不同的发展阶段,粤港澳合作机制有所不同,政府扮演的角色也有所侧重。在产业合作阶段,粤港澳合作主要是民间和市场的自发行为,政府的政策开放为这种合作提供了基本前提;在经济合作阶段,粤港、粤澳合作联席会议的成立,标志着政府在合作中正式出场,但此时政府的政策行为仍然以产业合作为主体,突出经济合作的重点;在制度合作阶段,政府的功能和作用得到一定程度的"回归",随着 CEPA 的签署,通过制度促进粤港澳合作成为主要手段,而且粤港澳合作的领域从经济到社会、从制造业到服务业延伸,制度合作也成为一种必须。

2008 年后,粤港澳全方位、更紧密合作迈向区域一体化发展阶段,原有的松散、协商型的联席会议模式已逐步出现动力不足、监督落实缺位等问题,甚至在某些方面存在重形式轻内容、在一定程度上存在重部署轻落实等问题,影响了粤港澳合作的推进力度和实际效果。在 2010 年、2011 年相继签署的粤港、粤澳合作框架协议中,对合作机制作出了新的安排,即构建高层会晤、联席会议、决策咨询、民间合作等共同构成的区域合作机制体系。

区域合作机制建设是一个系统性、整体性的制度创新设计,目前正在探索的问题包括合作机制架构是否完整、联席会议如何增强执行力和约束力、如何建立有效的监督和评估机制。实际工作中,这一系列问题亟待破解。

跨境区域合作在欧盟非常活跃,是欧盟国家区域整合的一种新模式,目的在于促进联盟的经济和社会聚合,实现整个联盟平衡、和谐的发展。目前,欧盟跨境区域合作有 70 多个,在实践中形成了丰富的政策体系,表现出强大的整合能力,正在成为全球区域合作的范例。欧盟的经验,无疑对正在深化的粤港澳紧密合作具有借鉴意义。

二、欧盟跨境区域合作的治理经验

开展形式多样的跨境合作,促进边境地区的发展和融合,是欧盟的重要战略任务。欧盟希望通过跨境、跨国以及地区之间的合作,促进联盟的经济和社会聚合,实现整个联盟平衡、和谐的发展。欧盟经过近半个世纪的发展已经形成了 70 多个跨境合作区域,这些形式多样的跨境合作区域在加速欧盟边境地区社会经济发展、促进欧盟内部的平衡发展和经济社会聚合、推进欧洲一体化进程等方面取得了显著效果。

欧盟 70 多个跨境合作区域中,第一个是 1958 年在恩斯赫德(Enschede)和格罗瑙(Gronau)地区成立的被称为"Eurgio"的荷—德跨境区域。位于丹麦和瑞典之间的厄勒海峡所在的奥瑞桑德(Öresund)区域合作,是欧盟国家跨国合作的成功范例,它被经合组织(OECD)称为"跨境区域合作的佼佼者",由此推动了该区域的"第二波"发展。

根据奥瑞桑德委员会网站刊载的该委员会章程,奥瑞桑德区域成员组织由 7 个丹麦成员和 5 个瑞典成员组成(见表 1),通过 2000 年 7 月通车的南起丹麦首都哥本哈根、北至瑞典南部城市马尔默的厄勒海峡大桥连为一体。

表 1 奥瑞桑德区域成员一览

	丹 麦	瑞 典
成员	① Capital Region of Denmark(丹麦首都大区)	① Region Skåne(斯科讷省)
	② Region Zealand(西兰岛大区)	② City of Malmö(马尔默市)
	③ City of Copenhagen(哥本哈根市)	
	④ City of Frederiksberg(菲特烈堡市)	③ City of Helsingborg(赫尔辛堡市)
	⑤ Bornholm Regional Municipality(博恩霍尔姆直辖市)	
	⑥ Local Government Regional Councils for the Capital Region of Denmark(首都地方政府大区委员会)	④ Lund Municipality(隆德自治市)
	⑦ Local Government Regional Councils for Zealand(西兰岛地方政府大区委员会)	⑤ Landskrona Municipality(兰斯克鲁纳自治市)

第三部分 幸福生活与合作治理

奥瑞桑德区域合作架构由两国间、区域主体间和各级政府间的区域合作组织体系组成。一是通过斯堪的纳维亚国家部长理事会和奥瑞桑德发展委员会，在国家层次加强合作；二是由奥瑞桑德区域委员会负责区域合作的执行工作，以促进经济发展、日常整合和区域联合；三是两国的官方机构，如丹麦的经贸部、环境部、大哥本哈根当局与瑞典的外交部、斯堪的纳维亚县政当局平时紧密合作、平等协商，甚至为共同利益和未来发展，达成了新的关税协议，设立了特别的税收办公室、建立了统一的网站等。

在合作机制中，奥瑞桑德区域委员会具有中枢作用，是合作的最高决策机构。奥瑞桑德委员会成立于1993年，旨在推进多层次地方跨境合作并保证两国议会（即瑞典议会Riksdag和丹麦议会Folketing）适当关注奥瑞桑德地区的利益。奥瑞桑德区域委员会有18个瑞典代表和18个丹麦代表，主席和副主席任期1年，职位在瑞典方和丹麦方的代表之间轮换。奥瑞桑德区域委员会每年至少召开两次例会，下属的执行委员会每年至少召开四次会议。该委员会担当三个基本角色，即维持和加强政治对话论坛的角色、跨境利益的集合点角色和提升框架条件和发展潜力的角色。

根据该委员会的章程，奥瑞桑德区域委员会的活动目的是"在国家和国际的范围内强化并开放本地区，进而为其经济、文化和社会成长打下基础"，这一目标的动力基础是推进广阔跨境地区的长期可持续发展。奥瑞桑德区域委员会将致力于开发整个奥瑞桑德地区，使之成为一个功能整合的地区，持续关注当前初步举措和整个整合的进程，并针对如何支持这一进程提出方案；致力于针对奥瑞桑德海峡双方文化和社会差异促进双边的理解，同时推进本地区共享的社会和文化认同；致力于国家和国际当局维护跨境区域的共同利益，也将努力在国家和国际范围内树立奥瑞桑德地区的形象，目标是在国际竞争市场中开发本地区的集合力量。近几年，奥瑞桑德区域委员会的主要工作包括：推进关于奥瑞桑德地区未来发展的讨论并建立战略框架；开发奥瑞桑德地区的劳动力市场；加强基础设施建设并改善效能；通过文化及市民参与，推进奥瑞桑德地区的整合。

奥瑞桑德区域委员会的运作资金由各委员提供，缴纳金额与相应的居民数量相对应。同时，委员会也接受来自北欧理事会及其他外部资源的额外赞助，这些外部额外赞助包括从欧盟、资金会、基金会以及公共机构针对特别的利益范围和特别的先发行动而提供的赞助。

欧盟地区政策是基于地区发展不平衡的根源在于结构失衡的认识，采取基金方式援助来促进结构调整、推动发展，达到缩小地区差距的目的。其中，Interreg意为"区域之间的"，是欧洲结构基金资助的旨在支持欧盟区域间合作的共

145

同体倡议。通过跨境合作，促进边境地区的共同发展，是 Interreg 倡议最主要的目标。Interreg 倡议的行动领域和预算都在逐步扩大，已成为欧盟区域合作的主要工具之一。1994 年，奥瑞桑德区域作为边界区域，获得欧盟结构基金核准并接受其支持。由此，药谷、奥瑞桑德大学、奥瑞桑德科学园、奥瑞桑德统计分析等 250 个以上的区域项目得到 InterregⅡA 和 InterregⅢA 的部分资助。欧盟已经投入约 4400 万欧元，加上区域基金，总计超过 8800 万欧元的资金投放于奥瑞桑德地区的发展。没有资金的注入，奥瑞桑德区域就不可能大步发展到今天。

经过多年的发展，奥瑞桑德地区在各个方面取得了显著的成就。交通和游客流量明显增加，流通和旅游业发展迅猛；两国大学和边境医院的紧密合作日益加强，促进了文化和医疗卫生的交流合作；引进和创建了许多公司，为商业贸易提供了良好的环境。在医药和生命科学方面，该区域的研发力量位居欧洲第三，号称"药谷"。其生物技术产品和医药产品的年出口量为 40 亿美元，占斯堪的纳维亚地区生物技术、医疗医药行业总出口量的 60%。该区域也鼓励发展世界领先水平的生物基因产业，知名的制药企业如 Pfizer 和 Yamanouchi 等公司的地区总部就设立在这里。在 IT 产业方面，政府鼓励外资发展一流的移动通信研发技术、系统设计和产品结构创新，该区域有国际知名的研究和教育机构，同时已有不少国际知名大公司如诺基亚、摩托罗拉、西门子、IBM 等在这里投资。现在，奥瑞桑德区域已经成为斯堪的纳维亚国家吸引外国投资的重要地区之一。

柏林—勃兰登堡首都区域则是欧盟跨省（州）、市合作的另一典范。柏林的传统重工业发达，经历结构转型后服务业也十分发达，但其缺陷是发展腹地有限（面积仅 892 平方公里）；勃兰登堡面积 29474 平方公里，地域广阔，是传统的农业重镇，农业和森林覆盖区域占 84.9%。一直以来，两个州之间的居民和经济往来已结成一个互利互惠的区域整体。1995 年，柏林、勃兰登堡从提升区域整体竞争力和保持可持续发展能力的共同利益出发，达成永久性合作规划协定。1996 年，成立柏林—勃兰登堡联合规划部（Joint State Planning Department），提出共同发展方案和发展计划两个概念规划，把两州涵盖的区域全部纳入统一规划的空间。

联合规划部达成跨区域协议的工作程序为：①由部的首脑和常驻代表协商；②如存在异议则交由州秘书处；③如仍有异议再交由两州部长和议长协商；④最后还有异议的话，就交由联合的区域政府规划会议来裁决。从实践来看，90% 以上的跨州问题都可以通过联合规划部得以解决，只有小部分问题需要双方的政治领导人来拍板决定，即使是一些最具争议性的问题，也可通过双方的政治谈判得以妥善解决。

三、欧盟跨境区域合作对粤港澳合作的启示

粤港澳合作经历了30多年的演化推进后,目前已从区域合作迈向区域治理,融合与一体化成为不可遏制的趋势。欧盟推进区域一体化的理念思路、体制机制等基本经验对于推进粤港澳区域一体化有着重要的借鉴意义。

(一)更新区域合作理念:迈向跨境治理

欧盟实施区域政策的背后,是区域协调发展机制向治理取向的转型,以公平、凝聚与趋同为价值诉求,从政府管理逐渐导向合作治理的路径,从单纯的政府间主义迈向超国家主义和区域间主义的方向。由此,欧盟构建了涵盖超国家、国家和次国家的多层次、网格状的区域协调治理体系,在区域协调发展上形成了超国家机构、主权国家政府、地方当局、非政府组织甚至个人协调互动的格局。

治理是各方持续的、动态的互动,是一个不断协调的过程。有学者认为,中国的区域合作面临两个根本性难题——如何跨越现有行政区划的体制性障碍和如何解决不同发展水平的成员参与合作的激励问题,并在总结欧盟经验基础上,提出了建立跨界治理机制的设想,即由激励机制、组织体系和约束机制所组成的现代区域合作体制:第一,在以实现经济协调发展为目标的区域合作中,各个成员不可避免地要进行产权的部分让渡,并由超越行政区划的组织机构来行使由各成员让渡出来的这部分权力;第二,要防止区域合作中合作效果"渗漏",就必须把改善合作成员中的发展不平衡问题作为重要政策目标;第三,区域合作的法律基础很重要,由其提供制度保障。

粤港澳合作正从自发性合作向制度性合作转变,合作领域从经济领域扩展到社会、生活等领域,合作产业从制造业迈向服务业,加之粤港、粤澳分别签署了合作框架协议,三地区域一体化进程加快。粤港澳打开了新的合作局面,但推进效果却不尽如人意。深圳前海在与香港的合作中,一开始推得快、推得实,欲在理事会中引入香港人士,但最后还是退了回来。究其原因,主要是区域合作迈向一体化之后,没有及时引入区域治理理念。面对新的合作形势,需要粤港澳三方以跨境治理为基调,三地立法部门通过立法的形式,适当让渡部分影响一体化进程的权力。只有更新合作理念,才能在新的起点上实现粤港澳合作的新突破——迈向一体化。

(二)组建强有力的常设执行机构:粤港澳区域委员会

设立跨行政区的区域协调管理综合性机构,赋予相应的规划和调控权,解

决单一地方政府不可能解决的问题，协调利益，是发达国家的共识。奥瑞桑德区域合作之所以取得巨大成功，最关键的因素就在于这种合作有一整套健全的制度安排作保障。其中，奥瑞桑德区域委员会尤为关键，该委员会负责区域合作的执行工作，以促进经济发展、日常整合和区域联合。

同时，在欧盟跨境区域合作中，Interreg倡议的特别之处在于，援助不一定是单独地给予某个国家或地区，而是给予特定的跨境合作组织。Interreg ⅢA的计划中提出了跨境合作和建立伙伴关系的具体目标。对欧盟而言，它不仅仅是一个刺激投资的问题，而是要创建名副其实的跨境合作机构来负责规划的制定和实施，通过立法和行政领域的合作，减少阻碍人员、产品或服务自由流动的行政和制度的因素，真正实现"无边界的欧洲"的愿望，促进统一大市场的有效运行。

总体上来看，奥瑞桑德区域合作架构由两国高层—区域委员会—两国内各部门构成，与粤港澳合作中的高层决策—联席会议协调—专责小组执行大致相似，但执行效果不同。原因在于，联席会议作为协调组织，除了没有专门的资金支持外，也没有强有力的执行功能；而专责小组主要根据职能部门的设置和具体合作项目而设，虽然便于项目管理，但弱于产业研究，缺乏宏观和中观的把握。

由于执行力不强，粤港、粤澳合作框架协议签署后，有效实施成为一道难题。因此，应在粤港澳合作中尽快突破不同行政区划的政府各自为政的"囚徒困境"，建立一种"软化"行政区划政府的"超政府"合作管理组织体制——粤港澳区域委员会。该委员会由粤港澳三方派员共同组成，三方出资组建，也可吸收民间力量参与。其主要职责是：负责筹备粤港澳合作首脑会议和粤港澳合作联席会议；跟踪和研究两地合作的重大问题，随时提交首脑会议协商讨论；编制合作规划，就纳入规划的各有关项目的进展进行协调，解决合作中出现的问题；督促合作事项的开展与落实。

同时，区域合作的目标不仅仅是实现商品及要素在不同区域间的自由流动，更重要的是基于制度安排的区域间经济协调发展。欧盟作为一个准国家实体，在区域政策的制定、实施、监督、评估等各个环节，一开始就建立在严格的制度基础上，保证了区域政策的规范性和可行性。下一步，粤港澳区域委员会的一项重点工作是进一步完善粤港、粤澳合作框架协议，不仅要提出合作领域，更要明确合作的政策目标、政策工具及组织体系，并争取得到三方立法机关的确认，以此作为合作的法律基础。

(三) 协调三方利益冲突：制定区域合作规划

欧盟实践证明，在以实现经济协调发展为目标的区域合作中，各个成员不可避免地要进行产权的部分让渡，并由超越行政区划的组织机构来行使由各成员让渡出来的这部分权力，以制定整体性的合作发展规划，协调解决成员之间的利益矛盾冲突。从欧盟整体构架来看，为了有效制定和实施区域政策、协调各部门行动，设立了专门的区域政策委员会，负责制定结构政策和凝聚政策的基本战略。从跨境合作获取基金资助的一般步骤来看，希望参与合作的地区或区域必须向欧盟委员会提交一个共同体倡议规划，确定其联合发展战略，论证规划的实施能够带来的边境价值。规划必须考虑结构基金和共同体政策的总的指南，即创造就业、改进竞争力、实现可持续发展、环境保护、创造男女平等的机会以及符合共同体的竞争原则。而在柏林—勃兰登堡区域，两州达成永久性合作规划协定，并成立联合规划部共同制定详细的分领域规划，经验更值得粤港澳合作借鉴。

2010 年、2011 年，粤港、粤澳合作框架协议相继签署，初步规划了未来 10 年三地合作的主要目标，确定了主要的合作事项。与此同时，粤港澳优质生活圈规划、粤港澳基础设施一体化规划也在编制中。对比欧盟经验，粤港澳合作分领域规划工作需要作出以下改进：一是在粤港澳区域委员会设立规划部，由规划部排出规划项目的时序安排，三地高层决策确定后开始执行；二是编制规划中要广泛征集各方意见，保证各方、各层次利益表达的畅通；三是规划编制完成后，要认真实施，并监督实施进度。

(四) 筹集足够的发展基金：设立粤港澳合作基金

欧盟是成熟的市场经济共同体和法治社会，在协调区域发展中较好地处理了政府与市场的关系，形成了法制、经济和行政多管齐下的区域协调手段，即完备的法制手段、精细的经济手段和规范的行政手段。

投资是协调区域经济关系的重要推动力，资金在地区间的分配对生产力的合理布局具有重要意义。在奥瑞桑德区域合作中，有持续稳定的财政支持是区域合作成功的重要因素。在外部资金支持中，结构基金尤其令人关注。结构基金是欧盟实施区域政策的主要工具，分为欧洲区域发展基金、欧洲社会基金、农业指导和保障基金、渔业指导性融资基金四类。欧洲区域发展基金的非定额部分用于资助涉及跨国、跨边境、跨区域合作的 Interreg 共同倡议。Interreg Ⅲ A 是针对边境地区之间的跨境合作，这是 Interreg 倡议的一大主题和最重要的部分，其支出占 Interreg 预算的 67%。一直以来，Interreg 倡议的行动领域和预算都在逐步扩大，已成为欧盟区域合作的主要工具之一，欧盟希望通过实施共同的发展战略，使位于联盟内部或外部的边境地区能形成跨境的社会经济中心。

粤港澳合作并没有设立专项资金，广东很多厅局的粤港澳合作事项受到工作经费不足、项目推进经费不足的制约。而且许多合作项目需要依靠直属单位及社会力量具体实施，缺少资金等行政资源的投入，仅通过行政命令难以调动非公营性、面临生存压力的社会团体、研究机构和企业参与粤港合作的主动性和积极性。建议设立粤港澳合作基金，由粤港澳三方政府每年注入一定资金，并发动三方社会各界资助，合作基金可用于：常设机构的经费支出；跨境项目与规划的前期研究；课题研究的经费支持，发展论坛的举办；对三方认可的合作项目的共同资助。对于重大跨境基础设施项目，也可由三方组建金融控股公司，除三地政府和珠江三角洲地方政府持有股权外，也广泛吸引其他社会投资者参与，治理模式和经营模式按照市场规则运作。

最后需要提出的是，应按照欧盟的做法，对基金资助进行认真的事前审核和绩效监督，必要时增加一些附加条件，保证取得实效。

参考文献

[1] 李铁立. 边界效应与跨边界次区域经济合作研究 [M]. 北京：中国金融出版社, 2005.

[2]（美）罗伯特·阿克塞尔罗德. 合作的进化（修订版）[M]. 上海：上海世纪出版集团, 2007.

[3]（美）罗伯特·阿克塞尔罗德. 合作的复杂性：基于参与者竞争与合作的模型 [M]. 上海：上海世纪出版集团, 2008.

[4] 朱贵昌. 多层治理理论与欧洲一体化 [M]. 济南：山东大学出版社, 2009.

[5] 孙定东. 市场一体化的欧盟治理：CAP与地区政策的借鉴研究 [M]. 北京：时事出版社, 2010.

[6] 叶必丰, 何渊, 李煜, 徐健. 行政协议：区域政府间合作机制研究 [M]. 北京：法律出版社, 2010.

[7]（美）朱迪·弗里曼. 合作治理与新行政法 [M]. 北京：商务印书馆, 2010.

[8] 王雅梅. 欧盟跨境合作政策述评 [J]. 德国研究, 2006 (3).

[9] 陈瑞莲. 欧盟国家的区域协调发展：经验与启示 [J]. 政治学研究, 2006 (3).

[10] 喻锋. 欧盟区域协调发展的治理转型及其结构特征 [J]. 国家行政学院学报, 2008 (4).

[11] 卓凯, 殷存毅. 区域合作的制度基础：跨界治理理论与欧盟经验 [J]. 财经研究, 2007 (1).

[12] 田金城, 陈喜生. 欧盟区域政策及其协调机制 [J]. 求是, 2006 (15).

浅析瑞典经验对建设幸福广东的借鉴意义

陈欲晓

"加快转型升级,建设幸福广东"是当前广东省的核心任务及"十二五"规划提出的奋斗目标。

幸福的定义是什么?一千个观众有一千个哈姆雷特,一千个个体有一千种对幸福的理解。然而,人是自然属性与社会属性的有机结合,即便是带有再强烈个人色彩的幸福观,也免不了被打上深刻的时代烙印和体现社会特征。什么是真正的幸福?怎么样才能获得幸福?为什么改革开放30多年来,我们的物质条件已经极大丰富,生活状况得到了前所未有的改善,但是民众的幸福指数并没有得到同步提升?当前,这些问题引起了全社会广泛的关注和思考。

北欧国家瑞典,国土面积45万平方公里,相当于两个半广东省的面积;人口900多万,相当于大半个广州市人口。如此一个"小国",却是世界上民众幸福感最强的地区之一,幸福指数连年高居全球榜首,被称为北欧福利国家的典范。2010年,美国《福布斯》杂志刊登的盖洛普幸福指数调查显示,瑞典在受调查的155个国家中,感受幸福的人的比例名列前四。

瑞典这艘航船是如何驶向幸福彼岸的呢?2011年,笔者有幸被单位选派参加第五期广东省公务员公共管理瑞典专题研究班的学习,于6月份赴瑞典进行为期一个月的实地考察,得到了一个寻找问题答案的绝佳机会。

在瑞典期间,我们通过在课堂上专心听讲,组织开展小组讨论,到有关机构、团体和社区开展参观访问等,努力去观察、思考,对瑞典的政治、经济、社会以及历史文化、风土人情等有了一个初步的认识,深深体会到瑞典经验确实对建设幸福广东具有很好的启示和借鉴作用,本文试作粗浅论述。

一、和平稳定是瑞典发展的重要保障

稳定是发展的前提,是和谐的基础;稳定压倒一切,没有稳定的环境,我们将一事无成。早在1987年,邓小平同志就曾指出,保持国内安定团结的政治局面,有领导、有秩序地进行社会主义建设,是实现"三步走"发展战略的重要条件之一。"没有安定团结的政治环境,什么事情都干不成。""中国的问题,压倒一切的是需要稳定。没有稳定的环境,什么都搞不成,已经取得的成果也会失掉。"

瑞典从一个贫穷落后的农业国家成功地发展成为一个经济发达、政治民主、社会福利普及的现代化国家,也就只用了100年左右的时间。而在这100年间,瑞典基本处于国内、国外环境和平稳定时期。

第一、二次世界大战,瑞典都没有参战,一直保持中立,从而避免了战争的破坏,为发展经济争取了和平的外部环境,这是瑞典的智慧。

瑞典在国家建设和发展经济的过程中,不仅注重做大"蛋糕",更加重视把"蛋糕"公平分配,有效地缓解了阶层矛盾,保证了社会的长期稳定。

在瑞典期间,从最高级的所谓富人区,到中产阶级居住区,到边远的乡村,再到所谓的贫民区,我们都走马观花地看了一遍,总体感觉整个国家不存在太大的贫富悬殊、城乡差别和地区差异。这样的制度设计,最大程度地保证了人人平等,人人都能够享受基本保障,人人都能够安居乐业,过上体面有尊严的生活。

在处理社会矛盾、保持政局稳定方面,瑞典重视发挥非政府组织作用的做法,也颇值得我们借鉴。通过发挥工会和雇主委员会的作用解决劳资纠纷就是突出的成功典型。

瑞典绝大多数受雇佣工人都加入了总工会(LO),绝大多数的私人企业主加入了雇主委员会(SFA)。这两大利益团体坚持既妥协又合作的原则,分别代表并维护各自的合法权益。从1984年起,瑞典政府不再出面主持集体谈判,改由劳资双方在政府的协调下通过集体谈判达成劳动协议,实际上也为确保国家经济的运转寻找到了一个最佳的结合点,最大程度上保证了社会的稳定。

综观广东省,当前总的形势是好的,保增长、保民生、保稳定的各项工作取得了明显成效。但受到各种因素的影响,社会矛盾还比较多,不稳定因素仍然存在,发展不平衡就是当前面临的突出问题。例如,广东作为全国第一经济大省,仍然有360多万的贫困人口。

幸福必须是全体人民的幸福。发展不平衡所造成的贫富悬殊、城乡差别和地区差异,对建设幸福广东无异于一把悬于头顶的达摩克利斯之剑。汪洋同志曾经批评过,最富的地方在广东,最穷的地方也在广东。富广东与穷广东的落差是那么的巨大,连兄弟省市党政代表团来粤访问时都表示惊讶。

国际上通常以基尼系数作为衡量收入差异的指标,数值越大则表示收入分配越不平均。一般认为基尼系数0.4是警戒线,一旦超过0.4,则表明财富已过度集中于少数人,将会威胁到社会稳定。瑞典的基尼系数为0.3,属于世界上收入差距最小的国家，他们的社会结构正在由传统的金字塔型向枣核型演变。而有专家认为，目前我国的基尼系数已超过警戒线，达到 0.49，这是十分严重的信号，我们不能不保持高度警惕，不能不以更大的工作力度，切实解决贫富悬殊、城乡差别和地区差异问题，保证社会稳定和国家的长治久安。

同时，在处理社会矛盾、维护社会稳定方面，要更加重视发挥工商联等人民团体的作用。随着改革开放的深入，政府职能的进一步转变，工商联作为党和政府联系非公有制经济的桥梁纽带、政府管理非公有制经济的助手，其独特优势得到了进一步的凸显。近期，中共中央和中共广东省委分别下发了加强和改进新形势下工商联工作的 16 号文和 15 号文，为工商联切实履行职能指明了前进方向。当前和今后一段时间，工商联要进一步发挥"五个作用"，认真做好非公有制经济人士的思想政治工作，引导他们团结在党的周围，坚定走中国特色的社会主义道路，积极参与社会事务，承担社会责任，建立和谐的劳动关系。要建立健全政府部门、工商联和工会的劳动关系三方协调机制，为促进非公有制经济健康发展、非公有制经济人士健康成长作出更大的贡献。

二、廉洁透明是瑞典政治的重要基石

瑞典是世界公认的最廉洁国家之一。自 1995 年起，"透明国际"每年发布世界各国清廉状况排名，瑞典的清廉指数一直名列前茅。瑞典的一位检察长曾说："我当检察官 32 年来，从未受理过一起官员腐败案件。"

20 世纪 90 年代，社会民主党执政期间发生的著名的"巧克力事件"，就是瑞典廉洁社会的最好证明。当时，担任副首相的萨林年仅 38 岁，是一位重量级的政治人物，被舆论认为不仅将有可能成为社会民主党的未来领袖，而且还有可能作为未来的瑞典女首相人选在国际政治舞台上大展拳脚。但是，1995 年，报章披露萨林私用公务信用卡购买巧克力等食品，顿时引起舆论一片哗然。虽然萨林事后辩解说，她当时只是混用了公务信用卡和个人信用卡而已，并且及时归还了款项，但在巨大的舆论压力下，萨林还是被迫辞职，大好政治前途从此断送。

瑞典政府的廉洁透明不是从天上掉下来的，立国以来，她也曾经历过政治腐败、官员贪污的黑暗时期。那么，瑞典是如何走向光明之路的呢？研究和事实证明，阳光是最好的防腐剂，政务公开透明，加强舆论和民众对政府的监督，就是建设廉洁政府的利器。

在瑞典期间，我们以外国游客的身份参观了国会、市政厅、欧盟办事处、申诉委员会、工会、雇主委员会、信息中心等各种公共管理机构，旁听议会对议案进行投票表决的过程。瑞典政治的民主、廉洁、公开、透明给我们留下了深刻印象，也带给了我们有益的启迪。

早在1766年，瑞典议会就通过了《出版自由法》，其中最主要的条款就是"公开所有非涉密的公共文件"。瑞典因此成为世界上第一个实行政务公开的国家，这项法规也被认为是世界上最早的官员申报制和"信息披露法"。有美国学者据此认为，美国国会直到1966年才通过《信息披露法》，比瑞典晚了整整200年。目前，在瑞典的政府或公共机构，凡书面公务资料、公函、财务报告等，只要不属于国家机密，都必须向公众和媒体开放。任何一个瑞典公民，都有权查阅任何官员、企业高层管理人员，甚至王室成员的资产和纳税情况。

例如，根据瑞典的不动产登记制度，任何人在当地买房子，都必须刊登广告，包括房屋所在地点、交易时间、买卖双方的姓名、交易价格、房屋面积及修建情况等等。瑞典政府高官与普通公务人员都要按法律规定，将购买房屋等大宗家庭资产的情况"广而告知"，向大众公开。

腐败来自暗箱操作，对全世界的每一个执政党来说，最大的危险都是腐败。这个问题解决不好，政权的性质就可能改变，执政的根基就会动摇，最后的结果就是"人亡政息"。

当前，我国的廉政建设与群众期待仍有较大差距，腐败现象在行政权力集中的部门和资金资源管理权集中的领域易发多发，社会事业、国有企业等领域腐败案件逐渐增多，发生在领导干部中的腐败问题依然突出，广东也不例外。

以商业贿赂案件为例。据报道，2011年1—11月，广东省共立案查处1066件商业贿赂案件，涉案金额5.9亿元，其中百万元以上大案有73件；涉及县处级以上国家公务员要案有53件，给予党纪政纪处分112人，其中厅级干部3人、县处级干部28人；已判刑142人，其中县处级以上干部18人。这表明广东省的反腐形势仍然十分严峻，反腐倡廉必须警钟长鸣。推行"阳光法案"、实行官员财产公开制度势在必行。

近年，中共中央办公厅、国务院办公厅出台了《关于领导干部报告个人有关事项的规定》，要求县处级以上领导干部向组织报告个人财产、婚姻变化、子女移居国（境）外等事项。这说明在我国反腐体系中，领导干部申报环节正在得到前所未有的强化，反腐斗争关口前移，重心正从惩治腐败逐渐转向防止腐败。民众有理由对反腐倡廉取得新成效充满信心和期待。

三、经济可持续发展是瑞典建设的重要支撑

建设幸福广东必须贯彻落实科学发展观，必须坚持经济、社会、资源、环

境的全面、协调、可持续发展，使子孙后代能够安居乐业，永续发展。

发展是硬道理。社会主义初级阶段，人民日益增长的物质文化需要同落后的社会生产之间的矛盾依然是社会的主要矛盾。只有以经济建设为中心，推动经济又好又快发展，才能筑牢追求幸福生活的强大物质基础，才能更好地解决民生问题，搬走压在人们头上的住房、医疗、教育等新"三座大山"，有效提升老百姓的幸福感。

瑞典能够建成社会福利国家，加大全民医疗、卫生、教育、住房、文化、体育等财政投入比例，使公民普遍享受"从摇篮到坟墓"的社会保障，得益于经济可持续发展的强大物质支撑。

瑞典是世界上经济发展最好的地区之一，诞生了很多国际知名的品牌，如沃尔沃汽车、萨博汽车、爱立信通信、伊莱克斯电器、ABB、哈苏相机、宜家家居和H&M服装等等。按人口比例计算，瑞典是世界上拥有跨国公司最多的国家。在经济竞争力上，瑞典也处于世界前列。

瑞典于1995年加入欧盟，加快了全球化的进程，为经济社会发展带来了巨大的发展机遇，同时也意味着面临前所未有的挑战。为进一步增强竞争优势，瑞典更加重视经济的可持续发展，注重生态保护，重视发展循环经济，保证经济长期的稳定繁荣，为建设福利国家提供强有力的保障。

瑞典较早采纳可持续发展理念，是世界上首个要求国有企业编制可持续发展报告的国家，并牵头召开了首届联合国环境大会（即1972年的斯德哥尔摩大会），许多环境、生态、可持续发展指标都位居全球前列。

瑞典在坚持经济可持续发展方面有很多成功的经验，例如注重统筹社会经济发展和资源环境保护。瑞典拥有丰富的森林、水力、矿产等资源，在工业革命时期，是重要的铁矿石、木材等原料供应国。20世纪80年代以来，瑞典通过调整产业和出口产品结构，加强资源回收，逐渐减少了铁矿、铜矿等不可再生资源的开采量。同时，从80年代中期开始，进一步保护森林资源。目前，瑞典的年度木材砍伐量仅是年度增长量的65%，按照正常的木材需求增长速度预测，瑞典几十年后的木材储量将呈增长之势。

在生产领域推广循环经济也是瑞典坚持经济可持续发展的特点之一。瑞典是世界清洁生产强国，在企业和行业强制推行清洁生产方面已有30年的经验。一流的生产技术、高效的生产装备、先进的现代管理技术和清洁生产理论，构筑了瑞典集约型生产的基础，这也是实施循环经济的核心所在。

我们在参观国际知名品牌沃尔沃汽车公司的时候，他们重点推介的新型概念汽车的优势有二，一是安全性能好，二是节能环保，由此也可见可持续发展的理念已全方位深入瑞典的经济领域。

广东是中国改革开放的先行区、试验田，30多年来经济一路高歌猛进，取得了令世人瞩目的巨大成就，各项经济指标多年稳居全国前列。"十一五"期间，尽管遭遇国际金融危机的巨大冲击，但广东全省生产总值5年年均增长率仍在12%以上，并于2010年率先迈入"4万亿元俱乐部"，为"建设幸福广东"打下一个很好的物质基础。但是，今天广东的发展也面临许多瓶颈制约，碰到土地、空间、环境、能源、水资源等难以为继的突出问题。

要解决这些问题，我们别无选择，必须学习借鉴包括瑞典在内的先进国家的成功经验，加强绿色环保理念，大力发展新兴产业、循环经济、低碳经济，推动珠江三角洲产业向粤东、粤西、粤北转移，加快产业转型升级。同时，加大干部人事制度改革力度，让更多坚持可持续发展的干部走上领导岗位。

四、关注民生是瑞典经验的重要特征

GDP不是决定幸福与否的唯一因素。诺贝尔经济学奖得主阿马蒂亚·森说过："对诸如这样一些重要的事——活得长久一些的自由，逃脱可以避免的疾病的能力，获得有适当报酬的就业机会，在和平的、无犯罪的社区生活——收入水平常常可能不是恰当的指标。"也就是说，幸福的含义就是群众看得见、摸得着、享受得到的实实在在的具体事，不仅仅指向宏观的GDP、财政税收和经济实力，更指向老百姓关心的住房、医疗、卫生、教育、就业、保障、机会平等、人格尊严、工作环境等问题。GDP是衡量一个地区或国家经济发展的重要指标，但不应该成为唯一指标，更不应该成为衡量幸福与否的唯一指标。正是在这种大背景下，广东省提出了"不以GDP论英雄"的响亮口号，得到了广大人民群众的热烈拥护。

幸福的要义是重视国计民生。随着社会的进步，人民生活水平的提高，群众从只要求吃得饱到要求吃得好，从希望满足物质需求到希望满足精神追求。由法国总统萨科齐作序，国际知名专家小组撰写的《对我们生活的误测》一书也得出这样的结论：幸福是有维度的，物质生活水平、健康、教育、包括工作在内的个人活动、政治发言权和治理、社会联系和关系、环境、经济和人身安全等等，都应当在幸福的范畴之内。

有研究者说，瑞典人幸福的重要原因之一，是因为瑞典无穷人。"二战"后，瑞典的社会福利体制逐步建立，全民就业、全民养老金、全民医疗保险、全民免费教育等各项举措逐步落实，政府为公民承担了"从摇篮到坟墓"的全部或大部分生活费用。瑞典的所谓"穷人"，有的生活得甚至比美国的某些中产阶级还体面。

例如，有这么一位瑞典老人，他每月的退休金只有6000多瑞典克朗，约合1000美元。从收入上看，他应当不属于富裕阶层。但他住着一幢属于自己的带有后花园和玻璃花房的独门独户两层小楼，两个儿子全都读了名牌大学。这位老人之所以买得起房子，主要是因为他不需要为孩子上学存钱，也不需要为自己退休后看病存钱，他没有后顾之忧。

再以民众的医疗费用为例。瑞典实行全民医疗保险，大部分医疗费用由财政税收支付，个人自理部分占的比例非常小。并且，为限定个人的支出，设定了医疗费用上限。患者一年之内看病支付了900瑞典克朗后，从初诊算起的12个月内就可以免费就诊。又如老龄保健。瑞典绝大多数的老年护理资金来自税收和拨款，900多万人口中达到退休年龄的有160万人左右。2008年，瑞典对老年护理的总投入达到918亿瑞典克朗，人均花费将近6万瑞典克朗。有研究表明，瑞典对老年人的投入占GDP的比重要高于世界上的任何国家。

当前的新形势下，使改革开放30多年的伟大成果惠及广大人民群众，建设幸福广东，是广大老百姓最渴望的现实要求，也是各级党委、政府义不容辞的历史使命。我们欣喜地看到，"十二五"期间，给老百姓增添"幸福"的各项政策和措施正在加快出台，力度前所未有。按照2012年广东全省支出预算安排，教育预算最高，其后的几个大项支出依次是一般公共服务、社会保障和就业、城乡社区事务、交通运输、农林水事务以及医疗卫生，财政预算支出明显向民生领域倾斜。

总而言之，他山之石，可以攻玉。学习借鉴别人的成功经验，出发点和落脚点都是为了办好自己的事情。"建设幸福广东"是长期的系统工程，是与"全心全意为人民服务"这一党的根本宗旨一脉相承的，是立党为公、执政为民、巩固党的执政基础、保证国家长治久安的重要战略举措。我们坚信，在省委、省政府的坚强领导下，只要全省上下众志成城，艰苦奋斗，不动摇、不懈怠、不折腾，聚精会神搞建设，一心一意谋发展，就一定能够早日建成岭南幸福家园。

广东文化创意产业评价指标体系的构建研究

肖延兵

目前,全球文化创意产业每天创造约 220 亿美元的经济价值,并以 5% 的速度逐年递增,文化创意产业将成为 21 世纪经济增长重要引擎的预言正在成为现实。文化创意产业受到越来越多国家的重视,而如何定量评估文化创意产业的发展,已成为政府、专家学者面对的重要课题。

在国内,文化创意产业已经成为许多省市特别是大城市发展的重要内容之一。广东提出建设文化强省战略后,相继出台了《中共广东省委办公厅 广东省人民政府办公厅关于加快提升文化软实力的实施意见》、《广东省建设文化强省规划纲要(2011—2020 年)》等政策措施,推动文化创意产业发展。文化创意经济作为一种新的经济形态,其活力、竞争力以及对经济发展的贡献迫切需要一种新的、科学的评价指标体系进行衡量。通过定量指标,决策者可以检测与评估文化创意产业状况和产业发展政策的有效性,相关企业和机构可以据此指导、衡量自身的经济行为。本文分析了国内外较有影响的几种文化创意产业评价指标模型,进而结合广东文化创意经济发展的特点,通过深入访谈、德尔菲法等方法,尝试构造了一套包含四个维度、13 个指标、17 个子指标的广东省文化创意产业评价指标体系。通过专家问卷调查,用 AHP 层次排序法得出了各指标的相对权重,再根据研究发现提出了相应的研究改进和政策建议。

一、文献综述

创意经济的发展需要新的经济评价指标,以综合衡量一个国家或地区创意经济对整个国民经济的影响。目前,一些创意产业较为发达的国家和地区已经制定了相关指标体系,如 3Ts 指数、欧洲创意指数、全球创意指数、香港创意指数、上海城市创意指数和北京文化创意指数等。

理查德·佛罗里达提出为了吸引有创意的人才、产生创意和刺激经济的发展,创意产业必须同时具备人才(Talent)、技术(Technology)和包容性(Tolerance)三个关键要素,由此建立了由这三个要素构成的 3Ts 指数体系,并运用该评价指标体系，就美国 50 万人口以上的 81 个大都市和 50 个州进行了创意能力评价。

2004 年，佛罗里达与艾琳·泰内格莉合作，在《创意时代的欧洲》报告中提出"欧洲创意指数"（Euro Creativity Index，ECI），对欧洲 14 个国家的创意经济发展要素进行了研究。欧洲创意指数沿袭了佛罗里达对创意城市的理解，认为"3T"，即技术（Technology）、人才（Talent）和包容性（Tolerance）是影响城市创意经济最重要的三个要素，并以此作为指标设计框架。具体见表 1。

表 1　欧洲创意指数

欧洲人才指数	创意阶层指数	创意产业从业人数占整个从业人数的比率
	人力资本指数	25～64 岁人群中拥有学士或以上学位的人数比率
	科技人才指数	每千人中科学家和工程师的数量
欧洲技术指数	研发指数	研发支出占 GDP 的比率
	创新指数	每百万人拥有的专利数
	高科技创新指数	每百万人拥有在生物技术、信息技术、制药技术以及航天技术等高技术领域的专利数
欧洲包容性指数	态度指数	主动或被动宽容的人数占总人数的比率
	价值指数	一个国家将传统视为反现代的或世俗价值观的程度
	自我体现指数	一个民族对待个人权利和自我体现的重视程度

资料来源：根据《创意时代的欧洲》报告整理。

2004 年，香港大学研究人员选择了五个均等加权的指数组合 5Cs（创意资本理论）作为香港创意指数（HKCI）的框架，该指数包含结构与制度资本指数、人力资本指数、社会资本指数、文化资本指数以及创意经济效益指数五个子系统，有 35 个分指标。

上海市 2006 年编制了上海城市创意指数，这是我国内地第一个城市创意指数。上海创意指数体系由产业规模、科技研发、文化环境、人力资源、社会环境五方面组成，根据各个因素的重要程度，分别规定了相应的权重，其中，产业规模指数为 30%，科技研发指数为 20%，文化环境指数为 20%，人力资源指数为 15%，社会环境指数为 15%。对每项因素所包括的多个具体指标，按照具体指标的个数平均分配权重，共 35 个分指标。

北京市在 2006 年研究制定《北京市文化创意产业分类标准》的基础上，研究建立了北京文化创意指数。该指数由文化创意贡献指数、文化创意成果指数、文化创意环境指数、文化创意投入指数、文化创意人才指数五个部分构成，共设置17个衡量指标。五个部分的权重确定采取国际通用的德尔菲法，由有关专家共同研究确定。

表2 创意指数比较

	基于3Ts理论的指标（包括欧洲创意指数、全球创意指数）	香港创意指数	上海城市创意指数	北京文化创意指数
一级指标构成	技术	结构与制度资本	产业规模	文化创意贡献
	人才	人力资本	科技研发	文化创意成果
		文化资本	文化环境	文化创意环境
	包容性	社会资本	人力资本	文化创意投入
		创意经济效益	社会环境	文化创意人才
数据标准化	线性转换 一级：0~1 二级：0~15	规范化方法	具体量纲，以2004年为基准，纵向比较	具体量纲，以2004年为基准，纵向比较

从上述分析可以看出，欧洲创意指数、香港创意指数、上海城市创意指数、北京文化创意指数等指数都有明显的地方色彩，即都是结合本地区实际情况设计的评价指数。因此，广东发展文化创意产业也有必要建立适合本地区的创意指数，提供基本分析工具，以用于评价创意产业发展状况和发展趋势。

二、研究方法的选择与研究设计

（一）研究方法的选择

首先，搜集相关文献加以探讨分析，并基于此理论基础发展初步的广东省文化创意产业指标内涵与结构。其次，采用半结构的方式对省内文化产业专家进行访谈，对访谈的结论和文献分析的指标内涵与结构做评估分析与修正，以此做指标初步初稿的修正。然后，采用德尔菲法，邀请多位专家以匿名、书面的方式进行系统的意见表达，以统计方式呈现集体意见，再将分析结果连同新问卷分送各专家，作为修正先前意见的参考，如此反复进行，直到各专家间的意见差异降至最低。

（二）指标体系权重分析方法的选择

层次分析法（The Analytic Hierarchy Process）简称AHP，在20世纪70年代中期由美国运筹学家托马斯·塞蒂（T. L. Saaty）正式提出，它是一种定性和定量相结合的系统化、层次化的分析方法。AHP主要应用于不确定的情况，即应用在具有多个评估准则的决策问题上。属于一种多目标的决策方法，利用组织的架构，同时建构具有相互影响关系的层级结构。

（三）研究设计

1. 广东省文化创意产业评价指标体系的初步建立

在佛罗里达的3Ts架构的基础上，参考香港的5Cs创意指数、台湾的文化创意产业评价指数，拟在科技研发维度融入支持型技术向嵌入型技术转化水平的影响，在社会文化环境维度融入签约、雇佣、采购等独特而灵活的商业运营模式的发展水平。

表3 初步的广东省文化创意产业评价指标体系

一级指标	二级指标	三级指标
人才	创意人才	创意群体（根据划分好的主要创意职业分类的定义）的人数
	人力资本	大专以上学历人口占人口总量的比重
		相关职业培训充足程度
科技	创新	人均拥有专利数
	研发	相关领域的研发支出充足程度
	高科技	地区高科技产业产出量占全国高科技产业产出量的比例
		地区高科技占全省经济产出量的比例
	嵌入型技术转化	相关文化创意产业支持型技术转化为嵌入型技术的转化程度
包容性	性倾向	女同性恋接受程度
		男同性恋接受程度
		异装癖接受程度
	融合	本地人士出生在外国的相对比例
		对待异国尤其是其他发展中国家民族的尊重与接纳程度

续表3

一级指标	二级指标	三级指标
包容性	态度	对待少数民族的态度
		对待不同价值观（如宗教、女权等）的态度
	交流	对于标新立异的想法、设计表达的尊重和接纳程度
		不同群体创作者的交流程度
社会文化环境	创意保护	创意保护的法律、法规、行政规章的完备程度
	商业模式	是否采用了签约、雇佣、采购等独特而灵活的商业运营模式
	区域文化特色	区域人文艺术的独特程度
	商业渠道	商业性生产、销售、批发代理的渠道畅通程度
	产业规模与集聚	行业生产商的规模、数量与集聚程度
文化素养	文化消费	每个民众每年消费文化产品的购买金额
	文化参与	每位民众每年参与展览、会议、演讲、演出活动的次数
	公共文化设施每百万人拥有量	图书馆、博物馆、展览馆、电影院等文化设施的每百万人拥有量

初步编制的指标体系包括 5 个一级指标、18 个二级指标、25 个三级指标，共个三个层次。

2. 文化创意产业评价指标体系的修订

通过专家访谈，对指标体系进行初步修订，然后再与相关专家用德尔菲法进行进一步修订，做指标的定稿，作为广东省创意产业评价指标问卷的依据，并发展出问卷，这一阶段的主要目的为修正与完成广东省创意产业评价指标的定稿，以及确保层级分析法问卷专家内容效度。

表4　修订后的广东省文化创意产业评价指标体系

一级指标	二级指标	三级指标
人才	创意人才	创意群体（根据划分好的主要创意职业分类的定义）的人数
	人力资本	大专以上学历人口占人口总量的比重
		相关职业培训充足程度

续表 4

一级指标	二级指标	三级指标
科技	创新	人均拥有专利数
	研发	相关领域的研发支出充足程度
	高科技	地区高科技产业产出量占全国高科技产业产出量的比例
		地区高科技占全省经济产出量的比例
	嵌入型技术转化	相关文化创意产业支持型技术转化为嵌入型技术的转化程度
包容	外来人口包容	对外来人口（包括外来务工人员、发展中国家务工人员）的包容程度
	态度	对待少数民族的态度、对待不同价值观（如宗教、女权等）的态度
	交流	对于标新立异的想法、设计表达的尊重和接纳程度
		不同群体创作者的交流程度
社会文化环境	创意保护	创意保护的法律、法规、行政规章的完备程度
	商业模式	是否采用了签约、雇佣、采购等独特而灵活的商业运营模式
	区域文化特色	区域人文艺术的独特程度
	文化素养	每个民众每年消费文化产品的购买金额
		每位民众每年参与展览、会议、演讲、演出活动的次数

经过修订后的广东省文化创意产业评价指标体系包括 4 个一级指标、13 个二级指标、17 个三级指标。

3. 广东省创意产业评价指标体系的权重资料统计与分析

（1）研究问卷的编制、发放与回收。经文献分析、专家访谈与德尔菲法，建构广东省文化创意产业评价指标体系，以广东省文化创意产业评价指标作为问卷的依据，采用 AHP 设计出专家相对权重问卷，并完成指标的权重分配工作。

广东省文化创意产业评价指标体系权重的专家调查问卷发放对象为广东省相关文化创意产业从业人员、媒体记者、高等院校学者等，共发放 100 份问卷，回收 80 份，其中，有效问卷 72 份，有效回收率为 72%。

广东省文化创意产业评价指标体系权重的专家调查问卷包含研究说明函、

基本资料、填答说明、填答内容四个部分。于问卷说明函中说明本研究的研究目的，并留下联络的电话与电子信箱，以便专家有疑问时可以立即询问。基本资料有性别、年龄段、学历层次、从事相关文化创意产业年限。回收后研究样本结构分析（统计结果表略），描述性统计分析（统计结果表略）。

（2）资料分析与指标相对权重统计。对回收的调查问卷采集的数据进行统计分析，然后用 AHP 软件进行计算和检验。

表5　广东省文化创意产业评价指标体系指标权重一览表

一级指标	二级指标	三　级　指　标
人才 (25.7%)	创意人才 (54.1%；13.9%)	创意群体的人数（100%；13.9%）
	人力资本 (45.9%；11.8%)	大专以上学历人口占人口总量的比重（66.3%；7.8%）
		相关职业培训充足程度（33.7%；4.0%）
科技 (26.9%)	创新 (22.6%；6.1%)	人均拥有专利数（100%；6.1%）
	研发 (21.5%；5.8%)	相关领域的研发支出充足程度（100%；5.8%）
	高科技 (30.5%；8.2%)	地区高科技产业产出量占全国高科技产业产出量的比例（53.8%；4.4%）
		地区高科技占全省经济产出量的比例（46.2%；3.8%）
	嵌入型技术转化 (25.4%；6.8%)	相关文化创意产业支持型技术转化为嵌入型技术的转化程度（100%；6.8%）
包容 (15.9%)	外来人口包容 (28.3%；4.5%)	对外来人口（包括外来务工人员、发展中国家务工人员）的包容程度（100%；4.5%）
	态度 (30.2%；4.8%)	对待少数民族的态度、对待不同价值观（如宗教、女权等）的态度（100%；4.8%）
	交流 (41.5%；6.6%)	对于标新立异的想法、设计表达的尊重和接纳程度（41.9%；2.8%）
		不同群体创作者的交流程度（58.1%；3.8%）

续表5

一级指标	二级指标	三级指标
社会文化环境（31.5%）	创意保护（17.6%；5.5%）	创意保护的法律、法规、行政规章的完备程度（100%；5.5%）
	商业模式（29.3%；9.2%）	是否采用了签约、雇佣、采购等独特而灵活的商业运营模式（100%；9.2%）
	区域文化特色（15.5%；4.9%）	区域人文艺术的独特程度（100%；4.9%）
	文化素养（37.6%；11.8%）	每个民众每年消费文化产品的购买金额（54.3%；6.4%）
		每位民众每年参与展览、会议、演讲、演出活动的次数（45.7%；5.4%）

（3）研究发现。通过用AHP层次排序法对广东省文化创意产业评判指标体系的权重分析，有以下几点发现：

第一，在第一级的4个指标里，社会文化环境和科技所占的比重最大，这说明发展文化创意产业应优先营造适宜文化创意产业发展的社会文化环境，大力推动科技在文化创意产业中的应用。

第二，在第二级的13个指标中，只有创意人才、人力资本和文化素养的同层级权重比重超过10%，其他指标中最高的是商业模式，为9.2%，这说明人才和适当的商业模式是成功的重要因素。

第三，在科技指标下，嵌入型技术转化所占权重的比重竟然比研发和创新指标都要高，这说明技术的嵌入程度已经深深地影响到了创意产品竞争本身。

第四，在包容性指标下，交流指标所占权重的比重要比其他两项（态度和外来人口包容）大，这说明对于标新立异的想法、设计表达的尊重和接纳，在创意从业者之间交流的重要性。

第五，在社会文化环境指标下，独特和灵活的商业模式以及区域内民众的文化素养，对于创意产业发展具有重要影响。

第六，在第三级的17个指标中，创意人群的数量所占权重的比重最高，为13.9%，接下来就是是否采用了签约、雇佣、采购等独特而灵活的商业运营模式，为9.2%。

三、研究结果

通过本研究，构建起了这套包含 4 个一级指标、13 个二级指标、17 个三级指标的广东省文化创意产业评价指标体系。研究发现，创意人才队伍的培养、独特而灵活的商业运营模式、民众成熟的文化素养、技术的嵌入转化程度是文化创意产业成功的关键要素。在后续的研究中，应当对不同的文化创意产业类别、不同的地区进行修订研究，用以观察差异性之所在。

通过本研究不难发现，创意人才队伍的培养、独特而灵活的商业运营模式等这些成功的关键要素，与不少地方所推行的政策不契合，甚至相悖，这说明，当下"一窝蜂"似的文化创意产业园区热很大程度上是一种盲目的跟风，政府在评估和拟定相关政策的时候，应当理性、慎重，经过充分的论证、推演，才能制定出契合实际的政策。

参考文献

［1］赵雯倩. 中日文化创意产业的比较研究［D］. 山东大学硕士论文，2008.

［2］胡毋意. 文化创意产业的原创力研究［D］. 复旦大学博士论文，2009.

［3］邓晓辉. 新工艺经济时代的文化创意产业研究［D］. 复旦大学博士论文，2006.

［4］高嘉谦. 文化创意产业发展政策的解析：以 5C 架构及文化经济学为观点［D］. 台湾南华大学硕士论文，2011.

［5］秦琴. 海淀区文化创意产业竞争力评价指标体系设计［D］. 北京林业大学硕士论文，2008.

第三部分 幸福生活与合作治理

瑞典幸福生活之本土思考

徐 特

瑞典国土面积约 45 万平方公里，总人口约 942 万，位于北欧斯堪的纳维亚半岛东半部。2010 年国内生产总值 4218 亿美元，人均国内生产总值 4.5 万美元，失业率 8.4%。瑞典服务业发达，从业人员约 328 万人，主要分布在医疗护理、商业、运输通讯、金融、企业服务、教育、科研、公共行政部门、个体、文化服务及家庭服务等领域。人民生活水平较高，人均年消费 11.08 万瑞典克朗，85% 的家庭拥有小轿车，75% 的家庭有电脑，50% 的家庭拥有郊外私人别墅，70% 的家庭每年出国度假和旅游。瑞典男女平均寿命分别为 79 岁和 81 岁，老龄化现象较严重。瑞典人的文化生活较丰富。全国有专业和公共图书馆 389 个，各类博物馆 241 个，电影院 823 所，年产 40 部电影；全民体育健身活动丰富，网球、冰球、乒乓球、足球、手球、高尔夫球、赛马等竞技项目普及并有较高水平，全国约有 2.7 万个体育协会和俱乐部。

一、瑞典生活基本情况

（一）瑞典的工资和物价水平

瑞典工资水平差距较小，公务员工资与工人工资接近。2008 年，瑞典全国平均月工资为 29100 瑞典克朗。

各行业平均月工资如下（由高到低）：科研 30400 瑞典克朗，房地产 30400 瑞典克朗，教育 30300 瑞典克朗（基础教育 24400 瑞典克朗、高等教育 30500 瑞典克朗），建筑工业 29400 瑞典克朗，政府机关和军警 28900 瑞典克朗，金融保险 27100 瑞典克朗，管理服务 26300 瑞典克朗，文化娱乐 26100 瑞典克朗，医疗保健 25200 瑞典克朗。

按照职业分，月平均工资如下（由高到低）：国企老总 48200 瑞典克朗，法官 38900 瑞典克朗，其他司法官员 34900 瑞典克朗，医生 32700 瑞典克朗，商务人员 32600 瑞典克朗，大学教授 32300 瑞典克朗，政府公务员 32200 瑞典克朗，军人 32000 瑞典克朗，会计 31500 瑞典克朗，警官和侦探 28300 瑞典克朗，海关人员 27100 瑞典克朗，图书馆员和其他信息员 26700 瑞典克朗，铁路建筑工人 26200 瑞典克朗，一般司法人员 25400 瑞典克朗，化工和物理技师 24800 瑞典克朗，监狱看守 21400 瑞典克朗，门卫 20500 瑞典克朗，室内清洁工 18600 瑞典克朗。

瑞典公务员的工资略高于平均工资，不同行业、职业的工资差别不大，领取最高工资的科研人员比领取最低工资的医疗保健人员的工资高出 20%，国企老总的工资比门卫工资高出 135%。

在瑞典，三口之家的日常饮食开销大概要每月 4000 多瑞典克朗，与广东物价相比，瑞典一般要贵 2～3 倍。买一瓶 600 毫升的水要 18 瑞典克朗、1 公斤普通西红柿 24 瑞典克朗（瑞典以公斤标价，下同）、黄瓜 22 瑞典克朗、生菜 37 瑞典克朗、猪肉 60 瑞典克朗，一般的苹果、梨和香蕉都要 20 多瑞典克朗，一袋 2.5 公斤的糙米 50 瑞典克朗。在学校买一个汉堡包要 60～80 瑞典克朗，在餐馆里点一份普通的荤菜，也要 100 瑞典克朗以上。在吃的东西中，唯奶制品比国内便宜。国内纸盒装的 950 毫升牛奶要 10～16 元（1 瑞典克朗≈1 元人民币），而同样分量的牛奶在瑞典只要 10 瑞典克朗。瑞典的服装、鞋帽、包、洗漱等用品价格比广东高 50% 左右，主要是品牌和质量的层次较高，男士理发需要 200 多瑞典克朗，在商业区如厕一般要收费 5～10 瑞典克朗。

（二）瑞典的社会保障制度

瑞典拥有一套"从摇篮到坟墓"的庞大的社会保障体系，包括儿童津贴、病假补助、医疗保障、住房补贴、失业救济、养老保险等。一般用人单位要按职工工资收入的 33% 缴纳社会保险税，其中的近 1/3 用于支付医疗保健和病休补贴的费用；而职工个人需要负担 4.95% 的社会保险税，其中近 60% 用来支付医疗保险税；自谋职业者根据收入情况，要缴纳 17%～30% 的社会保险税。投保人在按规定缴纳社会保险税后，本人及其 16 岁以下的子女就可以享受医疗保险待遇。

1. 医疗与病休保障

人们在生病期间不仅可以享受近乎免费的治疗，而且能从病休的第二天起领取到相当于工资额 80% 的病休补贴；每个人第一次就医时都会得到一张全国通用的就医卡，上面标明历次的就医费用，一般挂号费为每次 120 瑞典克朗，一年内累计 900 瑞典克朗后即免费。如需用药，则持医生开具的处方到药店购药，一年内如果药费累计超过 1080 瑞典克朗即可享受免费用药。其他的费用，如检查费、治疗费、住院费，甚至包括因情况特殊往返医院或诊所的路费等则享受全免。因病不能正常工作者还可享受病假津贴,用于弥补患者因病而减少的收入,该津贴金额相当于患者正常收入的80%。牙科治疗对20岁以下的患者免费,20岁以上的由国家承担部分费用。妇女生育也享受以上医疗保险待遇。

2. 儿童保障

瑞典国家社保对生育假作出规定,父母双方均有权享受育儿津贴。从婴儿出生之日起,父母双方有权获得480天的假期,用来照顾孩子。其中,父母必须各休60天用于育儿,除此之外,父母双方可以自由安排生育假。休生育假最初390天的工资由国家社保支付,一般为在家照顾孩子的父母工资的80%,最高可达每年403000瑞典克朗。并且休假时可以领到每天180瑞典克朗、共480天的家长津贴。家长津贴最高可达284200瑞典克朗。1～16岁儿童每人每月都可领取到约1050瑞典克朗。父母有权请假照顾生病的孩子,最多每个孩子60天,请假期间国家社保承担父母80%的工资。

3. 教育保障

瑞典从小学至博士阶段均实行免费的高质量的教育,一到九年级学生可以在学校享用免费午餐、班车。16～20岁高中学生每个月可以领取2000瑞典克朗左右的学生津贴,离校6000米远的学生可以领取交通补助。大学生每个月可获得助学金和低息学习贷款,政府以此鼓励人们深造。这种贷款被瑞典人称作"光荣贷款",大学生在校期间每月发7500瑞典克朗,其中2500瑞典克朗作为助学金是不用偿还的,其余部分属于贷款,要在工作后逐年还清。不管学生从学校贷了多少钱,工作后逐年以年收入的4%还贷。如果在学校的时间长,可能这笔钱一辈子都还不清,因为65岁以后就不用再还任何政府贷款了。瑞典也有许多成人教育项目,不只免费而且还补助大约每月5000瑞典克朗的生活费。外国移民还可参加免费的语言学习及其他实用课程的学习。

4. 失业救济保障

失业者从失业的第六天起可从国家得到原工资80%的失业救济;没有工作的人,政府会每个月最低补助13000瑞典克朗,最高可补助20400瑞典克朗,家庭人均月收入没有达到13000瑞典克朗的,政府也会补足。

5. 住房保障

住房保障是一种向低收入的有孩子的家庭和低收入的退休者家庭提供的社会保障。根据收入的多少,没有孩子的家庭每月可以领取1000瑞典克朗左右的住房补助;有一个孩子的家庭每个月最高可以领取2500瑞典克朗左右的住房补助;有两个孩子的家庭每个月可以领取3175瑞典克朗左右的住房补助;有三个孩子的家庭每月可领到3900瑞典克朗左右的住房补助。

6. 养老保障

全国所有人无论有没有工作过，都可以在年满 65 岁后领取到最低限额的养老金。退休后就可以领退休金，退休金由两部分组成，一是基本金部分，最低保障是 22000 瑞典克朗，二是附加金部分。基本金部分是一致的，而附加金部分则体现多劳多得的原则，如正常纳税者两项相加的退休金每月有 40000 瑞典克朗左右。瑞典的退休老人可以享受许多减免待遇和生活便利。例如，进入收费的公共场所或乘坐交通工具都享受优惠折扣；老人院里的一日三餐和起居都有专人负责；行动不便的老人一个电话便可以找到专职护士上门服务，费用则由政府负担。待在家里的老人如果生病，亲戚甚至朋友每年可以有两个月的带薪假期来照顾老人，需要长期照看的，则可在社会保障署领取一定的补助金。

居住在瑞典的外国人、留学生（签证 1 年以上）与瑞典人享受同等的社会福利待遇。

（三）住在瑞典

作为稳居联合国"世界最适合人类居住国家"榜前两名的国家，瑞典在解决住房问题方面的成就也举世闻名，堪称楷模。早在 1990 年，瑞典人均居住面积就超过 45 平方米，平均每 2.3 人拥有一套住宅，基本没有无家可归者，住房在建筑质量、供水、供热取暖方面都有很好的保证。瑞典人的住房形式一般是租房和买房，有大约 50% 的居民选择租房，而买房有两种情况：一种是买居住权，一种是买所有权。住房费用往往占个人收入的 1/3 甚至一半。

1. 租房

租房是瑞典人最大的开支，费用也较大。租金根据租住的地点来决定。市区附近的一居室的租金 2000～3000 瑞典克朗，二居室 5000～7000 瑞典克朗。

2. 申请政府房

政府房相当于我国的廉租房，需要排队，什么时候分到也要视申请人的情况而定。租金是租私人房子的 2/3 左右。

3. 买房

瑞典的商品房分为公寓和别墅，公寓一般只出售使用权，别墅则出售所有权。地点不同，价格差异比较大。

（1）公寓房。使用面积 70 平方米的装修好的房子，只需买家具即可入住，售价为 150 万～200 万瑞典克朗。但还需每月交 2000 瑞典克朗左右的物业管理费，管理费包括物业费、水电费、暖气费、社区建设费、洗衣费等费用。所有的房子都必须包括一个卧室、一个厨房、一个厕所和一个阳台。

（2）别墅。每栋 200 万～1000 万瑞典克朗不等。无需交管理费，但要交水费、电费，自己家的草坪自己管理。瑞典房屋的首付为10%，房主必须缴纳房产税以及其他各项费用，物业费和社区建设费则不需要。别墅每年的开销是房价的1.5%～3%。不过瑞典的新别墅很少，更多的是一些几十年甚至上百年的老房子。

（四）行在瑞典

在斯德哥尔摩，交通通票的月票是690瑞典克朗，可当月不限次数地通用于公共汽车、地铁、小火车等各类公共交通工具。这些公共交通工具基本都会按照预先规定的时间到达，前后不超过三分钟，且在各停车亭均有时刻表，电子显示牌上显示下两趟车到达的时间，在网上查询到达目的地的时间包括换乘交通工具的精确等待时间都很方便。

瑞典很注重对弱势群体的关怀，一些公共场所的门都是自动门，方便轮椅及婴儿车出入。瑞典城市公共汽车的车内设计与站台设置也很好地体现了这一点，站台与汽车中部车门的车底地板是平接的，且车的中部有6平方米左右的空间未安装座位，方便轮椅和手推车出入；在大超市的停车场，将离超市门最近最方便的地方设置为残疾人与亲子家庭的停车位；各公共场所的洗手间设有残疾人专用厕所，空间极其宽敞，不但手摇车能靠近，厕所内还带有扶手栏杆，有的洗手间还设有给儿童换尿布的平台。

瑞典的汽车价格比国内低，尤其是二手车，价格很划算。例如，一辆宝马五系、行程不到2万公里的二手车，约6.8万瑞典克朗。汽车保险费用根据险种不同而有所差别，每年的费用为5000瑞典克朗左右，外加汽油、维护、修理、停车费等费用开支。

二、瑞典幸福生活之本土思考

广东陆地面积为17.98万平方公里，常住人口数逾亿；2011年，广东省生产总值53000亿元，人均生产总值50500元，在岗职工月平均工资3763元。广东省的土地面积约为瑞典的40%，人口是瑞典的11倍，人均生产总值为其18%，人均工资为其13%。

（一）逐步提高社会保障水平

1. 医疗保障

目前广东省的医疗保障主要存在三大问题：

一是异地就医手续烦琐，出院结算绝大部分需要全额付款后再回参保地报销,给群众带来极大的不便。2012年7月27日,广东省人力资源和社会保障厅召开全省推进基本医疗保险异地就医即时结算工作会议,部署加快全省异地就医联网结算系统建设,全面推进全省基本医疗保险异地就医即时结算工作。2010年3月,广东省初步建成异地就医结算管理平台并正式上线运行,目前已与佛山、珠海等12个地市、26家三级甲等医疗机构联网,共为1.7万人次提供异地就医结算,结算金额达4.7亿元。但随着经济社会发展和转型加快、全民医保事业的深入开展,广东省异地就医工作与党委政府提出的新要求、人民群众的新期盼还有一定距离,现有体系仍有较大的提升空间。会议强调,2012年底前建成覆盖全省、互联互通的全省异地就医联网结算系统,实现省内异地就医多向联网结算,妥善解决参保人在省内的异地就医即时结算问题;2015年按照国家部署初步实现跨省医疗费用异地即时结算,进一步提升异地就医机制的普惠性、便捷性和安全性,更好实现"参保人到哪里就医、医保待遇就享受到哪里"的要求。

二是医疗保险报销比例偏低。据了解,某市从2012年7月1日起,城乡居民基本医疗保险各级医疗机构政策范围内疾病住院医疗费用支付比例分别为市内镇级80%、市内县级75%、本市市级70%、市外60%;城镇职工医疗保险报销比例略高,但两者均不包括自费药及诊疗项目自付部分,还要扣除起付线设定金额。群众实际支付的医疗费用仍然较高,医疗保险报销比例需要结合经济发展水平逐步提高。

三是医疗服务还需逐步完善。目前普遍存在医疗服务能力不足的现象,包括大病入院难,中小城市、乡镇、农村医疗人才和设施不足,各级医疗机构都难以满足群众就医的需要,需不断加大对公共医疗服务的投入。

2. 逐步提高养老保障水平

瑞典平均工资约3万瑞典克朗,退休人员养老金加补贴约为4万瑞典克朗,退休后的收入比在职高,能够满足老年人的生活需求。广东省2011年在岗职工月平均工资3763元人民币,月人均基本养老金1721元,占在岗人员收入的46%,下降幅度较大,难以满足老年人必要的开支。

3. 加大对妇女儿童的保障力度

瑞典是个名副其实的"女权国家",议会中女议员的比例超过40%,瑞典妇女的参政比例位居世界第一,高达44%~50%。瑞典妇女的独立性非常强,24岁前结婚率仅为3%,孩子有54%为非婚生。在瑞典,同居生子被广泛认可,领养孩子也一样与结婚生子享受同样的社会保障待遇,所以,很多瑞典人先恋爱、生子再结婚。妇女儿童的保障待遇较高,且母亲对子女拥有绝对抚养权,基本上妇女没有离婚失去生活来源的担忧,这也可能是瑞典的离婚率高达

46.7%、位居世界前十的原因之一。在瑞典再婚也很普遍，17岁以下的孩子，有42%生活在再婚家庭里，他们与继父母的相处也存在一些问题。

中国妇女在就业、从政、家庭地位上基本实现了与男性的平等，但在生育和婴儿抚养的社会保障方面与瑞典差距较大。妇女承担着孕育抚养婴儿的责任，目前我国除公有制体制内的妇女合法生育能得到较好的工资、工作保障外，大部分非公体制的妇女、未就业的城乡妇女只能参照医疗保险享受生育待遇，没有其他的补贴。而非婚生子女没有任何保障，上户口还需缴纳社会抚养费，这个群体的妇女儿童问题是个巨大的社会隐患。非婚生子女可能有多种原因，一是男女双方符合结婚条件，但因各种原因未办理结婚手续；二是有一方或双方未达到结婚年龄；三是有一方已另有配偶；四是女方被强奸或欺骗。笔者认为不管是哪一种情况，妇女儿童的生存状况都堪忧，建议考虑将妇女生育头胎视作符合计划生育政策的情况享受生育保险待遇，让儿童入户入学享受公平的公共服务，将单亲无收入母亲纳入低保范围救助。

（二）持续稳定地推进廉租房建设

2011年广东省商品房均价7607元/平方米（一般为建筑面积单价，不包装修），职工月平均工资3763元。如果按110%折算成使用面积价，每平方米计装修800元，那么其均价为9168元/平方米，职工每月工资可买0.41平方米；瑞典斯德哥尔摩近郊的房价约18000瑞典克朗，人均工资约3万瑞典克朗，每月工资可买1.67平方米。广东的工资与房价的相对价格比瑞典贵4倍，这也是百姓感叹买房难的原因。

近日，北京大学中国社会科学调查中心发布的《中国民生发展报告2012》称，全国家庭平均住房面积116.4平方米，自有住房拥有率为89.68%，人均住房面积为36平方米。住房类型上，42.2%的家庭现住房为平房。单纯从数据看，我国自有住房拥有率和人均面积指标都很高，但结合我国正在向城镇化转型的实际情况来看，每年城乡新增劳动力超过2000万人，加上"三旧"改造、征地拆迁等的住房需求，每年的住房需求约为1000万套，这样的刚性需求将在较长时间内存在。"十二五"期间，我国计划建设3600万套保障房，2011年已开工建设1000万套，2012年1—7月新开工580万套，各地保障房建设被列入政府的重点工作予以推进。

几年前，全国各地的住房建设都存在面积偏大的现象，直接造成了购房成本的增加。中国工程院院士、清华大学建筑学院副院长江忆表示，考虑到未来中国人口增长、城市化率提高与土地资源状况，中国内地不可能按照美国、欧洲的模式发展，只可能相似于日本、中国香港等亚洲国家或地区，人均建筑面积应控制在40平方米左右。

目前,我国规定廉租房面积控制在50平方米以内,经济适用房面积为60平方米左右等。保障房保障的是基本居住需求,应注重实用性、安全性和经济性,还需要考虑到随入住家庭生命周期变化的套内空间可改造性,以及未来两个小套型合并为一套的可能性,为高层公租房的长寿化发展提供条件,考虑老龄化社会到来时保障性住房的可改造性。超前统一做好建筑"节能、节地、节水、节材和环境保护"工作:通过科学合理的小区规划调节小区微气候;利用雨水收集系统和中水系统节约水源;采用小面宽大进深的套型设计以便节地;规划设计充分结合地形、地势及采光、通风等自然条件以节约能源;利用太阳能系统、外墙屋顶保温系统、生活水泵变频技术等降低能耗;等等。一系列实用性强的新技术和新材料的应用,也使节材成为可能。保障性住房前期建设投资巨大,但随着居住年限的不断增加,保障性住房建筑主体及其内部很多装修材料、部品设备都会老化,这就需要提前考虑未来维修、维护和更替的便利性。如何在有限的资源条件下不断提高保障性住房的居住品质,是对我国住宅设计的一次巨大考验。小面积的套型设计,往往可以通过细节满足多功能需求,对于提高居住的舒适度有事半功倍的效果。最为典型的是储藏空间的设计。一个小面积储藏空间的设计,往往能够置换出更大的面积,如在厨房或卧室入口处利用无效空间作为储藏设计,就可以使居住更为便利。

从当前保障房设计的思路看,套型的变化有"变大"和"变小"两种思路。"变大"是指将两套小房子合并为一套大房子,保障对象便可以从两口之家直接过渡到三口之家,这就要求设计者不能过多采用钢筋混凝土墙对空间进行分割。另一种思路则是通过合理设计,实现"变小"。例如将公租房做成90平方米的三居室,同时租给3个单身青年使用。当未来保障性住房供过于求时,可将部分住房改造成商品住宅向社会出售,或是改造成老年公寓、青年公寓等社会功能型住宅,继续由政府持有利用。

因此,专家建议建筑整体设计时应留出改造空间,便于套型空间的变化与使用功能的转换。

从国外经验来看,由政府主导的住房建设,是推动整个国家住宅产业化技术发展的大好时机与平台。在保障性住房建设中推行住宅产业化,势必会提高套型设计的标准化程度,降低建设成本,推动保障性住房建设的良性发展。在集约、高效、节能、减排的同时提高住宅的质量和性能,恰恰是住宅产业化的优势。

（三）加快推进无障碍建设

目前，我国各类残疾人总数已达8500万人，其中广东省有540万人。同时，截至2011年底，中国60岁及以上老年人口已达1.85亿人，到2013年底，老年人口总数将超过2亿，人口老龄化形势严峻。而生理机能衰退、心血管病、老年痴呆等致残因素的增加，也导致了致残风险的提高。无障碍设施是残疾人参与社会生活、发挥社会价值的前提条件，也是方便老年人、孕妇、儿童等特殊群体生活的重要设施。尽管《中华人民共和国残疾人保障法》等法律法规对于残疾人交通出行的优惠和无障碍都有规定，但往往只是一种倡导，不能形成具有可操作性的政策。因此，当前迫切需要细化并落实残疾人交通政策，保障残疾人交通权益。

无障碍建设是一项内容广泛而又需要长期努力的工作。无障碍环境包括道路、交通、建筑、公共设施、文化、信息和交流无障碍等内容，涉及日常生活的方方面面。瑞典的经验表明，通过推行方便所有人的设计规范，不需要增加多少建设成本，就能使包括残疾人在内的所有社会群体受益。如果在设计、建设环节忽视了无障碍建设，在建成之后再进行改造，则需要付出较多的人力和物力。我国无障碍设施建设工作经过10多年的努力，已经取得一定的成绩，但对无障碍的认识还需要进一步提高，对无障碍设施的要求需要进一步明确。笔者建议通过立法明确无障碍设施建设的要求，对新建或改建的城市道路、建筑、交通和其他公共设施作出具体要求，对广播电影电视、通信和有声读物出版等作出规定，有利于推进无障碍建设进程，在全社会营造全面无障碍的环境。

（四）加快推进分配制度的宏观改革

如前所述，瑞典不同行业、职业工资差别不大，领取最高工资的科研人员比领取最低工资的医疗保健人员的工资高出20%，国企老总的工资比门卫的工资高出135%。而广东省的统计数据则差距大得多，年平均工资最高行业（金融业）与最低行业（农、林、牧、渔业）之比为6.14:1；私营及其他单位就业人员年平均工资为27468元，占全省城镇单位在岗职工年平均工资45152元的61%。

三、结语

因语言原因，搜索获得的瑞典有关官方统计数据难以全面，有时对比的数据会有 1~2 年的时差，货币币值会有波动，未能 100% 准确，但笔者反复对比各种数据，取了大约数，基本能保证数据的真实性和论点的正确性。由于时间仓促，引用数据及材料非常多，未能一一列出，敬请谅解。

瑞典的环境保护工作及其对我国的启示

谢 昕

瑞典政府致力于建设绿色福利国家，并取得了很大成就。在19世纪实现工业化的过程中，瑞典环境保护工作并不容乐观，乱砍滥伐现象严重，河道海湾被污染，根本没有专门企业从事环境治理方面的工作。20世纪60年代初，瑞典政府重新审视并高度重视环境保护工作，环境污染严重的状况逐步得到改善。1972年，在瑞典首都斯德哥尔摩召开了被喻为人类环保史上具有里程碑意义的"联合国人类环境会议"，"只有一个地球"成为全世界的共识。此后，瑞典采取多项措施积极致力于解决各类环境问题。如今的瑞典以空气清新、环境优美著称。瑞典在环境保护工作方面的理念、机构设置、法制建设、手段和公众参与等都值得我们学习和借鉴。2011年6月，通过在瑞典的理论学习和实地考察，笔者认为瑞典的环境保护工作有颇多值得借鉴之处。

一、瑞典环境保护概况

（一）可持续发展理念

瑞典是较早采用可持续发展理念的国家之一，可持续发展成为瑞典政府工作的核心目标，该理念已经深深地渗透入该国经济社会各个方面。

产业结构方面，2010年，瑞典工业产值占国内生产总值的26.7%，主要有矿业、机械制造业、森林及造纸工业、电力设备、汽车、化工、电信、食品加工等；农、林、牧、渔从业者约22万人，农业产值约占国内生产总值的1.2%；服务业从业人员约328万人，2009年服务业产值约占国内生产总值的71.8%。服务业产值大大超过农业和工业。

企业方面，瑞典是世界上首个要求国有企业编制可持续发展报告的国家，Atlas Copco、Fabege、H&M、Holmen、SCA和Scania等多个企业被Innovest战略价值顾问公司列入2008年全世界在社会和环境方面最负责任的100家企业行列。瑞典经济与区域增长局（NUTEK）提供的统计数据显示，2006年12月至 2007 年 1 月，瑞典每百万居民获环境认证的企业数量居世界首位。

能源方面，瑞典积极致力于建立可持续发展的能源体系，目前 43% 的能源供应来自可再生能源（主要是风能和水能）；2006 年，石油在瑞典能源供应中仅占 32%，相对 1970 年下降了 43 个百分点。

城市建设方面，瑞典很多城市和地区都在积极制定社会可持续发展规划，要求以兼顾适宜型生态和环境的方式开展城市建设和改造，如斯德哥尔摩的汉马贝湖城、马尔默的翰姆恩西区和奥古斯登堡等，主要原则包括：尽可能使用可再生能源、尽可能少开车和鼓励步行或骑自行车、在尽可能低的层次范围内完成生态系统的循环、使用对环境或人体健康有害成分最少的建材。

日常生活方面，瑞典人日益强烈地意识到了自己的环保责任，提倡环保的生活方式。例如，居民自觉回收铝罐和塑料瓶，目前回收率达到 85%，仅 2008 年就回收利用了 14 亿只瓶罐，回收所节省的能源足够为 2.1 万套中型房屋供暖一年。居民还自觉实行垃圾分类，将生活垃圾分为餐厨垃圾、纸和其他垃圾（如玻璃、铁皮等），有利于后续的垃圾焚烧处理。1999 年 1 月 1 日正式实施的《瑞典环境法典》明确指出其目标是促进可持续发展，这就意味着一切可能影响环境和公众健康的活动或者措施都必须遵循可持续发展理念。

（二）环境保护机构

瑞典的环境保护行政管理机构按中央和地方划分为内阁、省、市三个层次。内阁下设环境保护部、国家环境保护局（SEPA）和国家化学药品管理局。环境保护部的主要任务是制定国家环境保护法律、政策和计划等。SEPA 的主要工作是指导各省级机构的环境保护工作，对省以下各地方环境机构就有关环境、公共健康以及环境质量等问题提出指导性建议，同时，对污染控制也须履行专门的职责，其中最重要的任务是通过评估已经实施的计划和监督环境状态，为未来的环境计划、政策提供依据，为未来的新目标、新计划提出预算。内阁中与环境保护有关的还有交通、农业、森林、渔业、建筑等部门，部门间分工明确，各负其责。例如城市环境工作和自然资源管理、物理规划、评估环境的影响是国家房屋建设管理局的任务，与农业有关的环境及自然资源保护和园林环境由农业部负责，生态平衡和（政府）在森林工业环境保护方面的投资由国家森林委员会负责。

（三）环境保护法制

瑞典的环境立法相当完善。瑞典于 1999 年 1 月 1 日正式实施《瑞典环境法典》，该法典由 33 章、约 500 个条文组成，明确指出其目的是促进可持续发展,以确保当代人和后代人有一个健康和健全的环境,这种发展是建立在承认自然值得保护的事实和我们改造及开发自然的权利必须与明智地管理自然资源的责任相结合的基础之上。《瑞典环境法典》规定了10项基本原则,即举证原则、信息采集原则、预防原则、适用最佳技术原则、污染者付费原则、选择适当地点原则、资源管理和生态循环原则、产品替代原则、合理原则、停止原则。这些原则规定足以使社会据此构建一个健全的环保规则网。除法典之外,政府还以条例的形式颁布了大量的法律实施细则。为了对环境违法行为及时有效地作出反应,《瑞典环境法典》建立了环境法庭系统。地区的环境法庭设在地区法院,是环境案件的初审法庭。环境上诉法院为中级上诉法院,环境终审法院是瑞典最高法院。环境法庭取代了原国家环境保护许可委员会和水法庭。环境法庭的组成包括一名主席(由具备法律资格、经验丰富的地区法官担任)、一名环境顾问和两名专家成员。环境顾问必须受过科技培训并有环境事务的经验,两名专家中的一名必须熟悉国家环保局运作,另一名则要熟悉与案件有关的工业和市政运作。环境法庭受理的案件包括原来由水法庭审理的与水上操作、水设施和水工程等有关的案件,由原来环境保护许可委员会审理的与许可证的发放、执法监督、撤销等有关的案件,涉及环境有害活动的案件和环境损害赔偿案件,等等。环境法庭的设立使环境案件的审理更专业和快速。此外,为了及时、有效地制裁环境违法行为,《瑞典环境法典》引进了"环境罚金"制度。罚金无需经过法庭而由行政执法监督部门直接对违法者作出,其数额可在600~120000美元之间。

(四)环境目标

瑞典环境政策的总目标是为后代留下一个所面对的主要环境问题都得到解决的社会,包括良好的生活环境、良好的公共健康标准、生物多样性和生态系统能够长期得到保护、自然与文化景观得到保存等。1999年,瑞典议会通过了16项环境质量目标和72项全国性临时目标,要求最迟在2020年实现全部16项环境质量目标。这16项环境质量目标为:①减弱的气候影响;②清洁的空气;③仅有自然的酸化;④无毒的环境;⑤起保护作用的臭氧层;⑥安全的辐射环境;⑦零富营养化;⑧生机盎然的湖泊与河流;⑨优质的地下水;⑩平衡的海洋环境,旖旎的海滨与群岛;⑪茂盛的湿地;⑫可持续的森林;⑬变化多样的农业景观;⑭秀丽的山色;⑮良好的建成环境;⑯丰富的动植物生命多样性。为此,瑞典政府设立了一个特别机构——环境目标委员会,不断对这些目标进行评估。该委员会在2008年春公布的一篇报告中指出,需要对半数以上的环境质量目标加大投入力度,才能确保它们得以实现。

（五）环境保护措施

瑞典政府综合运用行政、法律和经济等手段做好环境保护工作。

1. 推行环境许可证制度，这是遵循预防原则的最主要措施

根据环境法的有关规定，凡是对环境有影响的建设开发活动都必须执行该制度，如果一个项目或活动未获得环境许可证，就不能开工建设。对许可证的内容，发证机构可以对许可的行为加以限制，这种限制条件与法律具有同等的效力，如果违反了许可证的限制条件，就等于违反了作为许可证颁发依据的法律，将会受到相应的处罚。通过实施环境许可证制度，可以实现对建设开发项目和排污设施的启用等行为进行事先审查和控制，从而把对各种环境要素的开发利用和各种排污活动纳入环境保护行政管理部门的统一监督管理之下，有利于统一和全面的环境行政管理。环境法还规定了环境许可证管理的具体范围。

2. 征收环境税

环境税是瑞典环境保护工作非常重要的经济手段之一，在实践中起到了非常重要的作用。从20世纪90年代早期的二氧化碳税、硫税和氮氧化物收费，到90年代中期的天然沙砾税，再到20世纪末21世纪初实施的垃圾填埋税和绿色税收改革，瑞典与环境相关的税收和收费的种类繁多，发展非常迅速且逐渐趋于完备。瑞典的环境税实践证明，合理设置的环境税在保护环境、增加税收收入和改善能源结构等方面都能取得很好的效果。瑞典的环境税收体系的逐步建立实际上是和发展"绿色税收"联系在一起的。所谓"绿色税收"，即提高环境税，用增加的环境税收入替代经济系统中具有扭曲效应的税收（如所得税等）。一方面，提高的环境税，特别是能源税，可以抑制污染排放，有利于解决环境问题；另一方面，以环境税取代所得税，可以鼓励就业，用获得的收入来减轻或消除经济中其他税收带来的额外负担，进而使税制本身效率提高，这就是所谓的"双重红利"。

3. 推行排污权交易

为了达到《京都议定书》所规定的碳排放目标，瑞典在进一步实施碳税的同时，开始实施交易排污许可证制度。从理论上讲，可交易排污许可证制度和正确制定的税收体系可以达到相同的环境目标。但可交易排污许可证制度在实践意义上具有一定的优势。首先，因为它是在总量控制的基础上实施的，因而总的削减量是一定的；其次，合适的价格也是内生的，而制定一个正确的税收体系依赖于经验和教训的积累。一旦国际范围的可交易排污许可证制度能够实施，那么污染削减的成本将会更低。

（六）公众参与

瑞典的环境保护工作高度重视公众参与。例如，瑞典战略环境评价中并未明确规定公众参与在具体某阶段进行，相关权力机构和公众可以在战略环境评价的任意阶段参与。实践中，公众参与最多的阶段是战略环境评价的早期阶段（确定范围和目标的阶段），规划被采纳前必须有公众参与程序。在战略环境评价法中，要求公开的战略环境评价草案更清楚，在公示过程中，公众有权力取得需要的信息。因此，当规划被批准时，必须要向公众解释环境观念是如何融入规划的，战略环境评价和公示调查是如何被共同考虑的，选择此方案而不使用其他替代方案的原因，并且要指出如何监测规划中产生重要环境影响的方法。同时，瑞典允许公众提起环境公益诉讼，即任何人对危害环境或者可能危害环境的人，都可以提起一个要求其采取预防措施或者责令其停止危害或可能危害环境的活动。这是一个保证公众监督环境法实施的制度，实际上放宽了环境诉讼的起诉人资格范围，这种诉讼制度对于不守法的企业和不履行环境执法职责的行政机关是一种无形的压力，使其不得不认真守法和严格执法，否则就会被公众告上法庭。

二、中瑞两国环境保护比较

（一）理念

瑞典的良好环境质量主要得益于该国从 20 世纪 90 年代开始一直坚持可持续发展原则。我国在 2003 年提出科学发展观，并在党的十七次全国代表大会上将科学发展观写入党章，使其成为我党的指导思想之一。但一些地方政府并未认真贯彻落实科学发展观，片面追求 GDP 增长率，忽视环境保护工作，甚至充当污染企业的"保护伞"，造成环境信访工作压力很大、环境突发事件频发。一些企业环保意识薄弱，环保投入不足，污染治理设施运转不正常，导致污染物超标排放，对当地环境质量造成严重影响，特别是少数国有企业不仅未在环境保护方面起到表率作用，反而是连续多年被评为环保红牌，被列入环保严管企业名单中。

（二）产业结构

广东省 2010 年国内生产总值（初步核算）构成如下：农业产值占 5%，工业产值占 50.4%，服务业产值占 44.6%。服务业所占比重低于工业产值，且与瑞典服务业在国内生产总值中所占比重（71.8%）相差甚远，产业结构需进一步优化。

（三）机构

瑞典的环境保护工作涉及多个部门，各个部门间分工明确，各负其责。《中华人民共和国环境保护法》规定："国务院环境保护行政主管部门，对全国环境保护工作实施统一监督管理。""国家海洋行政主管部门、港务监督、渔政渔港监督、军队环境保护部门和各级公安、交通、铁道、民航管理部门，依照有关法律的规定对环境污染防治实施监督管理。"但法律并未规定各个部门在环境保护方面的具体职责，部门分工不明确，实际工作中各部门一些职能交叉、重叠，严重影响了环保工作效能，"九龙治水却治不好水"就是一个典型的例子。

（四）法制

《瑞典环境法典》根据"推动可持续发展战略"的宗旨来确定基本原则、基本制度，决定法律的适用范围，分配法律责任，建立法律救济机制，形成了一个体现可持续发展精神的法律体系。瑞典的经验表明，环境法典可以成为推动可持续发展的合适的立法形式。《中华人民共和国环境保护法》从1989年公布实施，期间一直没有被修订，其内容早已与现实脱节，跟不上时代的发展，甚至和后来制定的部分单行环境法律法规相冲突。另外，我国大部分省（包括广东省）都没有设立专门的环境法庭，环境污染纠纷案件的审理分散在民事庭和行政庭。因为环境污染问题具有较强的专业性，大部分法官和律师对环境保护的知识掌握得相对较少，直接影响到审判的效率和公正程度。

（五）手段

瑞典综合采用行政、法律和经济等手段保护环境。目前，我国的环境保护工作以行政手段为主，主要采用提高项目环境准入门槛、严格项目环境影响评价审批和强化环境执法等手段，但部分地方政府为追求GDP增长率，降低项目环保准入门槛，造成一些高耗能、高污染企业违规建设。经济手段方面，我国环境税制度正在研究中，目前尚未开征，排污权交易制度也还处于刚刚试点起步阶段。

（六）公众参与

在瑞典，环境影响评价及其管理对公众完全透明，公众及非政府组织在环境影响评价中起着非常重要的作用,如果对环境影响评价或项目有不同意见,可以向环境法庭投诉,阻止许可证的发放。在我国,环境影响评价法中明确规定了公众参与制度,但在具体程序上鼓励和支持公众参与环境影响评价的规定较少,这使公众参与的内容和影响力极大削弱,并且执行中较偏重于直接受影响的利益相关者的参与。瑞典允许公众提起环境公益诉讼,而我国的诉讼制度规定只有与开发建设活动或者排污以及环境行政管理活动有直接利害关系的人才能提起诉讼,这样就使得许多有害环境的活动不能得到公众的有效监督,特别是在地方保护主义严重的情况下,直接利害关系人根本就无法起诉,这显然不利于我国环境法的实施。

三、对我国环境保护工作的几点启示

(一)贯彻落实科学发展观

可持续发展原则已经成为世界各国的共识。我国的环境保护工作要想取得突破,首先必须在思想观念上实现根本性转变。我国人口多,能源消耗总量大且能源结构不合理,如果继续沿袭传统粗放型经济发展模式,资源将难以为继,环境将不堪重负。因此,我们必须坚决贯彻落实科学发展观,牢固树立"保护也是发展"的理念,推动节能减排和环境保护从"软约束"向"硬约束"转变,推进资源节约型和环境友好型社会建设。一是加大环境保护指标在各级党政领导班子和领导干部落实科学发展观评价指标体系中的比重,并进一步完善考核评价办法;二是加快转变经济发展方式,加大落后产能淘汰力度,推进产业转型升级,积极调整能源结构,大力发展可再生能源,加大环保投入,推进环保基础设施建设;三是加大环境保护相关信息公开力度,特别是环境规划和重大项目选址等应主动公开,广泛征求公众意见和建议,同时,要求工业企业特别是国有大中型企业编制可持续发展报告,并定期主动公开相关环境信息,督促企业承担环境保护责任,积极做好企业污染防治工作;四是严格控制人口数量,并加强环境宣传教育,提高全民环境保护意识。

(二)明确职责,加强联动

在环境保护法中明确环境保护统一监督管理机构和分管机构的具体职责,健全环保部门统一监督管理、各有关部门协调联动的工作机制。一是进一步建立和完善部门联动办案和环境违法案件移交、移送、移办等制度,加强环保部门和公安、纪检监察等部门及人民检察院、人民法院等司法机关的配合和协作,切实依法严厉打击环境违法犯罪的行为,追究违法者的刑事、民事和纪律责任;二是加强环保部门和金融、证券等部门的合作,完善和推广"绿色信贷"、"绿色证券"等制度,促进企业自律;三是加强环保执法队伍和行业协会、商会的合作,充分发挥行业协会、商会的专业优势和桥梁作用,通过优势互补,形成工作合力,放大执法效果。

(三) 充分发挥环境保护倒逼产业转型升级的综合作用

一是积极开展规划环境影响评价,各地各部门在编制"十二五"规划过程中应依法开展规划环境影响评价;二是提高环保准入门槛,严格控制高耗能、高排放行业的低水平重复建设,加快推进落后产能淘汰和兼并重组;三是建立健全环境应急预案,妥善处置各类突发环境事件,维护环境安全;四是加强环境法制建设,尽快修订《中华人民共和国环境保护法》,明确政府的环保责任,严格环境执法,深入开展整治违法排污企业、保障群众身体健康环保专项行动,同时加快推进环境法庭的设立,提高环境违法案件的审理效率。

(四) 完善有利于环境保护的经济政策机制

一是尽快开征环境税,把环境污染和生态破坏的社会成本内化到生产成本和市场价格中去;二是加快推进主要污染物排污权有偿使用和交易工作,提高企业治污积极性,推动主要污染物总量控制目标的实现;三是适度提高排污收费标准,着力扭转"守法成本高、违法成本低"的不利局面。

(五) 鼓励公众参与

在编制规划和环境影响评价过程中,综合考虑专家和一般公众的观点,鼓励弱势群体和相关利益群体、NGO 等参与,既保障相关利益者的权益,又可达到环境可持续发展的目的。同时,适当扩大提起环境民事诉讼和行政诉讼的原告人资格范围,并建立起环境公益诉讼制度,用公众参与来促进环境法的实施。

参考文献

[1] 王晓辉,王灿发. 瑞典环境法实施机制及其借鉴意义 [J]. 世界环境, 2007 (15).

[2] 侯月丽. 瑞典环境法及其借鉴意义之探析 [D]. 中国海洋大学, 2005.

[3] 李挚萍. 可持续发展原则基石上的环境法法典化——瑞典《环境法典》评析 [J]. 学术研究, 2006 (12).

[4] 丁言强. 瑞典环境保护的政策与目标 [J]. 生态经济, 2007 (6).

[5] 毛显强, 杨岚. 瑞典环境税——政策效果及其对中国的启示 [J]. 环境保护, 2006 (1).

[6] Pearce D. W. The Role of Carbon Taxes in Adjusting to Global Warming. Economic Journal, 1991 (7).

[7] 陈军辉, 叶宏, 任勇. 瑞典的战略环境影响评价制度及我国的借鉴 [J]. 环境保护, 2008 (17).

从瑞典经验看创新型国家建设

刘备良

当今,欧洲陷入债务危机,欧元面临解体风险,而有一个拥有45万平方公里国土、900多万人口的国家,1995年就加入了欧盟,却至今未加入欧元区,经济社会始终保持稳定发展,其民主理性和决策远见举世瞩目,这就是瑞典!笔者利用参加第五期广东省公务员公共管理瑞典专题研究班的学习培训机会,通过走访交流,切身体会了瑞典企业强大的竞争力、人民旺盛的创造力、社会持续的发展力和民族和平的凝聚力,其模式不能照搬,但经验弥足珍贵,值得我们在建设创新型国家时认真借鉴。

一、瑞典建设创新型国家的基本经验

(一)高生产要素下企业的强大竞争力

近10年,无论是在美国《财富》评定的世界500强企业中,还是在英国《金融时报》评定的全球500强上市企业中,瑞典企业都赫赫有名。按人口比例计算,瑞典是世界上拥有跨国公司最多的国家,除沃尔沃(Volvo)、爱立信(Ericsson)、大瀑布能源公司(Vattenfall)等人们耳熟能详的企业外,还有一大批竞争力强的中小企业是细分行业翘楚,别国企业难以望其项背。

瑞典企业需要负担高额的生产要素成本,包括环境保护成本、劳动力成本、原材料成本、税收成本等,却依然保持着很强的国际竞争力。原因主要在于四个方面:一是瑞典企业有着全球领先的科技创造能力,瑞典金融世家瓦伦堡家族掌门人雅库布·瓦伦堡说,瑞典人经商的原则,就是要能人之所不能,靠独特而先进的技术成为某一领域的专家。二是瑞典企业长期专注于特定产业的某些特定环节,产业结构优化,在差异化竞争中取胜。跟中国的大而全不同,她更多的是小而特(人无我有)、小而精(人有我优)、小而新(超前一代)、小而强(持续领先),最后发展成小国家、大公司,小产品、大市场。三是瑞典企业将大量劳动密集型的制造环节转移到国外,充分利用发展中国家廉价的劳动力、较低的环境保护成本、较少的税收和社会责任,在"经济租"中获得超额利润。四是瑞典企业长期处于公平、透明、规范的经营环境之中。瑞典建立了比较规范的市场秩序,并不保护落后企业,而是倡导优胜劣汰,只有掌握核心技术、占领产业链高端、占据国际市场又能支付"三高"成本的企业,才能在瑞典生存。瑞典政府在工作中一直秉承公开公正、信息透明、程序规范、办事高效的原则,所以瑞典企业有着良好的外部经营环境,这就大大降低了瑞典企业的交易成本,甚至在一定程度上弥补了高生产要素成本。另外,瑞典政府在全社会倡导创新精神,出台了一系列鼓励中小企业创新的政策措施,并为中小企业提供全方位的融资贷款支持,这些都对瑞典企业,尤其是中小企业的发展起到十分积极的作用。在政府的鼓励下,瑞典中小企业的发展十分迅速,目前,瑞典以中小企业为主的创意产业在世界上有着非常强的竞争力。

(二) 高福利、高收入、高税收下国民旺盛的创造力

众所周知,瑞典拥有一套"从摇篮到坟墓"的庞大的社会保障体系。自1928 年瑞典社会民主党提出"人民家园"理念以来,社会福利普遍享用的原则得到贯彻,逐渐建立起一套内容具体、体系全面的庞大的社会保障制度,包括儿童保障、教育保障、医疗与病休保障、失业保障、住房保障、养老保障六个方面。只要是瑞典公民,在瑞典生育、读书、看病都不用钱。瑞典的全面社会福利不仅体现在人的生命周期中,更在物质和闲暇方面提高了瑞典人的生活质量。而且,瑞典的福利制度是普惠型的,不论贫富,享受的社会福利是平等的。因此,瑞典相对贫穷的人没有后顾之忧,日常的生活也不比富有的人差。

瑞典政府规定的最低工资是每小时 80 瑞典克朗(相当于人民币 80 多元),一个有工作的人的月收入不会低于 15000 瑞典克朗。因此,在瑞典看不到还没解决温饱问题的穷人。2008 年,瑞典全国平均月工资达 29100 元(货币金额已换算成人民币)。不同地区、不同行业、不同职位、不同学历、不同年龄的月平均工资差距不大,最高工资为 35200 元,最低工资为 22000 元。在瑞典,年龄对工资的影响不大,60~64 岁年龄段的工资最高,高出 18~24 岁年龄段工资的 45%;学历对工资高低影响有限,研究生以上学历的人的工资比初中毕业生的工资高出 52%;瑞典各地区的工资比较公平,工资的地区差仅为 11%。

瑞典是以社会财富私人占有为主的国家,因此,瑞典的极少数人很富有,但瑞典的税收和福利制度发挥了积极的调节作用。在瑞典,财富的第一次分配以效率为主,而第二次分配就遵循公平原则。瑞典最富有的 20% 的人的税前

瑞典经验与治理创新

平均收入是较贫穷的20%的人的约15倍，而税后则只有3～5倍了。据毕马威会计师事务所的测算，瑞典个人所得税最高可达收入的56%。

瑞典普惠制的高福利十分令人羡慕，但钱从哪里来？瑞典人都知道，如此慷慨的福利，靠的是强有力的公共财政，靠的是对企业和个人的高税收，但归根结底靠的是企业强大的竞争力、国民旺盛的创造力。

2004年，"全球最具创造力的国家"排行榜，由美国著名的学术机构卡内基—梅隆大学教授理查德·弗罗里达发布，包括科技、人才以及容忍度指标，结果表明，瑞典是最有创造力的国家，其次是美国、芬兰、荷兰、丹麦。瑞典、芬兰、挪威和丹麦等北欧国家后来居上，主要是因为这些国家不但拥有大量的科技设备，并且持续投资培养有创造力的人才。此后，在每年"全球最具创造力的国家"评选中，瑞典一直是名列前十。瑞典人均发表的科技论文数量居世界第一，每百万人拥有的专利数量370个，多于美国的150个。

人们不禁要问，瑞典创新的环境中究竟有哪些特别元素？笔者的答案是：科技文化的阳光，研发投入的雨露，基础教育的肥料，福利保障的沃土。

第一，瑞典国民崇尚科技，从影响世界的诺贝尔奖可以看到，科研文化已成为瑞典的国家文化，对高精尖科技的崇拜已成为瑞典的国家气质。100多年来，瑞典先后有30多名科学家获得诺贝尔奖，瑞典人发明的摄氏温标、伽马刀、牛奶分离机、无菌纸包装技术、滚珠轴承、拉链、安全火柴、现代电话交换机、电冰箱、鼠标等，推动了工业文明的发展。

第二，瑞典科研投入巨大，2011年研发经费约占国内生产总值的4%。长期以来，瑞典有国家投资科学研究的传统，1995年，瑞典的研发经费已达到国内生产总值的3.59%，超越美、日，居全球第一。此后，该数字逐年递增，一路领先于世界诸强，近两年更是接近4%。美国的这一数字则仅为2.6%。在瑞典的研究与开发（R&D）总投入中，企业占75%，高教部门占22%，其他公共部门研究机构和私人非营利机构占3%。高比例的R&D投入保证了瑞典的科学研究在国际上拥有很强的竞争力，尤其在生物学研究领域，俨然已经超越美国成为世界高地。瑞典政府还新设了国家创新局，主要负责创新体系、可持续发展和经济增长等方面的研究与开发，促进研究与开发之间的协调与合作。瑞典政府还提议建立一个研究论坛，隶属国家科学理事会，以促进研究人员、资助机构、社会公众及其他对研究有直接或非直接影响的部门之间的对话与合作。另外，瑞典还有约30个政府部门的研究机构，它们同时负责资助各部门内专业知识领域的研究与开发。

第三，全面普及教育，国民素质很高。瑞典逐渐建立起来的福利体制一直将教育投入列为首要的发展目标。这是瑞典发展的一个关键性因素。现在，瑞典实行9年义务教育制度，孩子们在接受9年基础教育后，约有95%的人接着上高中；高中毕业后，约有30%的人在5年内继续进大学读书。这样的比例，在世界上名列前茅。一项统计显示，瑞典每10万名居民中，科研人员的数量已达到7人左右，仅次于日本；成年人中的27%具有大专以上受教育程度，仅次于加拿大及美国；在每千名企业雇员中的研究人员比例，瑞典高达21%。瑞典非常重视发展教育，确立了终身教育体制，而且从学前教育到9年义务教育再到高等教育均实行免费制度。教育投资是对劳动力的长期有效投资，有助于劳动力的长期高质供给。政府还开展提高劳动力技能的各类职业培训，满足失业者和缺乏技艺、难以安置的求职者，或技能落伍的在职者的就业需要。通过劳动力短缺职业的培训，疏通劳动力市场的瓶颈，促进经济增长和就业。在经济不景气时，求职者可以利用失业这段时间参加预计经济恢复时有大量需求的岗位培训，培训的费用全部由国家承担。人们在接受培训后一般都能找到工作。此外，政府还通过提供培训补助的方式，鼓励企业对自己的职工进行内部职业培训。

第四，强有力的福利保障。高福利下瑞典国民生活无忧，可以全心投入自己喜欢的事情。尽管经济学家认为，如果社会保障过多会产生懒惰，即所谓的"福利养懒汉"，但这样的情况在高福利的北欧国家并没有出现。社会福利好，促进了社会和谐，瑞典很少有罢工，政策延续性高，这也使得瑞典社会平稳，人们都能踏实干活、肯钻研。

这一点非常重要，而且也被国外学者的研究证明：在社会保障水平和劳工保障水平较高的国家，国民的持续创新能力比较强。因为当企业制订一项长期研究开发计划的时候，它需要一个相对稳定的外部环境；另外，较高的社会福利水平也使企业员工队伍比较稳定，企业愿意对这些员工进行技能培训；而具有较高技术水平的员工队伍当然具有较强的新技术吸收和消化能力。

（三）慢生活条件下社会持续的发展力

慢生活是顺应自然，在慢的过程中欣赏美好、体验快乐、享受人生的生活方式。瑞典弘扬了慢生活，慢生活反过来滋养了瑞典，不仅提高了他们的生活质量，而且萌生了瑞典人发明创新的欲望。

瑞典人的慢生活体现在五个方面。一是假期多，工作时间短。雇员每年享受5周的法定带薪休假，每位劳动者享有连续4周夏季长假的权利，加上其他法定节假日，瑞典人全年可享受的假期长达150天；很多企业上班时间一般是上午9时多至下午4时多，甚至于品牌商店等服务业星期六、星期日基本不上班，显得非常悠闲自在。好处是：不仅劳动者得到休养后更精力充沛，而且提供了就业岗位以增加就业，企业则借这些机会检修机器。事实上，充足的业余时间又让他们能专注于自己的兴趣爱好，在各自领域玩到极致，激发创新的灵感。二是热爱自然，回归自然。闲暇时，瑞典人喜欢到森林和田野远足，采摘野果和蘑菇，去游泳、泛舟、垂钓，到处晒晒太阳。三是酷爱运动，居民区到处有完善的体育设施，全民体育健身活动内容丰富，网球、冰球、乒乓球、足球、手球、高尔夫球、赛马等竞技项目很普及并有较高水平，全国约有2.7万个体育协会和俱乐部。在瑞典的商店里，到处可以看到卖高尔夫球杆和冰球鞋的，由于地处北欧，冬季寒冷，冰球运动就成了市民的首选。四是喜欢旅游。瑞典的国民有钱有闲又有兴趣，是世界上外出旅游人数最多的国家之一，据说瑞典的家庭平均旅游支出在3000美元以上。五是陪伴家人，教育子女。在瑞典，越优秀的人才、越高层的管理者越会抽出时间陪伴家人特别是子女，并引以为荣，以此为成功的标志，这保证了智慧文化的传承，使家庭与国家的发展都具有可持续性；而在中国，越优秀的人才、越高层的管理者越忙于事业，总以事业荣耀为重，没时间陪伴家人，造成子女教育的欠缺，子女难以得到智慧文化的传授，于是富不过二代，不可持续。教育子女，需要时间、耐心和技巧，需要理解、宽容和智慧。人在跑上一定的高度后是难以再上台阶的，与其徒劳努力，不如将比赛的垃圾时间用于子女教育，让子女在自己的高度上攀登，继续自己未竟的事业。

联合国开发计划署发布人类发展指数，瑞典是前十名的常客，2011年排在第2位。2011年，瑞典的人均寿命为81.4岁，预期受教育时间为15.7年，平均受教育时间为11.7年，人均国民总收入为35837美元，人类发展指数为0.904。中国排第101位，属中等发展水平。2011年，中国的人均寿命为73.5岁，预期受教育时间为11.6年，平均受教育时间为7.5年，人均国民总收入为7476美元，人类发展指数为0.687。

瑞典实施了一系列的环境法律法规和环境经济政策，如区域清洁生产政策、环境税政策、清洁能源政策和环境与发展综合决策制度，为联合国《21世纪议程》的制定提供了很好的样板，也成为当今各国实施可持续发展战略的重要政策工具。瑞典从20世纪90年代开始对可持续发展作理论和实践上的总结，在此基础上于90年代末开始了新一轮的再提高计划，制定了以"人与自然和谐相处"为最终目标的16项新的环境保护目标。到21世纪初，瑞典已经形成了独特的实施可持续发展的理论和经验，重点是加强国际合作，建立流域和区域协调发展机制，同时在内部深挖潜力，努力实现更高的发展目标和环境质量目标。

（四）风云激荡中维护民族和平的平衡力

瑞典坚持和平中立的外交政策赢得了良好的外事环境。瑞典过去200年都没有战争，提供了足够时间来调整国内体制。瑞典选择调和性的外交政策，设法避免了20世纪两次灾难性的世界战争。尽管经济上属于后起之秀，但是免遭两次世界大战的大范围基础设施破坏，并且充分利用中立国家优势和军事工业发财，更加促进了始于1870年的长达一个世纪的经济增长，只有美国可与之媲美。当今，和平中立仍然是瑞典的基本国策。

二、中国创新型国家建设的路径选择

改革开放以来，我国的科技发展取得了很大成绩，重大创新成果亮点纷呈，太空漫步、蛟龙潜海、超级计算机、铁基超导、高速铁路、超级杂交稻、基因测序等一批科技重点工程、重大项目佳音频传。但也必须看到，我国科技发展中一些长期性、根本性问题还没有得到解决，如科技计划不周、经费管理散乱、科技资源投入效率低、原始创新能力弱、技术储备明显不足、创新环境不够完善，等等。

（一）完善科技创新规划，加强顶层设计

瑞典是非常重视计划的，凡事要预约。瑞典人慢而高效，不与天争。对瑞典人来说，没有争分夺秒这个概念，他们做事一向很有计划，一般事宜提前两个月就把日程表安排好，不会临时抱佛脚。即使是紧急情况，他们也能从容不迫、临危不乱。瑞典人很注重休假，他们很少在假期加班，上班时，自然也能一丝不苟、有条不紊、高效率地干完工作。只有那些缺乏计划，不先动脑筋，结果劳而无功的人，才会去"争分夺秒"。

中国新出台的《国家中长期科学和技术发展规划纲要（2006—2020年）》，根据国家现实发展和长远利益的需要，把握世界科技革命的趋势，对科技发展作出战略性、全局性、前瞻性的规划和部署。各地、各行业、各科研单位和企业要结合自身实际，完善配套规划，立足现实，面向世界，自主创新，重点跨越，支撑发展，引领未来。

（二）增大研发资金投入，确保使用效率

据科技部统计，我国科技资源总量稳步增长，2011年全年研究与开发（R&D）经费达到8610亿元，增幅为21.9%，居世界第三位，占国内生产总

瑞典经验与治理创新

值的1.83%。科研产出大幅增长，论文被引用数上升到世界第7位，2011年发明专利授权量达到17.2万件，增长27.4%，居世界第3位。自己纵比进步很大，但跟瑞典、美国等发达国家横比仍有较大差距。

创新国家不能仅依靠于个别企业，而应创造良好的创新环境。因为企业总有兴衰成败，不可能永远强势，但只要创新体系存在，就会有企业脱颖而出。例如，2011年，芬兰的诺基亚手机被三星、苹果超越，但"愤怒的小鸟"又让芬兰"意外"多收几十亿美元。一个技术落后了、一个企业衰败了，同时又有新的技术、新的企业起来了，创意社会、创新国家总是能孕育出大企业，能够东成西就，失之东隅，收之桑榆。

（三）提高工资福利水平，完善社会保障

瑞典2008年人均GDP为365267元，全国人均年工资占人均GDP的96%；最低工资占全国人均工资的64%，占人均GDP的61%。根据国家统计局2011年统计公报计算，中国人均工资为14582元，只占人均GDP的42%，而世界平均值为58%，发达国家则在70%以上。

根据国际货币基金组织"世界各国GDP及人均GDP排名"，中国按国际汇率计算的GDP（5.75万亿美元）已经超过日本，名列第二，相当于美国（14.6万亿美元）的39.3%。但按国际汇率计算，中国人均GDP为4283美元，仍低于世界平均值，排第95位；瑞典人均GDP是47667美元，约为中国的11倍，排第7位。

高福利不是一高就行，但不高则万万不行。中国可以将高福利作为中期发展的目标方向。

都是福利国家，面对同样的全球经济发展放缓和欧美金融危机影响，南欧轰然崩溃，北欧保持稳定，结局完全不同。近日，在达沃斯论坛接受芮成钢采访的芬兰总理卡泰宁回答："保持强有力的社会福利，北欧靠的是企业竞争力。开放而充满竞争的全球市场经济与福利社会结合，奠定了我们发展的基础。南欧国家出现问题的原因不止在于金融和财政，更在于企业国际竞争力下降引发的信心不足。"企业空心化，过多的资源涌入金融，通过所谓的金融创新催生泡沫，通过借债维持高福利，无本之木，无源之水，终难持续。

目前，中国实现经济增长的"三驾马车"中，投资和出口都在减少，消费也不振，经济下行压力极大。为什么中国的内需消费增长总是不给力？最根本的原因有三：一是老百姓整体收入低，特别是底层人民，没钱消费。二是贫富不均，有钱的消费饱和，无钱的想消费也无能力。高收入的富人阶层房子、汽车、家用电器一应俱全，奢侈品消费普遍从国外购买，大件基本齐备，日常生活花费可忽略不计,因此其财富增长拉动不了内需;中等收入的工薪一族成了房奴、车奴,日常生活支出并不宽裕;低收入的穷苦百姓入不敷出,除了满足日常生活所需,对大件消费是心向往之,实不能至。三是缺乏保障,没有安全感,不敢放心消费更不敢超前消费。

针对这些问题,拉动内需、刺激消费的正确对策有:一是全面提高工资福利水平,重点提高最低工资标准,确保底层百姓的购买力。二是改革税收政策,提高个人收入所得税起征点,对高收入群体征收较重的税收,壮大中产阶级。在政策层面必须抓收入分配改革,使不合理的收入分配结构趋向合理。三是完善社会保障体系,尽快实现基本公共服务均等化,使人们体面劳动、尊严生活,切实解决买不起房、看不起病、上不起学的问题。政府承担起更多改善民生的责任,增加公共财政支出,健全社保体系,解决最紧迫的养老、医疗、失业等保障问题。这是一个进一步让老百姓减少后顾之忧、实现放心消费的重要、长期的政策导向。四是保持物价水平稳定。在价格稳定的宏观背景下,居民才会有一个稳定的收入消费预期。当前,中国家长都要为孩子着想,老百姓的消费模式实际上是一种跨代预算模式。在这种模式下,扩大消费的前提就是物价要保持稳定。目前我国经济增速下滑,调整财政、货币政策时,必须充分考虑这些政策对价格的影响。

（四）壮大国防军事实力，维护国家安全

目前,我国的科学技术水平还不能满足经济社会发展和维护国家安全的需要,关键技术自主研发比例低,发明专利少,科技成果转化滞后,尖子人才比较缺乏,同发达国家相比还存在较大差距。

中国正在日益崛起,国际话语权增大。需要警醒的是,这引起了美国和周边国家的焦虑,美国处心积虑遏制围堵,我们与周边国家在领土问题上的争议增多变热。我们既要维护领土完整,又要实现和平发展,必须有强大的国防军事实力,做到不战而屈人之兵。

着眼未来电子信息、全球定位条件下的局部战争,我们要创新发展信息技术、高端装备制造技术和新材料技术。从世界范围看,信息技术正处于加快发展的关键时期,新材料技术发展十分迅猛,蕴含着巨大的发展机遇。我们要以信息、装备制造和新材料的集成创新为核心,开发一批重大成套装备、高技术装备,尽快改变我国在这方面缺乏核心技术、关键成套装备基本依靠进口的局面,促进信息化与工业化良性互动,全面提升我国制造业的技术创新能力和国际竞争能力。

（五）保护自然生态环境，实现持续发展

目前，我国存在严重的环境问题，曾有的地大物博光环不再，能源资源人均占有量低，生态环境脆弱，资源浪费和环境污染严重，对经济社会发展的承载能力不足。我国在发展过程中正面临两大基本矛盾：一个是社会生产力发展与人民日益增长的物质文化需求之间的矛盾，这个矛盾还将长期存在；另一个是经济社会快速发展和人口增长与资源环境约束的矛盾，这个矛盾随着工业化和城镇化的推进，还会更加突出。依靠高投入、高消耗、高污染的老路是不可持续的，绝不能再走下去了。我们必须通过科技进步和创新，转变增长方式，解决资源环境等制约经济社会发展的瓶颈问题，建设资源节约型、环境友好型社会。

瑞典人崇尚环保，不与地争，在发展经济的同时也注意保护环境和资源，即使在成为世界最富有的 10 个国家之一的今天，它的绿化率也超过了 70%，号称"欧洲绿肺"。在瑞典，很少看见鳞次栉比的高楼大厦，因为他们不会为了虚假的繁荣而牺牲森林和文物建筑。他们的环保意识从幼儿抓起，无论是卧室的卫生间还是深山老林中的厕所，都一尘不染。炎热的夏天，空调产生的热气不像中国城市那样排到大街上引起温度升高，而是排到地下热水供应系统中循环使用。瑞典人对环境与资源的保护真到了无微不至的地步。

三、结论与建议

瑞典市场经济发达，公共服务规范完善，产业结构优化，创新能力强，资本市场稳健，可持续发展有后劲。瑞典人均资源、发展竞争力、科技创新能力和人均跨国公司数量在世界上均名列前茅，对于我国建立健全科学合理、富有活力、更有效率的创新体系，激发全社会创造活力，实现创新驱动发展有颇多启示：

第一，《国家中长期科学和技术发展规划纲要（2006—2020 年）》是建设创新型国家的蓝图，全面落实的关键在于提高执行力，并长期坚持、坚决贯彻。

第二，建立以企业为主体、以市场为导向、产学研相结合的技术创新体系，政府要整合科技资源为企业技术创新服务。难点在于杜绝各个层级的寻租行为。

第三，全面提高工资福利水平，这是解决内需不足的根本，是建设创新型国家的基础。重点在于提高最低工资标准，确保底层百姓的购买力。

第三部分　幸福生活与合作治理

第四，面对美国和周边国家咄咄逼人的态势，中国可以说不，应该说不，同时加速军事科技装备，建设先进强大的海、陆、空三军。

第五，借鉴瑞典的慢生活传统，广东梅州在建设旅游文化特色区时，应突出其得天独厚的慢生活元素，提倡旅游到梅州，享受慢生活。

瑞典公共管理对建设幸福广东的启示

杨 荣

胡锦涛同志在中央党校省部级主要领导干部社会管理及其创新专题研讨班开班式上全面阐述了加强和创新社会管理的重要性和紧迫性，明确提出了新形势下加强和创新社会管理、做好群众工作的总体思路和重点任务。在广东省委十届八次全会第一次全体会议上，时任中共中央政治局委员、广东省委书记汪洋详细论述了"加快转型升级、建设幸福广东"这一核心任务。建设幸福广东的内涵十分丰富，其中，加强和创新社会管理是重要的内容之一。建设幸福广东要提速，创新社会管理须先行。当前，广东正处于发展的重要战略机遇期，同时也处于社会矛盾凸显期，面临深刻变化的国内外经济环境和国际金融危机的严峻挑战，社会管理也面临着群众思想多元化、需求多样化等带来的诸多困难。加强和创新社会管理，如何破解新形势下社会管理中出现的新情况和新问题，是摆在我们面前的亟须研究的一个重要课题。

一、当前广东社会管理与瑞典社会管理存在的主要差距

改革开放30年来，广东经济社会实现了跨越式发展，取得了举世瞩目的成就，发展方式已逐步从追求经济总量和发展速度向追求质量和人均共享转变，从按行政区域配置资源向按经济区域配置资源转变，进入实现人的全面发展的发展型社会阶段，社会事业取得重大进展，多项基本公共服务指标居全国前列。特别是近5年来，广东省在坚定不移调结构、脚踏实地促转变的同时，坚持以民为本，把改善民生作为发展的根本目的，以公共教育、公共卫生、公共文化体育、公共交通、生活保障、住房保障、就业保障、医疗保障等工作为重点，扎扎实实惠民生，办成了一系列大事，办好了一系列喜事，办妥了一系列难事，在创新社会管理上迈出新的可喜步伐，但也存在许多不足。

（一）思想认识不够到位

改革开放初期，广东和全国各地一样，把工作重心转移到经济建设上来。

然而，一些地方在经济建设过程中，由于思想认识不到位，过于片面追求GDP绝对值的增长，对环境成本、公共服务、社会福利、公平正义等问题不够重视，导致社会建设远远落后于经济建设。

（二）职能划分不够清晰

党委、政府、社会、公众是社会管理的四个主体，但主体间"越位"、"错位"和"缺位"不同程度地存在着。在这个"四位一体"的管理格局中，党委领导主要是政治性、方向性领导，政府是具体事务的执行者和管理者，社会组织是协助者和监督者，公众是参与者。但缺乏相关法律规定和实施细则的支撑，主体间职能仍然不清、分工仍然不明，执政党对政府管理过分干预，政府对社会主体管理领域"越位"现象突出。

（三）运行机制不够完善

政府社会管理职能存在多头管理，部门分割导致运行不畅。在社会管理实践中，部门分割、多头管理是制约社会有效管理的重要因素。社会管理机构设置职能过细，造成机构增多和人员冗繁，职能交叉现象严重，造成管理混乱。同时，同一领域的社会事业同时属于相应层级的政府和上级主管部门的双重从属制，也带来了低水平重复和条块之间的矛盾冲突等弊端。

（四）财权事权不匹配

上级政府和基层政府在社会管理领域里的财权事权分工不明。突出的表现是"上级请客下级埋单"：财权往往高度集中于上级部门，而事权却层层下移，在执行中央政策部门提出的工作任务时，作为政策最终执行者的基层部门在承担了大量的社会管理事务的同时却缺乏足够的财力作保障。

（五）公共服务不够均衡

受总体经济发展水平、国民收入分配状况、公共服务供给差距等多方面因素影响，广东省基本公共服务在投入数量、公平程度等方面与科学发展的要求存在不小的差距。主要表现为：受地区经济发展和财政收入不平衡以及财政体制因素的影响，发达地区和欠发达地区的公共服务供给水平存在明显差异；城乡之间的基本公共服务水平差距明显，基本公共服务设施、基础教育、社会保障水平、医疗卫生资源配置在城乡之间存在较大差距；不同群体之间享受的基本公共服务不均衡，外来务工人员难以充分享受基本公共服务。

瑞典经验与治理创新

二、瑞典公共管理的主要特点

瑞典是北欧最大的国家,位于北极圈以北,有夏季太阳高挂的"极昼"、冬季终日不见阳光的"极夜"现象,国土面积约45万平方公里,人口942万,有"福利国家"、"廉洁政府"、"最具创造力国家"等美誉。笔者通过学习考察发现,瑞典不仅是市场经济高度发达的国家,同时也是公共政策和管理程度较高的国家,形成了相对成熟的公共政策和管理模式,概括起来主要有以下几个特点。

（一）服务型政府

瑞典实行中央、省、市三级行政管理体制,政府层级之间按照事权轻重和服务范围严格界定各自承担的社会管理和公共服务职能,分工明确、互不交叉,既提高了社会管理和公共服务效率,也有效避免了各级政府之间错位、越位、缺位现象的发生。

中央（National level）政府是由议会选举首相组阁而成的,主要任务是管理国家、执行议会的决定。中央政府负责制定国家法律和政府方针框架,具体负责外交、国防、警察和法庭、高等教育、公路建设和远程通信、劳动力市场、社会保障、国家文化建设等事务。目前,瑞典中央政府由2个办公室和12个部组成。

省级（Region level）政府称为省执行理事会（the County Council Executive Board）,其主要职能是负责本省范围法规建设、宏观社会经济发展规划以及本省范围内国家政策方针框架的细则补充,并具体承担医疗保健、公共牙医服务、区域通信等事务。瑞典目前有21个省级执行理事会,共雇佣25万人。

市级（Local level）政府称为市执行理事会（the Municipal Executive Board）。瑞典目前有289个市。市级政府承担了大部分的社会事务,包括学前教育、小学教育、中学教育、老年人的照料、社会服务；另外,还承担市镇规划、房屋建造、市镇道路与公园管理、求援服务、垃圾和废弃物的收集与处理、水的供应及污水处理、体育与娱乐、图书馆与文化设施的建设管理等。

瑞典的公共管理主要在地方一级,大多数地方事务由地方政府直接管理实施。中央与各级地方政府各有各的职责,各自的预算相对独立,财权事权对称。省级和市级政府之间的职能也是相互独立的,并按照"谁最贴近居民生活、最能了解居民需要,谁负责提供服务"的原则进行职责划分,在负责某项服务的提供和管理的同时承担费用的支出。由于市政府层面最接近市民,市一级政府是各类社会福利与社会服务的最大承担者,直接提供除医疗外的各种社会服务或负责相应费用的支出。国家对地方政府的社会福利和社会服务给予一定的拨款。

(二) 普惠型的福利

1. 全民共享

每一个具有瑞典国籍的居民,都在社会福利保障的范围之内,不分男女老幼、城市乡村、有无工作,无论是否对瑞典有所贡献,均享受基本统一的社会福利和服务保障。瑞典福利的普及面之广是其他国家无法达到的,外国移民也享受与瑞典公民同等的社会福利待遇。

2. 全面保障

瑞典的社会福利几乎涵盖了公民一生中的每个时段、生活中的每个角落,实现了"从摇篮到坟墓"的系统化福利,在儿童妇女保障、老年人保障、残疾人保障、医疗教育保障、最低生活补助金、工伤补贴、失业保险等方面,瑞典人基本上都享受着相应的福利保障。

3. 高等水平

瑞典的社会福利水平很高,各项福利水平均居世界前列。以人均医疗费支出为例,1986年,瑞典达1419美元,法国为1019美元,德国为913美元,英国为769美元。

4. 公正平等

瑞典通过给予弱势人群以相应的补贴,以及面向全体社区居民尽量平等地提供低费用的服务,尽可能使全体公民平均地享受各种社会福利和社会服务。通过采取"罗宾汉式"抽肥补缺的福利政策,从财政收入富庶的地区补贴福利支出存在缺口的地区,保证不同地区的居民享受同样的福利。瑞典实际上是通过收入再分配实现最平等的国家的目标。

5. 政府负担

社会福利和社会服务是瑞典各级政府特别是地方政府的主要职能。社会福利保障资金和各类社会服务费用,除养老保险、失业保险需个人缴纳一定比例的费用外,均由政府承担。

(三) 完备型的政策

1. 有相匹配的财政政策

瑞典在公共服务领域不断加大投入,各级政府的公共服务支出优先得到保障,符合市场经济发展要求的公共财政体制逐步得到巩固和加强。据介绍,随

瑞典经验与治理创新

着人口老龄化和教育的发展,政府越来越多的投入用于医疗、养老、教育等公共服务项目,用于道路和公共交通等领域的投入也大幅度增加,从资金上确保了各级政府公共管理服务职能的有序运行。

2. 有积极的就业政策

从机制上看,瑞典设立了专门的就业部门,具体负责统筹协调全国就业事务和政策的制定。从经费上看,瑞典确立了财政预算就业优先的理念,近几年,用于促进就业的资金超过了就业投入总量的50%,大大改善了就业的政策环境。从导向上看,瑞典政府敢于正视不足,针对因福利水平过高,导致越来越多的劳动者降低主动就业的积极性,享受失业救济和病休津贴的人员呈增多趋势的问题,及时调整了一些不合时宜的政策,并从劳动力市场供给与就业市场要求两方面入手,出台了灵活有效的就业促进措施,从而使就业这个社会热点问题逐步得到改善,失业率稳中有降。

3. 有跟进督促的措施

瑞典注重公共管理的考核与监督,并探索建立了一套动态的监督评估工作机制。它的三级管理体制中,中央政府负责制定政策和发展规划,省级政府负责实施社会服务,市级政府负责卫生保健和医疗服务等。地方政府拥有很大的自主权,但地方政府的施政行为必须以中央政府的政策为依据和底线。中央政府责成社会事务管理委员会或福利委员会制定和发布一些公共管理服务的任务指标和质量标准体系,对各级地方政府部门和管理机构提供的公共管理和社会服务进行监管和绩效评估。社会事务管理委员会在地方各级政府设有专门的监督考核机构,组织具有多年实际工作经验的退休人员,对管理和服务情况不定期地进行抽查和评估;每年年终,社会事务管理委员会或福利委员会综合评估情况,确定下一年中央财政资金的调配方案,通过强有力的监管,力促公共管理和服务落实到位、富有成效。

三、瑞典模式对广东创新社会管理的启示

瑞典公共管理的成功经验给了我们很多启示,其中,笔者体会较深的有以下三个方面。

(一)人民群众满意是创新社会管理的出发点

加强和创新社会管理,根本目的是维护社会秩序、促进社会和谐、保障人民安居乐业,为党和国家事业的发展营造良好的社会环境。因此,在加强和创新社会管理时,必须始终坚持以人为本、执政为民,切实贯彻党的全心全意为

人民服务的根本宗旨，不断实现好、维护好、发展好最广大人民的根本利益；必须始终坚持思想上尊重群众、感情上贴近群众、工作上依靠群众，把人民群众满意不满意作为全面加强和创新社会管理的出发点和落脚点。

（二）建设服务型政府是创新社会管理的着力点

胡锦涛同志明确指出："建设服务型政府，首先要创新行政管理体制，着力转变职能、理顺关系、优化结构、提高效能，把政府主要职能转变到经济调节、市场监管、社会管理、公共服务上来，把公共服务和社会管理放在更加重要的位置。"汪洋同志在广东省委十届九次全会上指出，政府要从过去"对社会管理控制向现在为社会和群众服务"转变，推动"万能政府"向"有限政府"转变，不断提高社会管理的科学化水平。瑞典各级政府被称为"全职保姆"，政府在社会管理中的职能就是提供有效的公共产品和公共服务，很多社会管理工作由社会组织去做，从而实现了社会管理的规范有序。它的成功经验也印证了这一点。

（三）深化财权事权改革是创新社会管理的突破点

创新社会管理是一项庞大的系统工程，需要大量的资金投入，例如，建立全省统一的社会福利和社会保障等，就需要大量的财政经费来支撑。因此，应通过深化财权事权改革，建立起各级政府财权与事权相匹配的社会事务公共资源配置机制，充分调动各级政府加大对社会管理投入的积极性，为当地提供更符合实际需要的公共服务和公共产品。只有这样，才能确保创新社会管理有基本的财力作保障，促进"小政府，大社会"得以更好地体现。

四、推进广东创新社会管理的几点建议

当前，广东正处在社会转型、经济转轨、思想转变、文化转向的关键时期，创新社会管理是当务之急。必须以世界眼光去审视社会管理，以更强力度去推进社会管理，以更大投入去保障社会管理，努力开创社会管理的新局面。

（一）深化思想认识

加强和创新社会管理是提高执政能力、巩固执政基础的根本要求，是引领社会转型、化解社会突出矛盾的迫切要求，是构建和谐社会、建设幸福广东的必然要求。各级党委和政府要像重视经济建设一样重视社会建设，像熟悉经济管理一样熟悉社会管理，把社会管理摆在更加突出的位置，作为当前和今后一

段时期的主要工作抓紧抓好,既要高度重视经济建设,又要高度重视社会建设;既要注重实现人的经济权利,又要注重实现人的社会权利。把人民群众满意不满意作为全面加强和创新社会管理的出发点和落脚点,不断实现好、维护好、发展好最广大人民的根本利益。

(二)完善管理格局

党的十七大报告指出,建设社会主义和谐社会,必须加强社会建设和完善社会管理体系,健全党委领导、政府负责、社会协同、公众参与的社会管理新格局。在社会管理格局和体系中,各种社会管理主体是相互影响、相互作用、相互促进的。在这一新型社会管理格局中,党委领导是根本,政府负责是前提,社会协同是依托,公众参与是基础。通过政府与社会的良性互动,实现政府、社会、公民的共治,成为当今重要的社会治理模式。

1. 要加强党的领导

社会管理与经济管理一样,都是党的工作的重要组成部分,党委要把社会发展放在更加突出的位置,充分发挥总揽全局、协调各方的核心作用,全面推进社会管理。

2. 要建设服务型政府

政府要切实转变职能,依法履行好社会管理和公共服务的职能,真正做到有所为有所不为,顺应社会管理时代要求,推动"万能政府"向"有限政府"转变,主动从"越位"中退出,从"错位"中矫正,从"缺位"中补位,不断优化社会管理行为。

3. 要培育社会组织

通过培育社会组织,推动包括社会团体、行业组织、中介机构、志愿者团体等在内的各种社会组织不断发展壮大,充分发挥各类社会组织提供服务、反映所求、规范行为的作用;进一步强化各类企事业单位的社会管理责任,最大限度地激发社会力量参与社会管理。

4. 要广泛发动群众

社会管理服务于公众,也离不开公众的支持。社会管理和服务要想让公众满意,就要吸收公众参与。要积极引导公众以适当的方式积极参与,发挥公众的主人翁精神,提高公众参与社会管理的意识,实现自我管理、自我服务、自我发展。

(三)注重改善民生

解决好民生问题,是社会管理源头治理的根本,是社会建设的出发点和落脚点。社会建设要搞好,民生改善是关键。因此,在创新社会管理中,务必把改善民生作为重中之重，坚持做到真给力、求突破。

1. 重点搞好"基本民生"，加强建立人人可及的基本公共服务

随着经济社会发展水平的提高，及时调整公共服务范围和标准，着力推动各类基本社会保障由城市人口向农村人口延伸，由户籍人口向常住人口延伸，力争全省常住人口逐步享受基本社会保障权益。

2. 重点保障"底线民生"，更加关心困难群众的生产生活

加快建立健全社会救济制度，完善社会慈善制度、最低生活保障线制度、最低工资制度和扶贫济困等制度，逐步形成"贫有所济、灾有所救、残有所助"的社会救助体系，确保全体社会成员都能温饱无忧、体面尊严地生活。

3. 重点关注"热点民生"，着力解决群众反映强烈的热点难点问题

当前，要集中解决老百姓最关心的物价、住房、劳动就业、食品安全、教育医疗、收入分配、环境保护等焦点问题，让"热点"不热，让老百姓满意，促进社会和谐。

4. 重点建设"可持续民生"，切忌短期行为和搞"任期制民生"

要着力完善社会保障和基本公共服务体系，使民生事业有一个刚性保障，切实让老百姓享受到永续持久的改革发展成果。

（四）创新体制机制

创新服务管理体制机制，是加强源头治理、促进社会管理既有秩序又有活力的重要保障。因此，必须有重点地创新运行机制，以机制创新推进社会建设。当前，要突出从五个方面建机制、促管理、求成效。

1. 科学决策机制

决策不当是引发一些社会矛盾的重要因素。政府科学决策是体现人民当家做主、增进公民政治参与、强化社会管理源头治理的重要环节。各级政府要不断完善重大事项调查研究和集体决策制度、重大政策专家咨询制度、公示制度、公开征求意见制度，进一步健全民主决策程序，确保决策的合法性、合理性、可行性和安全性。

2. 诉求表达机制

建立形式多样、规范有序、畅通高效的诉求表达渠道，是及时化解社会问题和提高社会动态平衡能力的有效方法。要充分发挥信访、大众传媒、互联网等通达社情民意主渠道的作用，努力让群众话有处说、冤有处诉、问题有处反映，确保每个利益群体都有通畅的表达渠道、合理的表达空间。

3. 利益协调机制

要以解决群众最关心、最直接、最现实的利益问题为重点，统筹兼顾方方

面的利益，协调好不同利益主体的利益差别，尤其是弱势群众的利益需求，使改革中利益受损的群体得到合理补偿，让发展带来的利益增量为多数群众所共享。

4. 矛盾调解机制

社会矛盾调解是当前有序解决社会问题的主要方式，要构建和完善人民调解、行政调解、司法调解相互衔接的大调解工作机制，整合各方力量，形成强大合力，及时有效地把矛盾化解在基层、消灭在萌芽状态，实现案结、事了、人和。

5. 公平正义机制

维护公平正义是维护社会秩序和活力的基本条件，是社会主义和谐社会的内在要求。要着力构建公平正义机制，建立健全权利平等、机会平等、规则平等、分配平等的法律制度，积极完善保障全民就业权、健康权、教育权、居住权等基本权利的社会政策，从根本上确保公平正义落到实处。

（五）加强责任考核

加强和创新社会管理涉及面广，工作量大，是一项庞大的系统工程，没有硬的责任、实的考核、强的监督，难以收到良好成效。因此，要加大责任考核力度，以常督查、真考核，强力推进社会建设。

1. 制定目标，责任到位

要善于借鉴国内外制定社会建设工作考核评价指标体系的成功经验，从实际出发，按照"于法周延，于事简便"的原则，科学制定多层次、全方位涵盖社会管理运行的评价指标，努力做到能细化的细化、该量化的量化，并把目标任务层层分解、级级落实，逐步实现社会建设工作量化管理。

2. 加强督查，强化考核

要把创新社会管理纳入目标管理绩效考核体系，纳入领导班子和干部年度考核，根据任务安排和具体时间节点，采取日常监控、年终考核、抽查监测、督查调研、明察暗访、综合分析等手段，坚持做到勤督常查，以督查促实办，以考核促到位。

3. 用好成果，严明奖惩

要切实用好考核成果，把社会建设工作作为各级领导班子政绩考核、干部选拔任用、评先评优的重要依据，真正做到奖优罚劣，大力推行社会管理事件一票否决制，让考核成果切实成为在创新社会管理中衡量工作好坏的一把重要标尺和强有力的刚性措施，以考核成果的充分运用，真正让在社会管理工作中干得好的有动力，干得差的有压力，推进社会管理形成正确的工作导向，确保社会管理创新的各项工作落到实处，不断取得新的突破。

后　　记

　　为全面贯彻落实中央提出的大规模培训干部、大幅度提高干部队伍素质的要求，广东省把公务员境外培训作为培养造就具有世界眼光、战略思维、善于治国理政的优秀中青年"好干部"的重要举措。广东省人力资源和社会保障厅会同广东省人民政府外事工作办公室，与中山大学、瑞典斯德哥尔摩大学等单位合作举办第五期广东省公务员公共管理瑞典研究班，该班在国内的培训具体由中山大学政治与公共事务管理学院承办。

　　培训课程采取国内和国外培训相结合、理论教学与政策研讨相结合、课堂讲授与专题讨论相结合等灵活有效的方式进行。在国内四周的培训学习中，中山大学派出了公共管理方面的专家讲授涉及行政理论、公共管理、公共政策等方面的课程，使学员初步了解北欧政治体制、福利制度、廉政建设等情况。在此期间，学员还以小组讨论、学员论坛等形式对所学知识进行系统总结，并把理论知识用于对具体问题的分析。在国外学习期间，学员主要了解瑞典体制机制、欧洲公共管理的政策措施、运行模式，并通过多种实践教学形式深入了解瑞典公共管理的相关做法和成功经验。学员透过瑞典了解发达国家公共管理的体制机制、运行模式、政策措施及成功经验。在学习中，学员们表现出了极强的求知欲，善于利用课堂教学与研讨、图书馆查阅资料、网络搜索与交流等学习资源与机会，积极向培训专家求教，圆满完成了教学计划的全部内容。

　　按照广东省人力资源和社会保障厅的要求，每位学员在培训课程结束后需要提交一篇相关研究论文，运用所学知识结合瑞典公共管理经验，分析和研究广东公共管理的实践。本期学员的研究成果所涉范围较广，包括社会福利与社会治理创新、公共预算与民主问责、幸福生活与合作治理等诸多方面。他们结合各自的工作领域，借鉴瑞典的有益经验，对我国和广东省改革开放进程中的诸多具体问题进行了积极有益的思考。这对促进学员转变观念，提高公共服务意识、公共管理素质水平和能力，为广东省的发展建言献策具有一定程度的重要意义。本论文集充分展现了他们的学习思考和专题研究的成果。

论文集由广东省人力资源和社会保障厅公务员局综合管理与培训处与中山大学政治与公共事务管理学院编辑，由中山大学出版社出版。由于时间仓促，本论文集不免有粗疏之处，还请各位多指正。

2015 年 12 月